民國文化與文學^{研究文叢}

二 編

李 怡 主編

第 21 冊

性別、政治與國族視野下女性解放的言說
——《婦女共鳴》（1929～1944）研究

周 紅 著

國家圖書館出版品預行編目資料

性別、政治與國族視野下女性解放的言說——《婦女共鳴》
（1929～1944）研究／周紅 著 — 初版 — 新北市：花木蘭文化
出版社，2013〔民 102〕
目 2+230 面；19×26 公分
（民國文化與文學研究文叢 二編；第 21 冊）
ISBN：978-986-322-324-5（精裝）
1. 女性文學　2. 文學評論
541.26208　　　　　　　　　　　　　　　　102012332

民國文化與文學研究文叢
二 編　第二一冊　　　　　　ISBN：978-986-322-324-5

性別、政治與國族視野下女性解放的言說
——《婦女共鳴》（1929～1944）研究

作　　者	周紅	
主　　編	李怡	
企　　劃	四川大學現代中國文化與文學研究中心	
	民國文學與海外漢學研究中心（籌）	
	北京師範大學民國歷史文化與文學研究中心	
總 編 輯	杜潔祥	
印　　刷	普羅文化出版廣告事業	
出　　版	花木蘭文化出版社	
發 行 人	高小娟	
聯絡地址	235 新北市中和區中安街七二號十三樓	
	電話：02-2923-1455／傳真：02-2923-1452	
網　　址	http://www.huamulan.tw 信箱 sut81518@gmail.com	
初　　版	2013 年 9 月	
定　　價	二編 22 冊（精裝）新台幣 38,000 元	

性別、政治與國族視野下女性解放的言說
——《婦女共鳴》(1929～1944) 研究

周　紅　著

作者簡介

周紅，女，湖南永州人，畢業於廈門大學人文學院歷史系，獲中國近現代思想文化史專業博士學位。現為廈門大學圖書館副研究館員，主要從事文獻資源建設和文獻研究工作，發表歷史學、文獻學及圖書館學論文多篇。其中主要論文有《國族視野下女性解放的言說策略與現實困境——以〈婦女共鳴〉為中心的探討》、《中國近代圖書館的平民化歷程》、《教育救國思想與中國近代圖書館的產生》等。

提　　要

　　《婦女共鳴》1929 年 3 月 25 日創刊於上海，是國民黨婦女團體——婦女共鳴社的機關刊物，也是南京國民政府時期發行時間最長的女性刊物。該刊編輯和主要作者的女性知識分子身份和中國國民黨黨員的政治背景讓其具有鮮明的女性性別特徵與國民黨體制內特徵，她的創辦為國民黨籍婦女運動者提供了輿論陣地，是南京國民政府時期主流婦女運動的一面旗幟，在這一時期的婦女運動史上有著重要的歷史地位。這份由近代成長起來的新式女性知識分子所創辦的女性刊物，因女性的崛起而誕生，以「啟發婦女思想，倡導婦女運動」、「督促政府實現男女平等之政綱」為宗旨，追求男女平等與女性解放是其最高理想。作為體制內主流婦女運動的代言人，她高呼「三民主義成功，亦即婦女運動的成功矣！」「國民革命成功，就是婦女運動成功。」「民族解放就是婦女解放」，以那個時代特有的方式言說女性解放，卻最終在歷史大潮的裹挾下不得不面對女性話語被政治話語和國族話語所遮蔽的現實困境。《婦女共鳴》的性別話語正是在與政治、國族話語的交彙中奏響了一曲充滿變奏的女性解放的樂章。本書通過對該刊的研究，力圖呈現在特定的時代背景下有著特殊政治身份的婦女運動者們如何從性別、政治與國族的不同視野言說女性解放的歷史圖景。

就「民國機制」與民國文學答問
——《民國文化與文學研究文叢》第二輯引言

李　怡

文學的「民國機制」是什麼

周維東：我注意到，最近有一些學者提出了「民國文學史」研究的問題，例如張福貴先生、丁帆先生、湯溢澤先生等等。而在這些「文學史」重新書寫的呼聲中，您似乎更專注於一個新的概念的闡述和運用，這就是文學的「民國機制」，您能否說明一下，究竟什麼是文學的「民國機制」呢？

李怡：「民國機制」是近年來我在中國現代文學史研究中逐漸感受到並努力提煉出來的一個概念。形成這一概念大約是在 2009 年，爲了參加北京大學召開的紀念五四新文化運動 90 周年研討會，我重新考察了「五四文化圈」的問題，我感到，五四文化圈之所以有力量，有創造性，根本原因就在於當時形成了一個砥礪切磋、在差異中相互包容又彼此促進的場域，而這樣的場域所以能夠形成，又與「民國」的出現關係甚大，中國現代文學之有後來的發展壯大，在很大程度上得力於當時能夠形成這個場域。在那時，我嘗試著用「民國機制」來概括這一場域所表現出來的影響文學發展的特點。〔註 1〕我將五四時期視作文學的「民國機制」的初步形成期，因爲，就是從這個時期開始，推動中國現代文化與文學健康穩定發展的基本因素已經出現並構成了較爲穩定的「結構」。〔註 2〕

〔註 1〕 李怡：《誰的五四：論五四文化圈》，見《中國現代文學研究叢刊》2009 年 3 期。

〔註 2〕 李怡：《「五四」與現代文學「民國機制」的形成》，《鄭州大學學報》2009 年

　　2010 年，在進一步的研究中，我對文學的「民國機制」做出了初步的總結。我提出：「民國機制」就是從清王朝覆滅開始在新的社會體制下逐步形成的推動社會文化與文學發展的諸種社會力量的綜合，這裏有社會政治的結構性因素，有民國經濟方式的保證與限制，也有民國社會的文化環境的圍合，甚至還包括與民國社會所形成的獨特的精神導向，它們共同作用，彼此配合，決定了中國現代文學的特徵，包括它的優長，也牽連著它的局限和問題。為什麼叫做「民國機制」呢？就是因為形成這些生長因素的力量醞釀於民國時期，後來又隨著 1949 年的政權更迭而告改變或者結束。新中國成立以後，眾所周知的事實是，政治制度、經濟形態及社會文化氛圍及人的精神風貌都發生了重大改變，「民國」作為一個被終結的歷史從大陸中國消失了，以「民國」為資源的機制自然也就不復存在了，新中國文學在新的「機制」中轉換發展，雖然我們不能斷言這些新「機制」完全與舊機制無關，或許其中依然包含著數十年新文化新文學發展無法割斷的因素，但是從總體上看，這些因素即便存在，也無法形成固有的「結構」，對於文化和文學的發展而言，往往就是這些不同的「結構」在發生著關鍵性的作用，所以我主張將所謂的「百年中國文學」、「二十世紀中國文學」分段處理，不要籠統觀察和描述，它們實在大不相同，二十世紀下半葉的中國文學應該在新的「機制」中加以認識。〔註 3〕

　　周維東：「民國機制」與同時期出現的「民國文學史」、「民國史視角」有什麼差別？

　　李怡：「民國文學史」提出來自當代學人對諸多「現代文學」概念的不滿，據我的統計，最早提出以「民國文學史」取代「現代文學史」設想的是上海的陳福康先生，陳福康先生長期致力於現代文獻史料的發掘勘定工作，他所接觸和處理的歷史如此具體，實在與抽象的「現代」有距離，所以更願意認同「民國」這一稱謂，其實這裏有一個值得注意的現象：真正投入歷史的現場，你就很容易發現文學的歷史更多的是一些具體的「故事」，抽象的「現代」之辨並不都那麼激動人心，所以在近現代史學界，以「民國史」定位自己工作者先前就存在，遠比我們觀念性強的「文學史」界為早。繼陳福康先生之後，又先後有張福貴、魏朝勇、趙步陽、楊丹丹、湯溢澤、丁帆等人繼續闡

4 期。
〔註 3〕 李怡：《民國機制：中國現代文學的一種闡釋框架》，《廣東社會科學》2010年 6 期。

述和運用了「民國文學史」的概念，尤其是張福貴和丁帆先生，更以「國務院學位委員」特有的學科視野爲我們論述和規劃了這一新概念的重要意義與現實可能，我覺得他們的論述十分重要，需要引起國內現代文學同行的高度重視和認眞討論。在一開始，我也樂意在「民國文學史」的框架中討論現代文學的問題，因爲這一框架顯然能夠把我們帶入更爲具體更爲寬闊的歷史場景，而不必陷入糾纏不清的概念圈套之中，例如借助「民國文學史」的框架，我們就能夠更好地解釋「大後方文學」的複雜格局，包括它與延安文學的互動關係。〔註4〕

不過，「民國文學史」主要還是一個歷史敘述的框架，而不是具體的認知視角和研究範式，或者說他更像是一個宏闊的學科命名，而不是「進入」問題的角度，我們也不僅僅爲了「寫史」，在書寫整體的歷史進程之外，我們大量的工作還在對一個一個具體文學現象的理解和闡釋，而這就需要有更具體的解讀歷史的角度和方法，我們不僅要告訴人們這一段歷史「叫做」什麼，而且要回答它「爲什麼」是這樣，其中都有哪些值得注意的東西，對後者的深入挖掘可以爲我們的文學研究打開新的空間，「機制」的問題提出就來源於此。

周維東：我也意識到這一問題。「民國文學史」提出的學理依據和理論價值，在於它一時間化解了「中國現代文學史」框架中許多難以解決的難題，譬如中國現代文學的「起點」問題，中國現代文學的「包容度」問題，中國現代文學史寫作的價值立場問題等等。但「化解」並不等同於「解決」，當我們以「民國」的歷史來界分中國現代文學時，我們依舊需要追問「現代」的起源問題；當我們不在爲中國現代文學的包容度而爭議時，如何將民國文學錯綜複雜的文學現象統攝在同一個學術平臺上，又成了新的問題；我們可以不爲「現代」的本質而煩擾，但一代代中國現代知識份子的文化追求還是會引發我們思考：他們爲什麼要這樣而不是那樣？

李怡：還有一個概念也很有意思，這就是秦弓先生提出的「民國史視角」，〔註5〕「視角」的思路與我們對其中「機制」的關注和考察有彼此溝通之處，

〔註4〕 李怡：《「民國文學史」框架與「大後方文學」》，《重慶師範大學學報》2009年1期。

〔註5〕 秦弓先後發表《從民國史的角度看魯迅》（《廣東社會科學》2006年4期）、《現代文學的歷史還原與民國史視角》（《湖南社會科學》2010年1期）。

我們都傾向於通過對特定歷史文化的具體分析為文學現象的解釋找到根據。在我們的研究中，有時也使用「視角」一詞，只是，我更願意用「機制」，因為，它指涉的歷史意義可能更豐富，研究文學現象不僅需要「觀察點」，需要「角度」，更需要有對文化和文學的內在「結構性」因素的總結，最終，讓二十世紀中國文學上下半葉各自區分的也不是「角度」而是一系列實在內涵。

周維東：「民國機制」的研究許多都涉及社會文化的制度問題，這與前些年出現的「中國現當代文學制度研究」有什麼差別呢？

李怡：最近一些年出現的「中國現當代文學制度研究」為中國文學的發生發展尋找到了豐富的來自社會體制的解釋，這對過去機械唯物主義的「社會反映論」研究具有根本的差異，我們今天對「民國機制」的思考，當然也包含著對這些成果的肯定，不過，我認為，在兩個大的方面上，我們的「機制」論與之有著不同。首先，這些「制度研究」的理論資源依然主要來自西方學術界，這固然不必指責，但顯然他們更願意將現代中國的各種「制度現象」納入到更普遍的「制度理論」中予以認識，「民國」歷史的特殊性和諸多細節還沒有成為更主動的和主要的關注對象，「民國視角」也不夠清晰和明確，而這恰恰是我們所要格外強調的；其次，我們所謂的「機制」並不僅是外在的社會體制，它同時也包括現代知識份子對各種體制包圍下的生存選擇與精神狀態。例如民國時期知識份子所具有的某種推動文學創造的個性、氣質與精神追求，這些人的精神特徵與國家社會的特定環境相關，與社會氛圍相關，但也不是來自後者的簡單「決定」與「反映」，有時它恰恰表現出對當時國家政治、社會制度、生存習俗的突破與抗擊，只是突破與抗擊本身也是源於這個國家社會文化的另外一些因素。特別是較之於後來極左年代的「殘酷鬥爭、無情打擊」，較之於「知識份子靈魂改造」後的精神扭曲，或者較之於中國式市場經濟時代的信仰淪喪與虛無主義，作為傳統文化式微、新興文明待建過程中的民國知識份子，的確是相對穩健地行走在這條歷史的過渡年代，其中的姿態值得我們認真總結。

周維東：經過您的闡述，我可不可以這樣理解：「民國機制」包含了一種全新的文學理解方式，「民國」是靜態的歷史時空，而「機制」則是文化參與者與歷史時空動態互動中形成的秩序，兩者結合在一起，強調的是在文學活動中「人」與「歷史時空」的豐富的聯繫，這種聯繫可以形成一種類似「場域」的空間，它既是外在的又是內在的。通過對「文學機制」的發現，文學

研究可以獲得更大的彈性空間，從而減少了因為理論機械性而造成的文學阻隔。單純使用「民國」或「制度」等概念，往往會將文學置於「被決定」的地位，它值得警惕的地方在於，我們既無法窮盡對「民國」或「制度」全部內容的描述，也無法確定在一定的歷史時空下就必然出現一定的文學現象。

李怡：可以這樣理解。

為什麼是「民國機制」

周維東：應該說，目前中國現代文學研究已經相當成熟了，各種研究模式、方法、框架都取得了引人注目的成就，在這個時候，為什麼還要提出這個新的闡述方式呢？

李怡：很簡單，就是因為目前的種種既有研究框架存在一些明顯的問題，對進一步的研究形成了相當的阻力。我們最早是有「新文學」的概念，這源於晚清「新學」，「新文學」也是「新」之一種，顯然這一術語感性色彩過強，我們必須追問：「新」旗幟的如何永遠打下去而內涵不變？「現代」一詞從移入中國之日起就內涵駁雜，有歐洲文明的「現代觀」，也有前蘇聯的十月革命「現代觀」，後者影響了中國，而中國又獨出心裁地劃出一「當代」，與前蘇聯有所區別，到了新時期，所謂「與世界接軌」也就是與歐美學術看齊，但是我們的「現代」概念卻與人家接不了軌！到 1990 年代，「現代性」知識登陸中國，一陣恍然大悟之後，我們「奮起直追」，「現代性」概念漫天飛舞，但是新的問題也來了：如何證明中國文學的「現代」就是歐美的「現代」？如果證明不了，那麼這個概念就是有問題的，如果真的證明了，那麼中國文學的獨立性與獨創性還有沒有？我們的現代文學研究真的很尷尬！提出「民國機制」其實就是努力返回到我們自己的歷史語境之中，發現中國人在特定歷史中的自主選擇，這才是中國文學在現代最值得闡述的內容，也是中國文學之所以成為中國文學的理由，或者說是中國自己的真正的「現代」。

周維東：我在想一個問題，「民國機制」的提出在很大程度上來自對目前「現代」概念的質疑和反思，這是不是意味著，我們從此就確立了與「現代」無關的概念，或者說應該把「現代」之說驅除出去呢？

李怡：當然不是。「現代」概念既然可以從其知識的來源上加以追問，借助「知識考古」的手段釐清其中的歐美意義，但是，在另外一方面，「現代」

從日本移入中國語彙的那一天起，就已經自然構成了中國人想像、調遣和自我感性表達的有機組成部分，也就是說，中國人已經逐步習慣於在自己理解的「現代」概念中完成自己和發展自己，今天，我們依然需要對這方面的經驗加以梳理和追蹤，我們需要重新摸索中國自己的「現代經驗」與「現代思想」，而這一切並不是 1990 年代以後自西方輸入的「現代性知識體系」能夠解釋的，怎麼解釋呢？我覺得還是需要我們的民國框架，在我們「民國機制」的格局中加以分析。

周維東：也就是說，只有在「民國機制」中，我們才可以真正發現什麼是自己的「現代」。

李怡：就是這個意思，「現代」並不是已經被我們闡述清楚了，恰恰相反，我覺得很多東西才剛剛開始。

周維東：「民國」一詞是中性的，這是不是更方便納入那些豐富的文學現象呢？例如舊體詩詞、通俗小說等等。提出「民國機制」是否更有利於現代文學史的「擴軍」？也就是說將民國時期的一切文化文學現象統統包括進去？

李怡：從字面上看似乎有這樣的可能，實際上已經有學者提出了這個問題。但是，對於這個問題，我卻有些不同的看法，實際上，一部文學史絕對不會不斷「擴容」的，不然，數千年歷史的中國古典文學今天就無法閱讀了，不斷「減縮」是文學史寫作的常態，文學經典化的過程就在減縮中完成。這就為我們提出了一個問題：一種新的文學闡釋模式的出現從根本上講是為了「照亮」他人所遮蔽的部分而不是簡單的範圍擴大，「民國」概念的強調是為了突出這一特定歷史情景下被人遺忘或扭曲的文學現象，舊體詩詞、通俗小說等等直到今天也依然存在，不能說是民國文學的獨有現象，而且能夠進入文學史研究的一定是那些在歷史上產生了獨立作用和創造性貢獻的現象，舊體詩詞與通俗小說等等能不能成為這樣的現象大可質疑，與唐宋詩詞比較，我們現代的舊體詩詞成就幾何？與新文學對現代人生的揭示和追求比較，通俗小說的深度怎樣？這都是可以探討的。實際上，一直都由學者提出舊體詩詞與通俗小說進入「現代文學史」，與新文學並駕齊驅的問題，呼籲了很多年，文學史著作也越出越多，但仍然沒有發現有這麼一種新舊雜糅、並駕齊驅的著作問世，為什麼呢？因為兩者實在很難放在同一個平臺上討論，基礎不一樣，判斷標準不一樣。我認為，提出文學的「民國機制」還是為了更好地解

釋那些富有獨創性的文學現象，而不是為了擴大我們的敘述範圍。

周維東：文學史研究從根本上講，就不可能是「中性」的。

李怡：當然，任何一種闡述本身就包含了判斷。

「民國機制」何為

周維東：在文學的「民國機制」論述中，有哪些內容可以加以考察？或者說，我們可以為現代中國文學研究開拓哪些新空間呢？

李怡：大體上可以區分為兩大類：一是對「民國」各種社會文化制度、生存方式之於文學的「結構性力量」的考察、分析，二是對現代作家之於種種社會格局的精神互動現象的挖掘。前者可以展開的論題相當豐富，例如民國經濟形態所造就的文學機制。從1913年張謇擔任農商務部總長起，在大多數情形下，鼓勵民營經濟的發展已經成了民國的基本國策，中國近現代的出版傳播業就是在這樣的格局中發展起來的，這賦予了文學發展較大的空間；至少在法制的表面形態上，民國政府表現出了一系列「法治」的努力，以「三民主義」和西方法治思想為基礎民國法律同樣也建構著保障民權的最後一道防線，雖然它本身充滿動搖和脆弱。這表層的「法治」形式無疑給了知識份子莫大的鼓勵，鼓勵他們以法律為武器，對抗獨裁、捍衛言論自由；多種形態的教育模式營造了較大的精神空間，對國民黨試圖推進的「黨化」教育形成抵制。後者則可以深入挖掘現代知識份子如何通過自己的努力、抗爭調整社會文化格局，使之有利於自己的精神創造。

周維東：這些研究表面上看屬於社會體制的考察，其實卻是「體制考察與人的精神剖析」相互結合，最終是為了闡發現代文學的創造機能而展開的研究。

李怡：對，尋找外在的社會文化體制與人的內部精神追求的歷史作用，就是我所謂的「機制」的研究。

周維東：這樣看來，民國機制的研究也就帶有鮮明的立場：為中國現代文學的創造力尋求解釋，深入展示我們文學曾經有過的歷史貢獻，當然，也為未來中國文學的發展挖掘出某些啟示。所以說，「民國機制」不是重新劃範圍的研究，不是「標籤」與「牌照」的更迭，更不是貌似客觀中性的研究，它無比明確地承擔著回答現代文學創造性奧秘的使命。

李怡：這樣的研究一開始就建立在「提問」的基礎上，是未來回答現代文學的諸多問題我們才引入了「民國機制」這樣的概念，因為「提問」，我想我們的研究無論是在文學思潮運動還是在具體的作家作品現象方面都會有一系列新的思維、新的結論。例如一般認為1930年代左翼作家的現實揭弊都來源於他們生活的困窘，其實認真的民國生活史考察可以告訴我們，但凡在上海等地略有名氣的作家（包括左翼作家）都逐步走上了較為穩定的生活，他們之所以堅持抗爭在很大程度上還是來自理想與信念。再如目前的文學史認為茅盾的《子夜》揭示了民族資產階級在現代中國沒有前途，但問題是民國的制度設計並非如此，其實民營經濟是有自己的生存空間的，尤其1927～1937被稱作民國經濟的黃金時代，這怎麼理解？顯然，在這個時候，茅盾作為左翼作家的批判性佔據了主導地位，而引導他如此寫作的也不是什麼「按照生活本來面目加以反映」的19世紀歐洲的「現實主義」原則，而是新進引入的馬克思主義的階級觀念。民國體制與作家實際追求的兩相對照，我們看到的恰恰是民國文學的獨特景象：這裏不是什麼遵循現實主義原則的問題，而是作家努力尋找精神資源，完成對社會的反抗和拒斥的問題，在這裏，文學創作本身的「思潮屬性」是次要的，構建更大的精神反抗的要求是第一位的。在這方面，是不是存在一種「民國氣質」呢？

周維東：根據您的闡述，我理解到「民國機制」所要研究的問題。過去我們研究文學史，也注重了歷史語境的問題，但從某個單一視角出發，就可能出現「臆斷」和「失度」的現象，這也就是俗話中的「只知其一不知其二」。「民國機制」研究民國「社會文化制度、生存方式之於文學的『結構性力量』」，實際還強調了歷史現場的全景考察。其次，「現代作家之於種種社會格局的精神互動現象」在過去常常被認為作家的個體想像，您在這裏特別強調這種互動的集體性和有序性，並試圖將之作為結構文學史的重要基礎。

李怡：是這樣的。過去我們都習慣用階級對抗在解釋民國時代的「左」、「中」、「右」，好像現代文學就是在不同階級的作家的屬性衝突中發展起來的，其實，就這些作家本身而言，分歧和衝突是一方面，而彼此的包容和配合也是不容忽視的一面，更重要的是，他們意見和趣味的分歧往往又在對抗國家專制統治方面統一了，在面對獨裁壓制的時候，都能夠同仇敵愾，共同捍衛自己的利益。當整個知識份子階層形成共同形成精神的對抗之時，即便是專制統治者也不得不有所忌憚，例如擔任國民黨中宣部部長的張道藩就在

1940 年代的「文學政策」論爭中無法施展壓制之術。民國文學創作的自由空間就是不同思想取向的知識份子共同造成的。

周維東：這樣看來，「民國機制」還有很多課題值得挖掘。譬如民國時期知識份子與大眾傳媒關係問題，過去我們基本從「稿費」和「經濟」的角度理解這一現象，不過如果我們注意到這一時期的「零稿費」現象、「虧本經營」現象，以及稿件類型與稿酬水平的關係問題等等，就可以從單純的經濟問題擴展到民國文人、民國傳媒的趣味和風尚問題，進而還能擴展到民國知識份子生存空間的細枝末節。這樣研究文學史，眞可謂「別有洞天」呀！

作為方法的「民國機制」

周維東：我覺得，提出文學的「民國機制」不僅可以爲我們的學術研究開闢空間，同時它也具有方法論的價值。

李怡：我以爲這種方法論的意義至少有三個方面：一是倡導我們的現代文學學術研究應該進一步回到民國歷史的現場，而不是抽象空洞的「現代」，即便是中國作家的「現代」理念，也有必要在我們自己的歷史語境中獲得具體的內容；二是史料考證與思想研究相互深入結合，近年來，對現代文學史料的重視漸成共識，不過，究竟如何認識「史料」卻已然存在不同的思路，有人認爲提倡史料價值，就是從根本上排除思想研究，努力做到「客觀」和「中性」，其實，沒有一種研究可以是「客觀」的，從來也不存在絕對的「中性」，最有意義的研究還是能夠回答問題，是具有強烈的問題意識的研究。如何將史料的考證和辨析與解答民國時期文學創造的奧秘相互結合，這在當前還亟待大家努力。第三，正如前面我們所強調的那樣，我們也努力將外部研究（體制考察）與內部研究（精神闡釋）結合起來，以「機制」的框架深入把握推動文學發展的「綜合性力量」，這對過去「內外分裂」的研究模式也是一種突破。

周維東：最近幾年，中國出現了「民國熱」，談論民國，想像民國，出版民國讀物，蔚爲大觀，有人擔心是否過於美化了那一段歷史？

李怡：這個問題也要分兩重意義來說，首先是爲什麼會出現這樣的「熱」？顯然是我們的歷史存在某種需要反省的東西，或者將那個時候的一切統統斥之爲「萬惡的舊社會」，從來沒有正視過歷史的應有經驗，或者是對我們今天——市場經濟下虛無主義盛行，知識份子喪失理想和信仰的某種比照，在這

樣兩種背景上開掘「民國資源」，我覺得都有明顯的積極意義，因爲它主要代表了我們的不滿足，求反思，重批判，至於是否「美化」那要具體分析，不過，在「民國」永遠不會「復辟」的前提下，某些美好的想像和誇張也無需過分擔憂，因爲，「民國」資源本身包含「多元」性，左翼批判精神也是民國精神之一，換句話說，眞正進入和理解「民國」，就會引發對民國的批判，何況今天分明還具有太多的從新體制出發抨擊民國的思想資源，學術思想的整體健康來自不同思想的相互抵消，而不是每一種思想傾向都四平八穩。

周維東：的確是這樣。所謂「美化」的背後其實是缺失和批判。學術史上又太多類似的「美化」，屈原、陶淵明、李白、杜甫等文化名人形成的光輝形象，不正是研究者「美化」的結果嗎？魯迅也曾經「美化」過魏晉。在研究者「美化」歷史人物和歷史時期時，我想他（她）不是諂媚也不是褒貶，而是在更大的文化空間上，揭示我們還缺少什麼，我們如何可以過的更好。

李怡：還有，也是更主要的一點，我們的「民國機制」研究與目前的「民國熱」在本質上沒有關係。我們要回答的是民國時期現代文學的創造秘密，這與是否「美化」民國統治者完全是兩回事，我們從來嚴重關切民國歷史的黑暗面，無意爲它塗脂抹粉，恰恰相反，我們是要在正視這些黑暗的基礎上解答一個問題：現代知識份子如何通過自己的抗爭和奮鬥突破了思想的牢籠，贏得了民國時期的文學輝煌，我們把其中的創生力量歸結爲「民國機制」，但是顯而易見，民國機制並不屬於那些專制獨裁者，而是根植於近代以來成長起來的現代知識份子群體，根植於這一群體對共和國文化環境與國家體制的種種開創和建設，根植於孫中山等民主革命先賢的現代理想。

周維東：「民國機制」不是民國統治者的慈善，不是政治家的恩賜，而是以知識份子爲主體的社會力量主動爭取和奮鬥的結果，在這裏，需要自我反省的是知識份子自己。

李怡：「民國機制」的提出歸根結底是現代文學學術長期發展的結果，絕非當前的「風潮」鼓動（中國是一個充滿「風潮」的社會，實在值得警惕），近三十年來，中國現代文學研究一直在尋找一種更恰當的自我表達方式，從1980年代「二十世紀中國文學」在「走向世界」中抵消政治意識形態的干預到1990年代「現代性」旗幟的先廢後存，尷尷尬尬，我們的文學研究框架始終依靠外來文化賜予，那麼，我們研究的主體性何在？思想的主體性何在？我曾經倡導過文學研究的「生命體驗」，又集中梳理過中國現代文學批評的術

語演變，這一切的努力都不斷將我們牽引回中國歷史的本身，我們越來越眞切地感受到更完整地返回我們的歷史情境才有可能對文學的發展作進一步的追問。對於現代的中國文學而言，這一歷史情境就是「民國」，一個無所謂「美化」也無所謂「醜化」的實實在在的民國，回到民國，才是回到了現代中國作家的棲息之地，也才回到了中國文學自身。

周維東：最後一個問題，我們研究民國時期的文學，是否也應該考慮當時歷史狀況的複雜性，比如是不是民國時代的所有文學都從屬於「民國機制」？比如解放區文學、淪陷區文學？除了「民國機制」，當時還存在另外的文學機制沒有？

李怡：這樣的提問就將我們的問題引向深入了！我　向反對以本質主義的思維來概括歷史，社會文化的內在結構不會是一個而是多個，當然，在一定的歷史時期，肯定有主導性的也有非主導性的，有全局性的也有非全局性的。在「民國」的大框架中，也在特定條件下發展起了一些新的「機制」，但是民國沒有瓦解，這些「機制」的作用也還是局部的。延安文學機制是在蘇區文學機制的基礎上發展起來的，軍事性、鬥爭性和一元性是其主要特徵，但這一機制全面發揮作用是在「民國」瓦解之後，在民國當時，延安文學能夠在大的國家文化體系中存在，也與民國政治的特殊架構有關，在這個意義上，也可以說是民國機制在特殊的局部滋生了新的延安機制，並最終爲發展後的延安機制所取代。至於淪陷區則還應該仔細區分完全殖民地化的臺灣以及置身中國本土的東北淪陷區、華北淪陷區和上海孤島等，對於完全殖民地化的尙未光復的臺灣，可能基本置於「民國機制」之外，而對其他幾個地區，則可能是多種機制的摻雜，雖然摻雜的程度各不相同。但是，從總體上看，我並不主張抽象地籠統地地議論這些「機制」比例問題，我們提出「民國機制」最終還是爲了解決現代中國文學發生發展的若干具體問題，只有回到具體的文學現象當中，在分析解決具體的文學問題之時，「民國機制」才更能發揮「方法論」的作用，啓發我們如何在「體制與人」的交互聯繫中發掘創造的秘密。我們無需完成一部抽象的「民國機制發展史」，可能也完成不了，更迫切的任務是針對文學具體現象的新的符合中國歷史情境的闡述和分析。

周維東：對，我們的任務是進入具體的文學問題，將關注「民國機制」作爲內在的思想方法，引導對實際現象的感受和分析。

1929 年第 13 期封面

本刊為倡導婦女運動啓發婦女思想之唯一有歷史的刊物。[※]

※《編後的話》,《婦女共鳴》1938 年第 7 卷 1 期,第 12 頁。

1937 年第 6 卷 3 期封面

在這抗戰時期，我們希望本刊物成為婦女的戰鼓，婦女的軍號，使婦女們都成了新中國的戰鬥員。※

※《編後的話》，《婦女共鳴》1938 年第 7 卷 1 期，第 12 頁。

1938 年第 8 卷 9～10 期合刊「國民精神總員特刊」

國家至上！民族至上！
人人要堅定對於三民主義的信仰！
人人要爲實現三民主義而奮鬥！※

※《婦女共鳴》1938 年第 8 卷 9～10 期合刊，目錄頁。

第一章 緒 論

第一節 選題緣起與研究動機

自 1898 年我國第一份婦女報刊《女學報》在上海創刊後，近代先進的女性知識分子開啓了婦女報刊事業的初始階段。近代婦女報刊的出現，是女子教育的振興以及知識婦女群崛起的產物，同時也是女性獨立意識逐步強化的結果，是知識女性群體形成的重要標誌。婦女報刊的發展壯大不僅加速了各種社會思潮在女性中的傳播，而且有助於擴大女性知識分子的社會影響，爲男女平等創造有利的社會輿論環境。中國婦女報刊自誕生之日起，就成爲婦女爭取自身解放的喉舌，對婦女解放運動和婦女生活產生了深遠的影響。因此，近代婦女報刊的興起，在中國的新聞史上具有里程碑的性質和意義。

正是基於對婦女報刊產生的歷史意義及其在女性爭取自身解放運動中的作用的認識，本書確定以某個時期的婦女報刊爲研究方向，從而解讀那一時代女性知識分子如何言說自我解放。爲此，最終選定《婦女共鳴》這一創辦於 1929 年，終刊於 1944 年，完全由新式女性知識分子婦女運動者創辦，並有著國民黨政治背景的女性刊物，作爲研究對象。

具體而言，以《婦女共鳴》作爲研究對象，主要基於以下幾個方面的考慮：

其一，該刊的創辦者、編輯及主要作者是有著鮮明的女性主義身份背景的新式女性知識分子，她們大都有著強烈的女性自我意識和長期從事婦女運動的個人經歷，從而凸顯了刊物的女性性別身份特徵。正因爲如此，該刊的

辦刊宗旨和主要內容均有著鮮明的女性主義立場，充分表現出對女性權利的極大關注。這些爲深入瞭解這一歷史時期婦女運動者的性別訴求提供了難得的契機。

其二，該刊作爲國民黨婦女團體——婦女共鳴社的機關刊物，有著特殊政治背景下不同於普通女性刊物的身份特徵。在近現代中國歷史上，佔據主導地位的政治力量都不同程度地介入女性的私領域，它們在獲取女性這份可資取用的社會力量的同時，都企圖將自身的需求、政治使命強加在女性身上。作爲國民黨政權體制內女性知識分子的代言人，《婦女共鳴》是如何在強勢的政治話語下言說女性解放的訴求？這些訴求與政黨政治有著怎樣的衝突？該刊恰恰爲本書提供了極佳的研究視角。

其三，該刊的辦刊時間（1929～1944），基本橫跨了整個抗日戰爭（1931～1945）時期，這使本書得以從國族視野下分析該刊的女性話語如何從屬於國族話語之下以謀求女性解放的言說策略。抗日戰爭時期的女性知識分子在強勢的民族話語下如何通過言說「女國民」的身份爲女性解放代言？在面臨女國民身份與女性性別身份的衝突時如何應對？該刊同樣提供了很好的研究案例。

最後，海內外學界目前對於該刊的專門性研究較爲欠缺，亦爲本選題提供了較大的研究空間。目前還未見任何有關該刊的研究專著或專門性論文，現有的成果僅限於對該刊進行一些簡單或籠統的介紹。而一些有關婦女運動的通史性著作或討論某些婦女問題的專題研究雖對該刊有所提及，也基本上是一筆帶過。與此同時，由於該刊所具有的國民黨政治背景，在大陸更不爲相關領域的研究者所關注。在大量有關國共對立時期的婦女運動的現有研究成果中，一味高度評價共產黨所領導的婦女運動，而讓國民黨領導的主流婦女運動從婦運歷史中近乎消失，是目前大陸婦女運動研究的一個共同特點。對此，筆者不能不認爲是一個極大的遺憾。

總之，《婦女共鳴》鮮明的女性主義性別身份、依附於國民黨政權的政治背景、辦刊於抗日戰爭時期的時代背景以及現有研究成果的欠缺，是確定其爲本書研究對象的重要前提。筆者希望通過對該刊的研究，彌補同類研究中對不同政治立場刊物研究的不足，改變目前中國大陸對國民黨主流婦女運動研究缺失的現狀，以眞實地呈現近現代中國婦女運動的歷史全貌。因爲以意識形態爲主導的婦女運動評價體系，在 21 世紀的今天應該可以不再成爲我們

評價婦女運動成績的唯一標準。而僅僅以推翻現存社會制度評價婦女運動成績的觀點也是值得商榷的，國外婦女運動走過的僅以追求女性自身解放為目標的婦女解放運動的道路足以說明這點。對於歷史研究者來說，只有本著忠實於歷史事實的態度從事學術研究，才能給歷史一個真相和盡可能公正的評價。這裏，想以臺灣學者的觀點來作為對南京國民政府時期國民黨主流婦女運動一個開場式的介紹，也間接為我們展開《婦女共鳴》這一主流婦女運動代言人所書寫的歷史畫卷。

> 此時期婦女運動之表現雖不若革命及北伐期間轟轟烈烈，也不如五四時期多彩多姿，但是在政治、法律及文化、經濟方面亦頗有可觀之處。〔註1〕

回首中國婦女解放從近代以來所走過的道路，女性作為最初的被啟蒙者始終被打上政治與國族的烙印。從以「強國強種」為目的的「國民之母」，到「國家興亡，匹婦有責」的「女國民」，無不將女性的性別身份隱身於強勢的國族身份之後。當時間跨入 20 世紀 20 年代，隨著政黨的興起，婦女運動在歷史大潮的裏挾下成為運動婦女，女性話語在國族話語之後再次為政治話語所淹沒。近現代中國的女性解放正是在政治解放與民族解放的夾縫中苦苦掙扎，走過了近百年充滿艱辛的漫長征途。正如有論者指出：「中國 20 世紀早期的女性啟蒙不僅被淹沒在民族救亡的浪潮中，而且被關在男權的樊籬之中，所以注定只是一次啟蒙的演習。而女性啟蒙最終要取得成功，女性要真正獲得重新規定社會角色的權利和自由，需要所有女性前仆後繼地致力於個人自主。」〔註2〕這一論斷甚至適用於整個近現代中國以女性啟蒙為目標的婦女運動。直至 21 世紀的今天，這一見解依然可作為女性解放的至理名言。對於今天的中國女性來說，雖然已經在法律上完全獲得了一切男女平等的權利，但我們不得不承認男女事實上的不平等依然存在。女性仍然面臨著來自於家庭、生育、就業等方方面面的不公平待遇，社會深層次的根源依舊根深蒂固。作為知識女性，此時回顧《婦女共鳴》創辦歷史中的那些女性知識分子對於女性解放的執著追求，足以警醒我們同樣應該承擔起啟蒙和引導婦女

〔註1〕　陳三井主編《近代中國婦女運動史》，臺北：近代中國出版社，2000 年版，第261 頁。

〔註2〕　劉曙輝《啟蒙與被啟蒙：〈婦女雜誌〉中的女性》，《山西師大學報》（社會科學版）2007 年第 2 期，第 126～129 頁。

大眾的責任，爲男女平等和女性最終的解放盡一份微薄之力。因爲，女性也只有女性自己才是眞正解放自身的力量。

第二節　學術史回顧

　　對《婦女共鳴》這一在 20 世紀 30～40 年代影響最大的女性刊物〔註3〕，學界卻長期缺乏全面深入的研究，這不能不說有悖於其歷史地位。以下將對與本書相關的現有研究成果作較爲全面地介紹。

一、有關《婦女共鳴》的介紹和評價

　　《婦女共鳴》最早的研究者是周曙山。她曾在該刊上發表過《革命史中的女報》一文，其中就有《婦女共鳴》。周曙山的介紹如下：

> 現在猶於重慶繼續出版的《婦女共鳴》月刊，是於十八年三月在上海創刊，到十九年冬才遷至南京，此由陳逸雲、談社英、李峙山、王孝英等諸女士發起，以李、談、陳三女士分負經理與編輯之責。先是半月刊，到二十一年才改爲月刊。二十六年抗戰軍興，該社由南京移至漢口，仍繼續出版；後又遷重慶，乃以陳逸雲女士擔任社長，雖當脫期，猶不失爲婦女刊物中的資格最老的權威。
>
> 〔註4〕

　　《婦女共鳴》主編談社英在所撰《婦運四十年》中，對該刊從創刊以至終刊的辦刊歷程有較爲詳細地介紹〔註5〕。作爲該刊辦刊過程中主要的當事人，談社英的有關記載是研究該刊歷史的重要參考資料。

　　當代臺灣學者陳三井主編的《近代中國婦女運動史》中也有關於《婦女共鳴》的記載：

> 婦女共鳴社出版之《婦女共鳴》半月刊創刊時，是當時全國唯一的婦女期刊。婦女共鳴社成立於 1929 年 1 月，同年 3 月 25 日發行創

〔註3〕　黃興濤《「她」字的故事：女性新代詞符號的發明、論爭與早期流播》，楊念
　　　　群主編《新史學》第一卷《感覺‧形象‧敘事》，北京：中華書局，2007 年版，
　　　　第 145 頁。
〔註4〕　周曙山《革命史中的女報》，《婦女共鳴》1944 年第 13 卷 1 期，第 8～13 頁。
〔註5〕　談社英《婦運四十年》，陳鵬仁主編、林養志編《中國國民黨黨務發展史料‧婦
　　　　女工作‧附錄》（《中國現代史史料叢編，第 20 集》），臺北：國民黨黨史會出
　　　　版，近代中國發行，1996 年版，第 598～599 頁。

刊號。社址初設於上海，1929 年冬遷到南京。由陳逸雲、李峙山、
傅岩、王孝英、談社英、徐元璞、舒蕙楨等人發起組織之。以出版
刊物、提高婦女知識、糾正婦女思想爲宗旨。《婦女共鳴》於 1932
年 1 月改爲月刊，一直到抗戰勝利，才因經費困難停刊。是婦女自
力經營而維持最久之刊物。〔註6〕

　　以上對於《婦女共鳴》的評價在忠於事實的基礎上有些許溢美，如稱《婦
女共鳴》「是當時全國唯一的婦女期刊」、「是婦女自力經營而維持最久之刊
物」。其實這裏不管是「唯一」還是「自力經營」都有值得商榷之處。因爲據
所掌握的資料看來，顯然當時絕不僅僅只有這一種婦女期刊〔註7〕，不過是因
爲該刊的政治背景得以最受重視和發行時間最長；至於經費，該刊除辦刊之
初完全靠自籌外，在絕大多數時候都曾得到國民黨政府的撥款。

　　李謝莉撰寫的《中國近現代婦女報刊研究（1898～1949）》（2003 年四川
大學文學與新聞學院碩士論文）一文對該刊也有所關照：

《婦女共鳴》1929 年 3 月 25 日創刊，上海婦女共鳴社主辦。主編
爲陳逸雲，談社英、王孝英也曾擔任主編。該刊原來在上海出版，
後遷至南京、重慶，主要撰稿人有談社英、李峙山、諶小岑等。初
爲半月刊，1932 年 1 月起改月刊，1944 年 12 月停刊。該刊設有「時
事述評」、「專論」、「婦女界要聞」等欄目，標榜指導婦女運動，實
現男女平等。儘管該刊在社會問題、民族解放問題及婦女運動問題
上或多或少發出了「聲音」，但它只是在不妨礙國民黨統治及其政策
範圍內做文章。它把婦女解放局限於資產階級女權運動的範疇並希
望寄託在作先知先覺的女性身上，而沒有觸及到導致婦女受壓迫的
階級問題和社會制度，因此很爲當局所重視，在國民黨中央宣傳部

〔註6〕 陳三井主編《近代中國婦女運動史》，臺北：近代中國出版社，2000 年版。第
284 頁。

〔註7〕 李謝莉《中國近現代婦女報刊研究》，四川大學文學與新聞學院 2003 年碩士
論文，第 36 頁。1929 年前後，國民黨所屬婦女協會、國民黨女黨員和其他婦
女組織努力爭取，才陸續創辦發行了少量的婦女刊物，如《天津婦協旬刊》、
《江蘇女聲》（1928 年 10 月創辦於南京）、《安徽婦女》（1929 年 11 月創辦於
安徽立煌）、《北平婦女月刊》等。這些刊物的主要內容大體是：呈請國民政
府增加國民代表的婦女名額；呼籲婦女團體參加國民會議；要求國民政府制
定男女平等、女子繼承權等法律條文等等。而在國民黨的嚴格控制之下，這
幾種婦女刊物大多發行幾期後隨之中斷。而在這段時間中，唯有《婦女共鳴》
被國民黨當局批准認可和重視，發行時間較長。

立案時，被批准爲女界唯一之刊物。在反共逆流囂張之時，它還發表過托派頭子葉青的文章和親蔣反共的文章。〔註8〕

該文雖然承認《婦女共鳴》在社會問題、民族解放問題及婦女運動問題上或多或少發出了「聲音」，但緣於該刊的國民黨政治背景，在評價上似欠公允。其中「在反共逆流囂張之時，它還發表過托派頭子葉青的文章和親蔣反共的文章。」更是表明了該文作者在意識形態上的鮮明立場。

一些同樣出版於大陸的婦女資料則比較客觀地反映了《婦女共鳴》在婦女運動中的眞實面貌，也給予了較爲中肯的評價，例如：

《婦女共鳴》半月刊、月刊。民國18年3月創刊於上海，後遷南京、重慶，民國33年12月停刊。社長陳逸雲，主編談社英、王孝英。該刊以「倡導婦女運動、主張男女平等」爲宗旨，以較多篇幅批判封建制度和封建性的政策、法規對於婦女的壓迫。曾出《賢良問題專號》，爲討論和批判「新賢妻良母主義」提供陣地。此外，還曾聯合各婦女團體組織參加國民議會、救濟水災、提倡國貨、廢娼運動等實際工作。〔註9〕

此外，《婦女共鳴》的創辦者，如陳逸雲、唐國楨、傅岩、談社英等作爲國民黨籍婦女運動的領軍人物與國民政府婦女部門高官，在抗戰時期婦女運動通史（如陳三井主編《近代中國婦女運動史》），或有關婦女抗日統一戰線歷史的研究中（如抗戰時期的婦指會、戰時兒童保育會以及其他婦女統一戰線工作）時有被提及。而進步人士及共產黨婦女運動者史良、沈茲九、劉清揚等的傳記和回憶錄中都有對陳逸雲等「頑固派國民黨分子」的介紹〔註10〕。

二、與《婦女共鳴》的論題相關的專題研究成果

這方面的成果主要有：有關國民會議的研究有張文秀所撰《論1931年國民會議代表的選舉與產生》（吉林大學2009碩士論文），該文在討論選舉權時有提到婦女選舉權問題，但所引史料並未涉及《婦女共鳴》。20世紀30

〔註8〕 李謝莉《中國近現代婦女報刊研究》，四川大學文學與新聞學院2003年碩士論文，第41～42頁。

〔註9〕 荒砂，孟燕塈主編《上海婦女志》編纂委員會編《上海婦女志》，上海：上海社會科學院出版社，2000年版，第126頁。

〔註10〕 劉清揚《回憶新運婦女指導委員會訓練組》，《武漢文史資料》2005年第8期，第4～9頁。

～40年代「婦女回家」問題一直為學術界所關注，《婦女共鳴》因其「賢良問題研究專號」較多地被提及，但此類論文對該刊在論戰中的作用多持否定態度。如夏蓉《20世紀30年代中期關於「婦女回家」與「賢妻良母」的論爭》（《華南師範大學學報》（社會科學版）2004年第6期）；何黎萍《20世紀40年代初關於「婦女回家」問題的論戰》（《四川師範大學學報》（社會科學版）第33卷3期）等。它們大多僅僅因為《婦女共鳴》的國民黨政治背景以及曾與激進婦女刊物《婦女生活》之間進行過論戰，而得出該刊主張婦女回家的不公正評價（對此本書第二章將做詳述）。與此同時，這些文章均未對《婦女共鳴》的主張做全面而深入地分析。張超《民國娼妓研究》（武漢大學2005年博士論文）是一篇全面研究民國娼妓問題的博士論文，其中有少量有關婦女界要求禁娼的內容。但由於該論文是一篇有關娼妓問題的鴻篇巨製，難免對南京國民政府時期女界的禁娼態度照應不夠周全，甚至出現基本的史實錯誤。如該文認為1933年江蘇省主席陳果夫以「禁娼不利於市面繁榮」為由下令解禁。〔註11〕而據《婦女共鳴》所提供的史料來看，事實並非如此。南京市的「復娼」提議在婦女界的堅決反對下始終沒有得到官方的允許，最終因抗戰而不了了之。趙宏《民國時期婦女財產繼承權的變動》（南京師範大學2006年碩士論文）是有關婦女的財產繼承權問題的研究成果。該文主要從法律條文的角度分析了婦女財產繼承權的變動，並未討論當時國民黨婦女運動者爭取平等的財產繼承權所做的各種努力，尤其是並未涉及《婦女共鳴》的相關內容。〔註12〕黃興濤《「她」字的故事：女性新代詞符號的發明、論爭與早期流播》在討論近代中國女性第三人稱「她」字的發明和使用時，對於《婦女共鳴》拒用「她」字的女性主義立場曾特別予以關注〔註13〕。

〔註11〕張超《民國娼妓研究》，武漢大學2005年博士論文。
〔註12〕趙宏《民國時期婦女財產繼承權的變動》，南京師範大學2006年碩士論文。
〔註13〕黃興濤《「她」字的故事：女性新代詞符號的發明、論爭與早期流播》，楊念群主編《新史學》第一卷《感覺‧形象‧敘事》，北京：中華書局，2007年版，第145頁。此種對「女」字偏旁的過於敏感，在某些新興的女權主義者身上持續的時間相當長久。我們有趣地看到，直到20世紀30年代中期，仍有女權運動者由此思路，繼續著那種對「她」字的政治性抗議。如1929年創刊、影響很大的《婦女共鳴》雜誌，就始終拒絕使用「她」字，認為該字的構造去掉了「人」字旁，是不把婦女當人看，是對婦女人格的公然侮辱，因而旗

三、有關抗戰時期女性刊物的現有研究成果

目前所見僅有于明靜《抗戰時期的女性與國家——以〈婦女生活〉雜誌為分析實例》（華東師範大學 2006 年碩士論文）。該文以 1935 年 7 月創刊，1941 年 11 月終刊的《婦女生活》為研究對象，探討了抗戰時期女性與國家的互動關係。在該文中論及「該刊還曾借討論挪威作家易卜生的劇作《娜拉》，引發了「婦女回家問題」的討論，是「新賢妻良母主義」論戰中的主要輿論力量。」〔註 14〕《婦女生活》作為《婦女共鳴》「新賢良主義」的主要論戰對手，于文對它的研究一定程度上給予本書以參考作用。此外，《「女星社」及其出版物〈女星〉和〈婦女日報〉》一文研究了抗戰前的《女星》和《婦女日報》兩種激進婦女刊物，該文以較多篇幅介紹了曾作為《女星》和《婦女日報》的創辦者和總主編，以後成為《婦女共鳴》主編的李峙山。〔註 15〕

四、為本書寫作提供重要參考作用的相關史料及研究成果

在大陸，楊樹標等編《中國國民黨歷次會議宣言決議案彙編（1～4）分冊》（浙江省中共黨史學會編印本，非正式出版物，出版時間不詳。）收錄了從 1924 年 1 月國民黨一大至 1947 年 9 月國民黨第六屆中央委員會第四次會議期間中國國民黨歷次會議宣言及重要決議案，為瞭解國民黨時期重要宣言和決議中的婦女政策提供了不少一手資料。可以說，該套資料彙編是大陸難得一見的有關國民黨時期歷史的珍貴史料。此外，對本書的寫作有重要文獻價值和參考價值的研究成果中，尤其值得一提的是臺灣學者有關近現代中國婦女運動史的研究。其中主要有：陳鵬仁主編、林養志編《中國國民黨務發展史料・婦女工作》（《中國現代史史料叢編，第 20 集》，臺北：國民黨黨史會出版，近代中國發行，1996 年版。）、陳三井主編《近代中國婦女運動史》（臺北：近代中國出版社，2000 年版。）、許慧琦《「娜拉」在中國：新女性形象的塑造及其演變（1900s～1930s）》（臺北：臺灣國立政治大學，2003 年版。）、柯惠玲《性別與政治——近代中國革命運動中的婦女（1910s～1920s）》

幟鮮明地表明了將堅持把「伊」字使用到底的態度。

〔註 14〕 于明靜《抗戰時期的女性與國家——以〈婦女生活〉雜誌為分析實例》，華東師範大學 2006 碩士論文。

〔註 15〕 胡藹立、殷子純《「女星社」及其出版物，〈女星〉和〈婦女日報〉》，《歷史教學》（津）1987 年 10 期，第 21～22 頁。

（臺灣國立政治大學歷史研究所 2004 年博士論文）以及洪宜嬪《中國國民黨婦女工作之研究（1924～1949）》（臺灣國立政治大學歷史研究所 2008 年碩士論文）。以上論著均從不同角度對南京國民政府前後的婦女及婦女運動歷史進行了較爲深入地研究，對本書的寫作有著重要的參考作用。其中《中國國民黨務發展史料・婦女工作》一書所收資料的時間跨度從 1924 年到國民黨赴臺後的 1950 年，該書對於「婦女運動方案、徵求婦女黨員、發展婦女團體、提倡婦女服務及福利等工作，均有翔實記載」〔註 16〕，爲本書研究國民黨主流婦女運動提供了諸多可供利用的原始資料。陳三井主編《近代中國婦女運動史》在學術界評價頗高，有人稱它的出版「爲國內婦女史研究的一大盛事」〔註 17〕。不同於大陸近代中國婦女運動史對歷史分期的劃分標準，該論著將討論時間延伸至當代，且內容涉及臺灣和大陸兩大區域；還提供了大量從晚清到抗戰前後的婦女運動歷史的基本史料，爲本書的寫作提供了很大的便利。許慧琦《「娜拉」在中國：新女性形象的塑造及其演變（1900s～1930s）》從發現娜拉的 1900 年代，到娜拉再現的五四時代，再到娜拉走入中國社會的 20 世紀 20～30 年代以及復古風潮中的娜拉共四個方面深入分析了以娜拉爲代言的近代中國女性身份變遷的歷史過程。柯惠玲《性別與政治——近代中國革命運動中的婦女（1910s～1920s）》一文分別從晚清革命中的性別再造、改造社會中的新女性圖景、革命動員與性別政治三個方面探討了女性在革命中如何被塑造，婦女運動如何成爲運動婦女的歷史事實，揭示了女性話語被革命話語所遮蔽的歷史困境。洪宜嬪《中國國民黨婦女工作之研究（1924～1949）一文則是目前所見，研究國民黨婦女工作最全面的學位論文。該文以中國國民黨的婦女工作爲討論重心，分北伐時期、訓政時期、抗戰時期及戰後等四個時期探討了國民黨的婦女工作，爲本書的寫作提供了史料以及觀點上的諸多借鑒。此外，呂芳上主編的《無聲之聲》（臺北：中央研究院近代史研究所，2003 年版。）系列三本著作，分別探討了近代中國的女性與國家、女性與社會、女性與文化三個不同層面。

　　還值得一提的是，早在 20 世紀 30～40 年代，一些婦女運動者對南京國

〔註 16〕陳鵬仁主編、林養志編《中國國民黨務發展史料・婦女工作》（《中國現代史史料叢編，第 20 集》），臺北：國民黨黨史會出版，近代中國發行，1996 年版。
〔註 17〕連玲玲《評價〈中國近代婦女運動史〉》，《近代中國婦女史研究》2001 年第 9 期。

民政府及之前的近代婦女運動史有所研究，並出版了系列圖書。目前可見的有：劉王立明《中國婦女運動》（上海：商務印書館，一九三四），談社英《中國婦女運動通史》（南京：婦女共鳴社，一九三六），楊之華《婦女運動與國民革命》（上海：亞東圖書館，一九三八），郭德潔《婦女運動在廣西》（上海：民國周刊社，一九三九），談社英《婦運四十年》（臺北，一九五二年自印）等等。這些早期的婦女運動史研究成果，爲本書提供了很多寶貴的原始資料。

一些有關抗戰時期的研究論文也對本書的寫作提供了一定的參考。如唐秀平《論抗戰期間的婦女動員》（《南京郵電學院學報（社會科學版）》，2005年第 3 期。）、晁海燕《抗戰時期國統區婦女文化出版事業》（《新聞知識》，1995 年 11 期。）、郭昭昭《抗戰期間國民參政會中女參政員群體的考察》（《安徽大學學報》，2006 年第 6 期。）、郭海文《女子在抗日戰爭中的地位與作用》（《中華女子學院學報》，2005 年第 4 期。）、楊慧《抗戰初期的國統區婦女運動》（《山西高等學校社會科學學報》，2003 年第 10 期。）、丁衛平《國統區婦女救國會和婦女抗日救亡運動》（《吉林大學社會科學學報》，1993 年第 6 期）、周慧傑《國統區和淪陷區婦女運動在抗戰中的作用》（《北方論叢》，1997 年第 6 期。）等，這些論文均從不同角度對抗戰時期的婦女及婦女運動進行了論述。

總之，因爲各種歷史和政治的原因，現有研究《婦女共鳴》的專門性成果非常有限，不管是對刊物內容本身的研究，還是對刊物相關人員的人物研究，都極其缺乏。我們不得不承認，正是一些意識形態的原因，讓 20 世紀 30～40 年代中國主流的婦女運動及其參與者在當代人的視野中付之闕如，而大陸方面僅有的研究多集中於共產黨領導的婦女運動。此外，除了專門的婦女通史或婦女運動通史，在主流的政治、經濟、文化等歷史研究中，甚至一些通史性著作中，婦女的身影也基本隱身於無形。

值得欣慰的是，臺灣學者在很大程度上彌補了對於國民黨時期主流婦女運動研究的缺失，也爲大陸研究者提供了諸多寶貴的原始資料以及可資借鑒的研究成果。

本書希望通過對《婦女共鳴》這一堪稱國民黨時期主流婦女運動代言人的女性刊物的研究，彌補大陸相關研究的不足，同時爲這一時期的婦女運動史研究添一塊磚瓦。

第三節　研究方法與文章結構

　　《婦女共鳴》作為一份女性歷史刊物，要研究其在女性解放運動中的作用和歷史貢獻，對其基本內容的把握和分析是本書寫作的基本前提。因此，建立於史料分析基礎上的史料分析法是本書所採用的基本研究方法。本書力圖在充分佔有基本史料的基礎上，對該刊進行系統和全面地研究。此外，在書中還運用了社會性別理論的分析方法，從社會性別的視角對該刊所表現出來的性別主體意識進行相關分析。

　　關於社會性別的含義國內外學術界有不同的界定。如《英漢婦女與法律詞彙釋義》認為：「社會性別一詞用來指社會文化形成的對男女差異的理解，以及在社會文化中形成的屬於女性或男性的群體特徵和行為方式。」〔註18〕美國歷史學家瓊‧斯科特（Joan W. Scott）認為：「社會性別是一種基於可見的性別差異之上的社會關係的構成要素，是表現權利關係的一種基本方式。」〔註19〕社會性別概念被社會學家用來描述在一個特定社會中，由社會形成的男性或女性的群體特徵、角色、活動及責任。因為社會的組織方式，我們的社會性別身份決定了社會如何看待作為男人和女人的我們，以及期待我們如何去思考和行動。〔註20〕生理性別（Sex）和社會性別（Gender）是兩個不同的概念。所謂生理性別是指嬰兒出生後從解剖學意義上來確定的男性和女性。社會性別是在社會中形成的男女不同的期待與行為方式的總和。〔註21〕概括而言，社會性別就是指男女兩性在社會文化的構建下形成的性別特徵和差異，即社會文化形成的對男女差異的理解，以及社會文化中形成的屬於男性或女性的群體特徵和行為方式。

　　在本書中，較多地運用社會性別理論分析女性知識分子反駁男性所謂女性不如男性的各種言論。如面對男性知識分子對於女性能力不夠不足以參政或者沒有資格獲取某些權利的指責時，女性知識分子認為：正是基於社會規

〔註18〕譚兢嫦，信春鷹《英漢婦女與法律詞彙釋義》，北京：中國對外翻譯出版公司，1995 年版，第 145 頁。

〔註19〕李銀河《婦女：最漫長的革命》，北京：三聯書店 1997 年版，第 151 頁。

〔註20〕自從按‧奧克利（Ann Oakley）的《生理性別與社會性別》（Sex and Gender）一書於 1971 年問世以來，這個意義上的「社會性別」概念在過去 25 年中一直在歐洲和北美洲被廣泛使用。在此之前，「社會性別」這個詞僅作為一個較古老的語法詞彙而被用於語言學中。許多辭典至今仍將此詞的定義局限在這一領域。

〔註21〕韓賀南、張健主編《女性學導論》，北京：科學出版社，2005 年版，第 47 頁。

範對於女性的不平等待遇才導致女性現有知識和能力的弱勢，並不是女性天生就不如男性，是不公平的社會對於婦女的歧視和迫害所至。此外，當面對男性要求婦女回家，認為女性天生更適應家庭生活時，婦女運動者同樣明確地指出：「男子適宜服務社會，女子適宜服務家庭，這種適宜也只不過是說明已然的一般現象而已。」「誰又能斷定人類稟賦的特性永遠是會天生因性別而不同呢？」〔註22〕這些無不表明那一時代的女性知識分子已經具有區別性別的生理屬性和社會屬性的批判意識，表現了她們挑戰傳統觀念，維護女性平等地位的智慧和勇氣。

總之，本書主要運用史料分析法，結合社會性別理論，通過系統分析《婦女共鳴》創辦的時代背景、歷史面貌以及核心內容，力圖呈現在特定的時代背景下有著特殊政治身份的女性知識分子如何從性別、政治與國族的不同視野言說女性解放的歷史圖景。

全書共分六章：

第一章　緒論

表明選題緣起、研究動機，並回顧目前學界的相關研究成果，最後介紹本書的研究方法與篇章結構。

第二章　《婦女共鳴》的創辦

主要分《婦女共鳴》創辦的時代背景和發展的歷史面貌兩部分內容進行論述。其中第一節主要分析了《婦女共鳴》在婦運「消沉」中辦刊與在民族解放戰爭中艱難生存兩大時代背景。第二節則主要通過分析《婦女共鳴》的創刊緣起、辦刊宗旨、編輯與主要作者、經費來源以及欄目編排與語境營造等幾個方面以展現其發展的歷史面貌。

第三章　性別與女性解放的言說

本章為全書的重點，共分四節。前三節主要就鮮明的女性主義身份、「啟發婦女思想」、「喚起婦女群」的婦運理論之探討，以及「倡導婦女運動」、「督促政府實現男女平等之政綱」的婦運實踐之參與，從理論和實踐兩個層面的結合上對《婦女共鳴》所表現的女性主體意識進行分析。最後一節，用「蘇俄——女性解放的理想國」詮釋了該刊創辦者們對女性解放理想的追求。

〔註22〕木兀《世界民主潮流與中國婦女路向》，《婦女共鳴》1944年13卷3期，第10～11頁。

第四章　政治與女性解放的言說

本章共分兩節論述。主要針對《婦女共鳴》的國民黨政治背景，論述其創辦者們如何通過女性話語與政治話語合流的方式言說女性解放。同時，在政治話語的背後，女性解放與政黨政治又有著怎樣的現實衝突？

第五章　國族與女性解放的言說

以抗日戰爭爲歷史背景，分析女性在面對民族危機時將女性話語置於國族話語之下的言說策略及國族話語下女性解放的現實困境。

第六章　結語

對全書的主要觀點和結論進行總結概括，指出本書研究所取得的成果和今後應努力的方向。

第二章 《婦女共鳴》的創辦

　　《婦女共鳴》是 1929 年 1 月成立於上海的國民黨婦女團體——婦女共鳴社的機關刊物，同年 3 月 25 日正式創刊於上海。這是一份以國民黨女黨員為班底的女性刊物，它的創立為國民黨籍婦女運動者提供了輿論陣地，在南京國民政府時期有著重要的歷史地位。正如其名字「共鳴」，該刊在很大程度上始終秉承了這一啟蒙婦女思想、與廣大婦女「共鳴」以及為婦女鳴不平的辦刊思想。尤其是在南京國民政府為了鞏固政權極力壓制民眾運動、限制新聞自由的時代背景下，《婦女共鳴》成為南京國民政府體制內婦女運動者維護婦女平等權利的一面旗幟。

第一節　創辦的時代背景

　　北伐成功，全國統一，1928 年 10 月 3 日，國民黨中央執行委員會公佈《訓政綱領》，訓政時期即自此開始。〔註1〕掌握了政權的南京國民政府，開始將如何控制政權作為首要目標，與之進行的是通過一系列的國家法律法規來約束人民行為，維護專制政權。國民黨政府害怕激烈的群眾運動容易使民眾脫離國家控制，尤其是擔心民眾運動被共產黨利用，從而危害國民黨政權。因此，控制民眾運動，使民眾運動為己所用，成為國民黨政權的當務之急。婦女運動作為民眾運動之一種，自然難以幸免。可以說，南京國民政府時期，國民黨看待婦女及其權益的基本心態，與其治理一般人民同樣，都是出自鞏固國家威權、強化黨政統治的動機。正如論者指出：隨著國民黨分共的舉動，

〔註1〕　中國文化建設協會編《十年來的中國》，上海：上海書局，1936 年版，第 12 頁。

以及北伐的大致完成，原本相伴而生的婦女運動，即迅速式微。〔註2〕

一、婦運「消沉」中辦刊

（一）婦女運動的「式微」

《婦女共鳴》即創刊於這個婦女運動「式微」的歷史時期，這份婦運「式微」的無奈將始終伴隨她直至終刊。

> 當本刊出版伊始，正是國民黨取消各級黨部婦女部之時，並下令
> 停止全部民眾運動，幼稚的婦女運動，逢此打擊，幾乎完全陷於
> 停頓狀態，本刊同人，認為不能再事緘默，遂集合同志，出版斯
> 刊。〔註3〕

《婦女共鳴》的創辦可以說寄託了國民黨體制內婦女運動者們無盡的熱情和希望，但是在此後不斷出現的卻是回顧婦女運動進展時的失望之情。在該刊創辦的最初幾年，都無一例外地表達了婦女運動衰落的現狀。

在《本刊一周紀念之回顧》中論及一年來的婦運成績時如是說：

> 他姑不論，回顧此一年中，婦女運動之成績，最足使人喪氣。試觀
> 各地婦女團體及一般婦女運動者，曾有何種進行實現否，吾人主張
> 婦女在政治上法律上之地位，計有十點，關於婦女個人者，亦有八
> 端，至對於婦女團體及社會方面者，又有數條，然綜計對各方面之
> 種種希望，一年來殊未能實現十之一二。〔註4〕

《婦女共鳴》創刊四年過去，面對婦女運動近乎名存實亡的現狀，記者不得不發出「誰之過歟？誰之過歟？」的無奈之語。

> 二十一年已成過去，今茲歲首，例有總括一年中成績作總報告之義。
> 本刊婦女運動之喉舌，女界言論之代表也。對於婦女運動，極願有
> 所統計；乃一年以來，各項事物勿論其性質之如何，俱有其可以記
> 載之價值與事實，獨婦女運動殊無成績可言，遍稽各種新聞紙，去
> 歲一年中，曾有何項婦女團體組織否？曾有何項關於婦女權利之運

〔註2〕 柯惠鈴《性別與政治：近代中國革命運動中的婦女（1910s～1920s）》，臺灣國
　　　　立政治大學歷史研究所 2004 年博士論文，第 278～281 頁。

〔註3〕 峪山《本刊六週年紀念之回顧與前瞻》，《婦女共鳴》1935 年第 4 卷 2 期，第
　　　　6～8 頁。

〔註4〕 《本刊一周紀念之回顧》，《婦女共鳴》1930 年第 24 期，「時事評論」，第 1～
　　　　2 頁。

動否？其所可見者，僅僅二三團體之宣言，與夫臨時組織之看護隊慰勞會而已。何足以言婦運？何處可言婦運？嗚呼。一國之大，一年之久，竟至婦運無一具體成績呈現於吾人之前，以供吾人作史料參考之資料，誰之過歟？誰之過歟？〔註5〕

曾在《婦女共鳴》創刊時已近乎「陷入停止狀態」的婦女運動，在五年後的 1934 年，未因該刊的吶喊而有所振興，反而有了「更形消沉」〔註6〕的評價。此類對於婦運困境的無奈訴說長期伴隨著該刊，這是婦女運動者們始終無法改變的歷史困境。

婦女運動的明顯衰落，反映到社會上也就有了封建勢力的擡頭，女子地位的重新低落。李峙山在《壓迫婦女勢力之擡頭》〔註7〕一文對社會的各種封建逆流進行了揭露。她說：

國民革命軍統一未久，骨子裏蘊藏著壓迫婦女的封建思想的餘孽尚未老死淨盡，見今日摩登婦女之偶越規範，即大唱其壓迫婦女之老調，廣東當局禁止同泳後，更有人起而禁止同行，同食；南昌輿論界利用新生活運動之招牌，鼓勵少女望門守節；贛，粵，閩，滬乃至首都等處，普遍的禁止婦女的奇裝豔服；教育部有中等女生著重賢妻良母訓練之通令（詳見柏薇園隨筆）；上海務本女校自本學期更試辦「新賢妻良母」教育；凡此種種，都足以表示壓迫婦女勢力在擡頭，這是什麼道呢？爲了幾個摩登婦女就值得這樣開倒車嗎？……婦女界對此惡勢力之擡頭，實應予以迎頭痛擊，否則一旦壓迫婦女之銬鏈鑄成，婦女之重遭銬鎖，乃意中事。

由此可見，雖然這些國民黨籍的婦女運動者們爲拯救婦運前途創辦了《婦女共鳴》，同時因爲她們特殊的政治身份，讓該刊創刊三年後就得到了國民黨政府的經費支持，並得以辦刊長達十六年之久。正如有論者所指出：「因該刊沒有觸及到導致婦女受壓迫的階級問題和社會制度，因此很爲當局所重視」〔註8〕。但國民黨政權的專制統治，最終依然讓依附於政權體制下

〔註5〕 記者《二十一年之婦女運動》，《婦女共鳴》1933 年第 2 卷 1 期，「編輯餘話」，第 66 頁。

〔註6〕 《編輯後談》，《婦女共鳴》1934 年第 3 卷 3 期，「編輯餘話」，第 58 頁。

〔註7〕 毅《壓迫婦女勢力之抬頭》，《婦女共鳴》1934 年第 3 卷 9 期，「時事述評」，第 5 頁。

〔註8〕 李謝莉《中國近現代婦女報刊研究》，四川大學文學與新聞學院 2003 年碩士論文，第 42 頁。

的婦女運動走向了衰落。

（二）婦女刊物的沒落

爲了鞏固專制政權，國民黨政府在壓制民眾運動的同時，在新聞出版上也頒佈了一系列法規，限制人民在言論和出版上的自由。有研究者指出「尤其當時國、共意識形態對立，國民黨唯恐共產黨散播不利國民政府的思想，因而嚴加控管人民的言論、行動與出版等自由。」〔註9〕從 1929 年起，國民黨當局相繼頒佈了《宣傳品審查條例》、《出版法》、《出版法實施細則》、《宣傳品審查標準》、《圖書雜誌審查辦法》等法律、條規，對報刊、圖書的編輯、出版和發行作了種種限制。據不完全統計，從 1929 年～1935 年，社會科學和文藝書刊被查禁扣押的達千餘種。其中 1930 年 12 月公佈的《出版法》的第四章「出版品登載事項之限制」中第 19 條，命令出版品的登載不得出現下列情形：一、意圖破壞中國國民黨或三民主義者；二、意圖顛覆國民政府或損害中華民國利益者；三、意圖破壞公共秩序者；四、妨害善良風俗者。〔註 10〕很顯然地，國民政府成立後，維護一黨專制的政權是其最主要的目標，其他一切事務均需爲此讓道。

這一時期，書刊的出版發行遭遇到前所未有的困難，婦女刊物也面臨了這樣的處境。《婦女共鳴》因其國民黨背景才得以長期刊行，其刊物上的「中華郵政特准掛號新聞紙類」的標簽即是明證，然其他凡是稍嫌激進的婦女刊物最終都只能是停刊的命運。

有關國民黨的新聞統制制度對婦女刊物的影響，《婦女共鳴》1935 年第 4卷 11 期金石音《婦女刊物的如此消長》〔註11〕一文進行了評價。該文首先指出刊物是「辭眾的喉舌，發佈輿論的利器」，但同時又指出，「歷史上不知有多少先知先覺的革命者，曾經以它喚醒迷夢的警號，同時也不知有多少自私自利的野心家，用它來做維持統治的說客。」繼而作者抨擊當局的新聞政策。她如是說：

> 總之，一個刊物而發生力量，其在好一方面說，固然能夠促進革命，
>
> 推動時代；但在壞一方面說，卻也足以包庇黑暗，阻撓前進。

〔註 9〕 Elisabeth Croll, "The 'Feminine Mystique'：Guomindang China", in Feminism and Socialism in China（London：Routledge&Kegan Paul Ltd, 1978），Page153～155.

〔註10〕《附錄：出版法》，《國聞周報》第 7 卷 48 期，1930 年 12 月 8 日。

〔註11〕 石音《婦女刊物的如此消長》，《婦女共鳴》1935 年第 4 卷 11 期，「短評」，第 3～5 頁。

中國不幸，前一類刊物，多數已因年來那雷厲風行的新聞政策而喪身，變形，而後一類刊物，則反而打著文化建設的旗號，大施其麻醉的狂虐。在政治刊物如此，在文化刊物如此，在婦女刊物也是如此。

上海兩大報（申報和時事新報）的婦女周刊——婦女園地和現代婦女，其編者和作者雖不盡係女性，但誰都相信它們多少能替婦女說幾句話的；但孰知它們的壽命，都已一月來分別告終了。……

作為一份國民黨背景的婦女刊物，卻能如此直言當局的專制政策，實屬難能可貴，同時也證明了國民黨政府時期新聞出版和言論自由嚴重喪失的客觀歷史事實。除此以外，金石音對於被停刊的婦女刊物的態度未嘗不體現了不同政治立場的婦女運動者的惺惺相惜。

在《婦女園地》與《現代婦女》停刊後不久，另外兩種激進婦女刊物《女聲》與《婦女生活》也同樣遭遇了停刊的結局。四種被停刊的婦女刊物中，《婦女園地》是《婦女生活》的前身，由共產黨身份的婦女運動者沈茲九主編。《婦女共鳴》1936 年第 5 卷 3 期所載蜀龍《兩種婦女刊物停止郵寄》〔註12〕一文記錄了這一消息。具體內容如下：

居於遠道，交通不便，至今還沒有得到正確的消息，只是向書店購買《女聲》和《婦女生活》，據書店主人說，十五種停止郵寄的刊物中，這兩種婦女刊物也不能幸免，所以外埠的讀者，從此無法讀到《女聲》與《婦女生活》了。

事情的真相既然不明白，那麼，誰是誰非，當然無從判斷。不過就猜想所及，總不外乎是言論有所不合，被當局處罰罷了。

不論如何，我們總覺得這種處罰是過甚一點。這兩種刊物，在中央未解放言論以前已經出版了的，主辦的人至今也沒有更換過。在那時倒未停止郵寄，而今以解放言論為口號的時候，反而有此處罰，這未免叫出版界失望了。

由此可見，國民黨的獨裁性決定了它對於民眾輿論自由的恐懼，哪怕在抗戰時期，在其標榜「解放言論」之時，依然沒有停止對於異己思想的輿論控制。

〔註12〕蜀龍《兩種婦女刊物停止郵寄》，《婦女共鳴》1936 年第 5 卷 3 期，「時言」，第 5 頁。

綜觀上文，我們可以清楚地認識到，除了國民黨對於民衆運動的壓制直接導致了婦女運動的衰落外，代表女性利益的非國民黨背景婦女刊物的停刊，也同樣是南京國民政府時期的婦女運動「日形消沉」的重要原因。正是這樣一個時代，《婦女共鳴》誕生並發展了近十六年之久，並因其政治身份而能幸免於停刊之難。但女性同盟者最終因政治而被迫分道揚鑣，女性自我言說的話語權最終也只能依附於政治和民族話語之下，繼續著被操控的命運。

二、民族解放戰爭中艱難生存

如果說《婦女共鳴》這份以「啓發婦女思想，倡導婦女運動」爲宗旨的女性刊物，在婦運「消沉」中爲爭取女性權利而艱難抗爭，那麼抗日戰爭的巨大災難屬於全體中國人民，更是讓她的發展舉步維艱。全面抗日戰爭爆發後，戰爭的陰影始終伴隨著該刊。她先後於 1938 年和 1940 年兩次因戰爭停刊；1938～1939 年、1941～1942 還曾多次出現補刊和脫期的情況。同樣因爲戰爭，該刊時常面臨經費缺乏而勉力維持的境地。與此同時，長期戰爭還導致辦刊環境日趨惡劣，辦刊人員顛沛流離，爲救國奔忙，刊物內容也因此大幅縮減。長達十四年之久的抗日戰爭讓中國社會千瘡百孔，民生凋敝，也讓多年來與國家民族同呼吸共命運的《婦女共鳴》走到了終點。1944 年，抗戰勝利的前夜，《婦女共鳴》最終因經費困難結束了其近十六年的辦刊歷程。

第二節　發展的歷史面貌

《婦女共鳴》社最初的社址設在西門路，1929 年 5 月 1 日遷往法租界霞飛路銘德里十八號。〔註 13〕此後因各種原因社址先後遷往南京、漢口、長沙、重慶〔註 14〕，1944 年 12 月在重慶終刊。該刊的出版頻率前後經歷了半月刊、月刊、半月刊、月刊、雙月刊共五個時期〔註 15〕。在創辦之初，雜誌社設有

〔註 13〕《本刊的話》，《婦女共鳴》1929 年第 3 期，第 40 頁。

〔註 14〕談社英《婦運四十年》，收入陳鵬仁主編、林養志編《中國國民黨黨務發展史料·婦女工作》（《中國現代史史料叢編，第 20 集》），臺北：國民黨黨史會出版，近代中國發行，1996 年版，第 599 頁。「抗戰發生，由陳逸雲移漢移湘移渝，雖中間稍有斷續，總是繼續出版。」

〔註 15〕陳逸雲《本刊十五年來的回溯》，《婦女共鳴》1944 年第 13 卷 2 期，第 4 頁。「在此十五年中，經幾許困難幾許波折，由半月刊而爲月刊，復由月刊恢復半月刊，再又改爲月刊，今年又變爲兩月刊。」

經理，後則改爲社長，主要由陳逸雲擔任，個別時期曾由李峙山、談社英、鄭漱六等短期負責。該刊主編在抗戰前分別爲談社英、李峙山、金石音，尤以談社英任期最長；全面抗戰後大多數時候主編爲陳逸雲擔任；1942 年 3 月至 1943 年 3 月則爲編輯委員時期；停刊前最後兩卷編輯未明。

從陳逸雲所撰《本刊十五週年回溯》〔註16〕中所記載的內容來看，《婦女共鳴》最早的籌備時間應該是 1928 年春，參與人員主要有陳逸雲、李峙山、談社英、金石音、舒蕙楨等，後來因陳逸雲籌措二千元辦刊經費未果而作罷。1928 年多天陳逸雲又先後與王孝英，傅岩，鄭漱六等交換婦運意見，她們極力贊成辦婦女雜誌，於是第二次開始籌備。後經大家討論正式準備創刊，刊物定名爲《婦女共鳴》半月刊，推李峙山和談社英爲編輯，經費仍然由陳逸雲籌辦。最終，經婦女共鳴社成員的多方努力，《婦女共鳴》得以於 1929 年 3 月 25 日在上海正式創刊。談及該刊創辦的不易，社長陳逸雲萬般感慨：

> 無限辛酸苦，一頁一頁都是心血所培成；第一卷第一期於十八年三月出版，兩年的期望，竟告初步成功，心中的喜悅，眞非今日筆墨所能形容。〔註17〕

以下本章將分別從《婦女共鳴》的創刊緣起、辦刊宗旨、編輯與主要作者、出版狀況、經費來源、欄目編排與語境營造共六個方面論述刊物的創辦歷程，以呈現刊物在近十六年發展中的歷史面貌。

一、創刊緣起

有關《婦女共鳴》的創刊緣起，主要創辦者陳逸雲在《本刊十五週年回溯》中就曾談及「爲什麼創辦婦女共鳴」？她說：

> 雖然北伐成功後，似乎在外表上婦女已經脫離了封建的枷鎖，然而大眾婦女還是受傳統習慣的壓迫，不能享受國民黨給我們的平等地位。是以婦女眞正要得到解放，還須自己努力去披荊斬棘的開闢，這種開闢婦女運動的途徑；第一要由教育著手，不但是訓練婦女有學識有技能，更要教育未來的國民，有尊重婦女的觀念。第二是宣傳，使婦女本身覺悟，剷除社會人士的封建思想。欲使兩者同時收

〔註16〕陳逸雲《本刊十五年來的回溯》，《婦女共鳴》1944 年第 13 卷 2 期，第 2～4 頁。
〔註17〕陳逸雲《本刊十五年來的回溯》，《婦女共鳴》1944 年第 13 卷 2 期，第 3 頁。

效，莫若辦報和雜誌。兩者均有教育社會，和轉變風氣的作用。雖然社會上已經有不少的報紙和刊物，但是主持筆政的均爲男人，他們大都漠視婦女運動，甚而倡導反對婦女運動的理論。故我們既要婦女運動成功，就必須自己有代婦女喉舌的言論機關，使婦女不受窒息之苦。這樣方能推行婦女運動。〔註18〕

正是基於這種女性的自主意識，這些新式知識分子婦女運動者希望通過「教育」和「宣傳」，用自己的力量謀取女性的自我解放。此時的婦女運動者已經開始認識到男性同盟者並不可靠，「婦女運動成功，就必須自己有代婦女喉舌的言論機關。」對比 20 世紀 20 年代前後女性刊物仍多以男性爲主筆的狀況，此時的女性知識分子已經接過了女性言說的大旗，開始以鮮明的女性主義身份走到了歷史前臺。

鄭毓秀在《婦女共鳴》的《發刊詞》中指出：作爲先知先覺的女性知識分子，她們有責任承擔起指導婦女大眾的責任；而知識更是女性爭取平等權利的前提。因此，希望通過創辦女性刊物，以爲廣大婦女「作識途之導」與「盡共鳴之天職」。〔註19〕談社英在《婦運四十年》中回顧刊物創辦的初衷說：「大家共同商議，認爲婦女運動需要自己有一種定期刊物，才能有發言的地方，喚起婦女界及社會的覺悟。」〔註20〕談社英在《說共鳴》一文中也曾指出「不平則鳴」的創刊意圖：「大凡物不得其平則鳴。人之於言也，亦然。是故凡有鳴者，殆皆有不平者也。男女地位不能平等，無可深諱，婦女安得不鳴耶。」〔註21〕而這個用以「鳴」的工具就是《婦女共鳴》——這份由女性知識分子創辦，眞正屬於女性自己的刊物。

正是在這些女性知識分子「不平則鳴」的性別訴求下，《婦女共鳴》得以誕生，並因其政治背景存在了近十六年的時間，以至於談社英在多年後回憶時說到：「過去所有婦女組織及出版刊物，敢說算婦女共鳴社壽命最長，歷史最久，雖不能說絕後，卻是空前。」〔註22〕在《婦女共鳴》的發展歷程中，

〔註18〕陳逸雲《本刊十五年來的回溯》，1944 年第 13 卷 2 期，第 2 頁。
〔註19〕鄭毓秀《發刊詞》，《婦女共鳴》1929 年第 1 期，第 1 頁。
〔註20〕談社英《婦運四十年》，收入陳鵬仁主編、林養志編《中國國民黨黨務發展史料·婦女工作》（《中國現代史史料叢編，第 20 集》），臺北：國民黨黨史會出版，近代中國發行，1996 年版，第 599 頁。
〔註21〕社英《說共鳴》，《婦女共鳴》1929 年第 3 期，第 31 頁。
〔註22〕談社英《婦運四十年》，收入陳鵬仁主編、林養志編《中國國民黨黨務發展史料·婦女工作》（《中國現代史史料叢編，第 20 集》），臺北：國民黨黨史會出版，

始終秉承了其最初的主張，不管是刊物內容、面向讀者、權利訴求都凸顯了鮮明的女性特徵，她們以女性的立場書寫著屬於那個時代的女性的歷史。

二、辦刊宗旨

《婦女共鳴》雖然出版時間跨度較大，而且因各種歷史的原因，出刊頻率也多有變化，但因為其主要創辦人員，包括編輯以及主要作者，基本趨於穩定，十六年來其辦刊宗旨並沒有大的改變。有關該刊的辦刊宗旨，當代研究者有人指出是以「出版刊物、提高婦女知識、糾正婦女思想為宗旨」。〔註23〕也有認為是以「倡導婦女運動、主張男女平等」為宗旨〔註24〕。《婦女共鳴》則對自己的辦刊宗旨曾特別予以說明：

> 本刊為半月刊改組，本其固有宗旨以求擴充，故雖屬首期，實無需有發刊詞之必要，以吾人主旨仍以半月刊第一期中「發刊詞」及第二期中「我們的主張」為主張也。半月刊發刊詞曰：「……蓋自女權勃興，乍言解放，自由平等，誤解殊多。甚或矯枉過正，逾越範圍，未獲新知，已失故步；且於應享權利，反多忽視，興言及此，能不慨然。是故責無旁貸，義不容辭，先知先覺者，故未能卸指導之責也。況夫欲求利權平等，知識尤貴均衡，值茲訓政時期，建設伊始，凡我女界，自非本知難行易之訓，協力猛晉，以督促當局實行男女平等之政綱不為功。用是同人等不揣簡陋，創為斯刊，爰以得之愚，敢作識途之導，所冀諸姑姊妹，示我周行，聊盡共鳴之天職云爾。」〔註25〕為本社所以出版刊物之根本宗旨。半月刊第二期《我們的主張》所列甚多，而其主要之點，總括之則在不分派別，將全國婦女運動之同志聯合共同組織堅固而有系統之全國婦女運動團體，負起責任。〔註26〕

在《我們的主張》中，《婦女共鳴》從政治法律制度以及各種條例、婦女

近代中國發行，1996 年版，第 598 頁。
〔註23〕陳三井主編《近代中國婦女運動史》，臺北：現代中國出版社，2000 年版，第 284 頁。
〔註24〕編纂委員會《上海婦女志》，上海：上海社會科學院出版社，2000 年版，第 126 頁。
〔註25〕鄭毓秀《發刊詞》，《婦女共鳴》1929 年第 1 期，第 1 頁。
〔註26〕《卷頭語》，《婦女共鳴》1932 年第 1 卷 1 期，第 1～2 頁。

個人、婦女團體、社會方面等全面表達了婦女運動者們的主張。具體而言主
要有以下幾點：督促政府在政治法律上給予女子一切平等的權利；要求婦女
自身必須加強自身能力和修養的訓練，先進女子要勇於承擔引導和幫助落後
女子的責任；婦女團體應有凝聚力，要團結一切謀婦女解放的力量，要督促
政府強迫女子教育，創辦補習學校，並主張婦女團體「應不參加任何有政治
工作的組織，不受任何派別的利用，但要協助政府訓練婦女行使四權；在社
會方面則要改變重男輕女的社會觀念，提倡小家庭制度，反對一切針對婦女
的不良社會風氣。」〔註27〕

正是緣於「督促當局實行男女平等之政綱」、「作識途之導」以及「盡共
鳴之天職」的創刊宗旨，在《婦女共鳴》創辦近十六年的時間裏，先後參與
了國民會議代表選舉權運動、爭法律平等權運動以及南京市反「復娼」運動
等一系列謀求婦女權利的婦運實踐，並起到了中流砥柱的作用。除了積極參
與實際的鬥爭，該刊還以各種方式宣傳婦女運動的理論，以啓蒙廣大婦女為
己任，起到喚起婦女群眾的作用。可以說，《婦女共鳴》當之無愧的肩負起
「女界喉舌」以及「婦運使命」的歷史責任。〔註28〕

此外，對於《婦女共鳴》的辦刊宗旨，在其向讀者進行自我介紹時也多
有提及：

> 本刊爲倡導婦女運動啓發婦女思想之唯一有歷史的刊物。〔註29〕
>
> 對於婦運理論上之探討，行動上之計劃；與夫政府有關婦女設施之
> 批評，婦女群眾思想之啓發，以及國內外有關婦女時事之記載，思
> 想之溝通，無不努力發揮與介紹。以期喚起婦女群之希望。〔註30〕

「倡導婦女運動」、「啓發婦女思想」、「喚起婦女群」，這也正是《婦女
共鳴》的創辦者們爲之奮鬥的宗旨。

隨著抗日戰爭的全面爆發，《婦女共鳴》以全副的精神投入到抗日救亡
的運動中，在「民族解放就是婦女解放」的思想指導下，刊物的編輯方針轉
向了主要圍繞抗戰而展開。《婦女共鳴》在1938年停刊復刊後的7卷1期表
明了抗戰時期的辦刊宗旨：

> 我們仍本著過去的精神，努力從事這個刊物。同時在這抗戰時期，

〔註27〕 《我們的主張》，《婦女共鳴》1929年第2期，第3～6頁。
〔註28〕 《卷頭語》，《婦女共鳴》1932年第1卷1期，第1～2頁。
〔註29〕 《本刊第一二卷合訂本出售》，《婦女共鳴》1937年第4卷4期，尾頁廣告頁。
〔註30〕 《編輯後談》，《婦女共鳴》1934年第3卷1期，第55頁。

我們希望本刊物成為婦女的戰鼓，婦女的軍號，使婦女們都成了新
中國的戰鬥員。〔註31〕

面對民族解放戰爭，《婦女共鳴》的創辦者們明確地表達自己勇於承擔
國民責任的決心。因為在她們看來，只有民族解放，才能最終實現婦女解放
的目標。因此，該刊積極宣傳抗戰，動員廣大婦女投身於抗戰建國工作，希
望通過盡義務以實現女性對於男女平等的性別訴求。總之，不管是抗戰前還
是全面抗戰爆發後，《婦女共鳴》創辦宗旨的實質都是為了實現女性的最終
解放。

三、編輯與主要作者

婦女共鳴社是一個以女國民黨員為班底的雜誌社，組織成員主要包括陳
逸雲、談社英、李峙山、傅岩、舒蕙楨、王孝英、金石音、傅岩、唐國楨等
人，她們中的絕大多數成員同時也是《婦女共鳴》的編輯和主要作者。這些
新式的女性知識分子，既有著解放婦女的思想抱負，也有著長期從事婦女運
動的經歷，因此，在刊物中能充分反映出以女性立場言說的性別特徵。她們
憑藉自身良好的教育背景，用自己的言論和行動充分證明了只有女性自己才
能真正承擔起女性解放的歷史使命。

（一）主要編輯、作者及其經歷

前述已多次提到《婦女共鳴》的女性和政治特徵，以下從該刊主要創辦
者在刊物擔任職務、政治面貌、教育背景及其主要經歷等幾個方面進行分析，
以進一步揭示其所具有的女性性別和國民黨政治背景的雙重身份特徵。

陳逸雲

中國國民黨黨員，歷任《婦女共鳴》經理、社長、主編等職務，是該刊
的主要發起人與組織者，是抗戰全面爆發後唯一的獨立主編，直至停刊前仍
擔任社長職務。結合其本人在《本刊十五年來的回溯》中的敘述以及談社英
《婦運四十年》中的回憶內容來看，陳逸雲是《婦女共鳴》當之無愧的核心
人物。據所見的刊物內容統計，她在刊物中共發文五十餘篇，發文時間主要
集中在全面抗戰後的 1937 年第 6 卷 1 期任主編開始，此前僅在刊物的「文藝」
欄目有少許文章發表。

〔註31〕 《編後的話》，《婦女共鳴》1938 年第 7 卷 1 期，第 12 頁。

　　有關陳逸雲，大陸目前可見大多爲負面評價，以國民黨黨棍或頑固份子爲其頭銜。〔註 32〕她在談到「爲什麼要創辦婦女共鳴」時，曾這樣介紹自己從事婦女解放運動以及參加國民革命最初的思想萌芽。她說：

> 一件事的創立，大多數爲環境所造成。一個人生長在農村的世家裏，周圍充滿著封建的勢力，一切男女不平等景象不斷的在眼前展開，如果一個不甘屈服的人，一定會由封建環境中，建立了內心的革命思潮，我在童年的時候，就因此奠定了要爲婦女的自由而奮鬥。後來所以參加國民革命，也就是要在三民主義中尋求婦女解放的途徑。〔註 33〕

　　這一介紹即充分展示了陳逸雲所具有的國民黨籍婦女運動者的雙重身份。也正因爲如此，才有了此後她所有的人生經歷：圍繞婦女解放與國民黨的三民主義而奮鬥的一生。共產黨眼中其黨棍和國民黨頑固派定位也就無可否認了。

　　陳逸雲爲廣東東莞人，1927 年畢業於廣東大學（中山大學前身）法科系。早在 1924 年初在北京女師讀書時，陳逸雲就發起組織過「女權運動大同盟」，向當時的北洋軍閥政府爭取國民會議婦女選舉權。女權運動大同盟於 1924 年 5 月成立，陳逸雲任該同盟的交際部長。女權運動大同盟以「本互助之精神，以革除一切法律上社會上不平等之待遇，共謀女界之幸福，發展女權。」〔註 34〕爲宗旨。陳逸雲廣東大學畢業後，任國民黨廣州黨部幹

〔註 32〕據史良回憶，在「婦指會」中，「每年三八節，都要爲宣傳口號問題發生爭論。國民黨的唐國楨、陳逸雲等人，連全國婦女動員起來參加抗戰的口號都要反對。因爲動員起來，就要喚起廣大婦女群眾，而他們是最害怕群眾的。在組織鄉村服務的問題上也發生過爭論，但每次爭論我們都勝利了。」（注：《史良自述》，北京：中國文史出版社，1987 年版，第 48～50 頁。）國統區頑固派婦女的主要代表人物是：宋美齡、婦指會慰勞組組長唐國楨、理事會中的沈慧蓮、王佩芸、劉蘅靜等。特別是女黨棍唐國楨、陳逸雲、沈慧蓮等始終堅持反共反人民的立場，在婦指會內搞分裂、摩擦。又如陳逸雲送給《婦女生活》編輯部一篇工作報告，其中一段誣稱「共產黨製造摩擦」的內容，沈茲九在刊登這篇稿時，刪去了這段文字。爲此，陳逸雲到宋美齡面前「告狀」，沈茲九理直氣壯地鬥爭說，我們是遵循盧山談話會上通過的《動員婦女參加抗戰建國工作大綱》的精神，對於編輯有權對違反共同綱領的言行進行刪節。宋美齡、陳逸雲也只有無可奈何。（林庭芳《論南方局「婦委」領導國統區婦女統戰工作的歷史經驗》，《攀登》（西寧）1991 年第 4 期，第 26～31 頁。）
〔註 33〕陳逸雲《本刊十五年來的回溯》，1944 年第 13 卷 2 期，第 2 頁。
〔註 34〕《女權同盟章程》，《民國日報》（廣州），1924 年 5 月 30 日，第 7 版。

事兼《國民日報》記者，從北伐時期即開始積極投身於國民黨的婦女工作。1928 年任上海市婦運會主席、國民黨南京市黨部執行委員會委員兼婦女部長。1929 年 11 月，任國民政府司法院秘書。1932 年，考取官費留學美國密西根大學，1936 年取得市政管理碩士學位。學成歸國後，任鐵道部專員，主編《鐵道月刊》。同年，日軍犯綏遠，傅作義率部抗擊，得到全國人民聲援，她被推為婦女代表，隨慰問團到塞外勞軍。

1938 年後，陳逸雲任婦女慰勞抗戰將士總會委員、戰時兒童保育會常務委員。後應宋美齡之聘，擔任婦女指導委員會戰地服務組組長。1940 年 12 月後，連任第二、第三、第四屆國民參政會參政員。1941 年 11 月，被選為三民主義青年團中央幹事會候補幹事，1943 年為三民主義青年團第一屆中央幹事會幹事。1944 年秋，她報名參加女青年軍，次年，受命為女青年軍總隊長，領少將銜。同年 5 月出席國民黨第六次全國代表大會，當選為中央執委會候補執委。1946 年，任中央文化運動委員會委員兼廣州市文化特派委員。1948 年 5 月，被選為立法院立法委員。去臺灣後任「聯合中國同志會婦女委員會」主任委員。

談社英

中國國民黨黨員，長期擔任該刊主編職務，主編時間分兩個時期，前期主要集中於 1929 年創刊之初到 1933 年第 2 卷 12 期止；後期為 1942～1943 編輯委員之一，該刊主要作者之一。她以社、社英、談社英等署名共發文多達一百八十餘篇，發文時間集中於全面抗戰前，可見的最後一篇文章發表於 1937 年第 6 卷 7 期，此後雖仍擔任編輯委員，但未見發文。談社英所發表的文章內容涉及婦女運動的各個方面，主要發表於「時事評論」等時評類欄目。相比於陳逸雲，談社英更多地從事新聞記者和編輯等文化工作，在國民黨內的職務不如陳逸雲。目前在大陸學界未見有關於談社英的任何評價。

談社英為江蘇無錫人，畢業於南洋女子師範文藝專修科。1912 年加入國民黨，曾任《民立報》記者及《神州民報》編輯，後發起上海婦女女權運動同盟會、中國婦女協會、婦女共鳴社，任《婦女共鳴》總編輯。統戰期間先後任上海市精神總動員婦女運動委員會常務委員，九龍《國民日報‧婦女周刊》編輯。抗戰勝利後，發起成立中華婦女文化教育協會，任常務理事，後為國民黨國民大會候補代表。1949 年去臺灣，任臺灣監察院秘書、專門委員，臺灣國民大會代表。著有《中國婦女運動通史》、《婦運四十年》。曾任上海法

政大學圖書館主任。

李峙山

中國國民黨黨員，該刊主要編輯及作者之一，以李峙山、峙山、山、李毅韜、毅韜、韜、施珊、珊等署名先後在刊物中發文一百六十三篇之多，內容除了婦女運動類文章外，對於家事、育兒以及託兒所關注較多。李峙山擔任編輯時期主要爲創刊初期及 1934 年第 3 卷 1 期～1936 年第 5 卷 3 期，她的發文時間主要集中於抗戰前，最後發文時間爲 1937 年第 6 卷 4 期。因長期身體狀況不佳，1939 年 7 月 4 日在廣東韶關去世，時年僅 42 歲。爲此，陳逸雲在《婦女共鳴》1939 第 9 卷 5～6 期合刊撰文《悼念本刊發起人李峙山先生》。在文中，陳逸雲表達自己聽到這一消息時的悲痛之情：「覺悟中起了無限的悲鳴，眼淚奪眶而出，……在伊四十餘年個人的責任，可說無憾，惟本社損失一員基本臺柱，我失去一個良朋，與社會喪失一員健將，不無遺憾。凡熱心婦女運動的人們對伊的逝世，都有同樣感覺的悲悼吧！」陳逸雲對李峙山有以下評價：

> 對於家庭是良妻賢母，對於社會是革命的幹才，確是一個「新女性」
> 的典型，在婦女界不可多得的領袖。〔註35〕

李峙山是一名積極的婦女運動者，早期爲天津覺悟社成員之一，原名李毅韜，因在覺悟社的代號爲 43 號而有李峙山之名。早在 1919 年「五四」運動時就曾積極參加各種愛國和婦女運動，與直隸女師的郭隆眞、劉清揚、鄧穎超等聯合天津其他女校學生組織天津女界愛國同志會，並擔任副會長職務。1923 年曾在天津與鄧穎超等共同發起成立了女星社，出版《女星》旬刊，辦起了女星成年婦女補習學校，李峙山擔任主編和校長。1924 年元旦，李峙山又協同劉清揚、鄧穎超等出版《婦女日報》，任總編輯。後於 1927 年，與丈夫諶小沈一起加入了國民黨。此後，李峙山始終從事婦女運動的工作，曾任國民黨上海婦女部部長，並在 1931 年國民會議中以河北黨部婦女代表身份成爲國民會議正式代表。七七事變發生時，李峙山正在廣州養病，她抱病參加抗日救亡工作。1939 年 7 月，病逝於廣東曲江。

金石音

中國國民黨黨員，該刊早期主編和主要作者之一。學生時代就曾積極參

〔註35〕陳逸雲《悼念本刊發起人李峙山先生》，《婦女共鳴》1939 第 9 卷 5～6 期合刊，第 18～19 頁。

加該刊的徵文，在《婦女共鳴》第 2 期上發表《今後的婦女運動》的當選徵文。金石音 1931 年從上海法政學院畢業後即成爲該刊的主要作者。她在 1936 年第 5 卷 4 期～12 期擔任主編期間，不管是從刊物編排、文章基調都與此前不同，是《婦女共鳴》創辦期間唯一一段對國民黨政權批評較爲尖銳的時期。在此期間，該刊督促蔣介石抗戰的呼聲與當時全國大勢呼應，甚至新增「讀者吶喊」欄目，讓讀者發出主張抗戰的聲音。1936 年第 5 卷 12 期後，金石音卸任主編職務，此後未再見其在刊物中發表過任何其他文章。金石音在《婦女共鳴》中發表署名文章七十餘篇，主要分佈在評論類欄目，內容則以法律類文章爲最多，這符合其法律專業的背景。「金石音女士，浙之寧波人，誠篤好學，肄業於上海法政學院，本屆暑期，女士以第一名卒業，成績冠儕輩，院長鄭毓秀博士特贈以銀盾，學校方面，亦以成績卓異，特予免費，以資獎勵。其它贈送紀念品甚多，男女同學無不欽器其品學，羨其光榮云。」〔註36〕這是目前可見的唯一有涉及金石音個人信息的內容，對於她更多的個人情況卻不得而知。

傅　岩

中國國民黨黨員，該刊早期主要作者之一。傅岩在《婦女共鳴》共發文十五篇，主要在 1929～1936 年期間。她的最後發文時間爲 1936 年第 5 卷 3 期，署名於「婦女運動與民族復興討論會」的會議記錄《首都婦運同志對本問題之意見》。傅岩在 1929 年第 2 期發表《敬告全國婦女》，文中表現出較爲明顯的階級意識和反共思想，有「不參加共產黨準共產黨惡化隊伍」；「向著共同的目標——帝國主義者，共產黨進攻」的反共言論。

傅岩爲河南南陽人，北京大學、美國加州州立大學政治學碩士。歷任國民黨高級官員職務有：國民黨中央宣傳部設計委員、中央候補執行委員、首都新運促進會婦女工作委員會委員、中央婦女運動委員會委員、制憲國大代表。

張默君（張昭漢）

中國國民黨黨員，該刊作者之一。她的發文時間集中於 1931 至 1935 年期間，共發文十五篇，主要發表在「文藝」欄目。此外在《婦女共鳴》創刊號首頁題祝詞「人格救國」，另一篇爲 1933 年第 3 卷 1 期的演講稿《國難中

〔註36〕《金石音畢業之光榮》，《婦女共鳴》1931 年第 50 期，「婦女消息」，第 36 頁。

之精神建設》。

張默君爲湖南湘鄉人，上海務本女校畢業。近代婦女活動家、教育家、記者。原名昭漢，英文名莎非亞。早年在金陵陽城學堂附小教書，後進上海務本女校，其間，加入中國同盟會。辛亥革命時，策動江蘇巡撫程德全脫離清朝，宣佈獨立。1912 年發起成立神州婦女協會，任會長，並創辦《神州日報》，後任神州女校校長。1918 年赴美國哥倫比亞大學教育學院學習，曾爲紐約中國學生聯合會主席。後遍歷歐美各國，考察社會和婦女教育。1920 年回國，任江蘇省第一女子師範學校校長，並主持《神州日報》、《上海時報》工作。1924 年與孫中山私人機要秘書邵元沖結婚，先後擔任杭州市教育局長，南京考試院特種考試委員會委員，國民政府立法委員，國民黨黨史編纂委員會名譽編輯，國民黨南京市黨部監察委員，國民黨中央監察委員、常務委員、政治會議委員，考試院法典委員會委員。到臺灣後任考試院委員兼國民黨中央監察委員、國民黨中央譯審委員。

王孝英

中國國民黨黨員，該刊早期籌備人員之一。刊物中僅見署名文章三篇，分別爲《本刊七週年紀念感言》、《「三八節」訪女同胞》、《女子與軍事訓練》。

王孝英爲福建閩侯人，國立北京女子師範大學畢業。廣東省臨時參議會議員、第三屆立法委員。抗戰爆發後，致力於戰時兒童保育工作。勝利後復員廣州，任粵省臨時參議會議員。1947 年國民大會當選爲第一屆立法委員。

唐國楨

中國國民黨黨員，該刊 1942～1943 年編輯委員之一。她在刊物中發文近十篇，主要有《國民會議與婦女參政運動》、《抗日救國與民眾運動》、《今後婦女運動的新傾向》、《如何解決娼妓問題》、《對於京市娼禁問題的檢討》、《現階段的抗戰與婦女今後的工作》等有關婦女運動的文章。

唐國楨爲湖南衡山人，日本民治大學畢業。國民黨南京黨部總幹事，婦慰會總幹事，新運婦指會組長，戰時兒童保育總會常務委員，國民黨婦女運動委員會委員，衡山女中校長，第三屆參政員。

呂雲章

中國國民黨黨員，該刊 1942～1943 年編輯委員之一，未見署名文章發表於刊物中。呂雲章爲山東福山人，北京女子高師國文系畢業。歷任國民黨北平特別市黨部婦女運動委員會委員，上海黨部婦女部秘書，國民黨浙江黨部

執行委員，北通女師校長。

葉蟬貞

中國國民黨黨員，該刊早期籌備者之一，1942～1943 年編輯委員之一。在抗戰時期積極協助陳逸雲辦理刊物日常事宜，陳逸雲稱其「襄助尤力」。在刊物中僅發文三篇，時間爲任編輯期間，分別爲《婦女先進崔震華女士訪問記》、《今後婦女運動的途徑》、《在婦女抗建協會精神總動員座談會上》。葉蟬貞爲湖南醴陵人，武漢大學畢業。曾任聯合國救濟總署、中國分署編譯處專員。

莊　靜

中國國民黨黨員，該刊 1942～1943 年編輯委員之一，在刊物中發文近十篇，均爲評論類文章，主要有《分析救國抗日的四種人》、《對石原女士來華之感想》、《紀念「三八」檢討過去》、《論婦女與家庭》等。莊靜是江蘇邳縣人，畢業於上海南方大學，國民黨江蘇省黨部婦女部秘書、代部長、中央婦女運動委員會委員、制憲國大代表。

費　俠

中國國民黨黨員，該刊 1942～1943 年編輯委員之一，刊物中未見署名文章。費俠爲湖北漢口人，畢業於俄國中山大學，國民黨中央婦女運動指導委員會委員、制憲國大代表。

吳秀瑛

中國國民黨黨員，該刊 1942～1943 年編輯委員之一，刊物中未見署名文章。華北法商學院畢業。山東高等法院書記官、新運總會婦女指導委員、戰地服務組指導員、南京市婦運會委員、中國國民黨中央秘書處總幹事。

此外，在全面抗戰前《婦女共鳴》的作者群中，有一位署名雲裳的作者，在 1929 至 1935 年間共發文高達四十多篇。因多方求證亦無法確定她的眞實身份，估計應爲筆名，究竟爲何人，無從得知。該刊 1934 年第 3 卷 8 期開始至 1935 年第 4 卷 3 期的「柏薇園隨筆」欄目主筆即爲雲裳，該欄目宗旨爲「集合社會與婦女有關之新聞而加以批評，與社會重男輕女的人們一個當頭棒喝，以促進社會人士之注意」〔註 37〕。雲裳所發其他文章，除了一些時評文外，還有一個重要的特點是翻譯了較多有關國外婦女運動的文章。在該刊中

〔註 37〕　《編輯後談》，《婦女共鳴》1934 年第 3 卷 8 期，第 60 頁。

可見其連載的《社會主義下的婦女》和《蘇俄的嬰兒》兩篇長篇譯文，表達了對蘇聯婦女運動成績的肯定和推崇。由此可以推斷，雲裳應為積極的婦女運動者。另一署名梅魂的作者，發文近二十篇，時間集中於 1935～1936 年，文章主要為有關婦女運動的內容，如《婦運的具體表現》、《目前婦運工作的第一步》、《婦女到社會去的論據及其目標》、《中國婦女運動的現勢及其前途》、《娜拉的時代》、《南北兩市長的衛道功績》。遺憾的是，同樣因資料缺乏，其真實身份不詳。另外署名作者中還有劉蘅靜、張岫嵐、李輝群等國民黨政府高級婦運官員，因所發文章數量均很少，這裏不再一一介紹。

通過以上對《婦女共鳴》主要編輯和作者身份的瞭解，我們得知：她們均有著良好的教育背景，甚至大多有留學國外的經歷，在她們身上充分體現了新式女性知識分子的特徵。這些新式知識分子為主體的婦女運動者們以她們的智慧，擔負起啓發婦女思想的大任；以她們體制內知識分子的身份，在「督促政府實現男女平等之政綱」中可謂功不可沒。與此同時，她們幾乎是清一色的中國國民黨黨員，最終讓她們成為國民黨政權的維護者。總之，該刊編輯和主要作者的女性主義性別身份和國民黨政治背景，從最初就注定了其歷史地位的特殊性。

（二）編輯任期情況

關於《婦女共鳴》的歷任經理或社長以及主編，從所見現有介紹來看可謂眾說紛紜：「主編為陳逸雲，談社英、王孝英也曾擔任主編」〔註38〕；「總編輯先後由李峙山、談社英等擔任，陳逸雲曾任社長」〔註39〕；「由陳逸雲、談社英、李峙山、王孝英等諸女士發起，以李、談、陳三女士分負經理與編輯之責。」〔註40〕雖然時人周曙山的記載較為準確，但也並不完整。以下結合刊物中所提供的各方信息，對刊物各時期的編輯任期情況加以辨析。

通過翻查《婦女共鳴》的出版信息、目錄編排、刊物內容以及相關人物

〔註38〕 李謝莉《中國近現代婦女報刊研究》，四川大學文學與新聞學院 2003 年碩士論文，第 41～42 頁。
〔註39〕 陳三井主編《近代中國婦女運動史》，臺北：近代中國出版社，2000 年版，第 284 頁。
〔註40〕 周曙山《革命史中的女報》，《婦女共鳴》1944 年第 13 卷 1 期，第 8～13 頁。「現在猶於重慶繼續出版的《婦女共鳴》月刊，是於十八年三月在上海創刊，到十九年冬才遷至南京，此由陳逸雲、談社英、李峙山、王孝英等諸女士發起，以李、談、陳三女士分負經理與編輯之責。」

的回憶等，分析認為該刊編輯的任期共分為七個不同時期。現按任職時間先
後介紹如下：

1、李峙山、談社英共同編輯時期——1929年春夏

創刊之初「編輯推滬上李峙山，談社英」〔註41〕。談社英在《婦運四十
年》中也提及「推李峙山和我擔任編輯，王孝英，傅岩，陳逸雲等回京籌經
費。」〔註42〕

2、談社英單獨擔任總編輯時期——1929年秋冬至1933年第2卷12期

「同年秋冬間，李峙山因就中央黨部事去南京，遂將半月刊推我獨編。」
〔註43〕到1930年婦女共鳴社遷入首都南京，社務改組，陳逸雲被推任經理，
談社英任編輯。〔註44〕此後，總編輯幾次由談社英繼續負責，經理則傅岩、
陳逸雲、王孝英，輪流擔任。〔註45〕關於談社英結束編輯任期的準確時間在
下文中與李峙山任編輯的時間一併討論。

3、李峙山任總編輯時期——1934年第3卷1期至1936年第5卷3期

因談社英之後李峙山最初任編輯的具體時間並不明確，談社英的回憶也
有錯誤〔註46〕，通過以下幾段相關史料分析認為，李峙山應在1934年第3卷
1期開始擔任總編輯，直到1936年第5卷4期由金石音接任而終止任期。中
間因李峙山忙於其它事情和自身健康原因，曾於1935年第4卷4期～6期，
由陳鳳兮代編〔註47〕。

〔註41〕陳逸雲《本刊十五年來的回溯》，《婦女共鳴》1944年第13卷2期，第2頁。
〔註42〕談社英《婦運四十年》，收入陳鵬仁主編、林養志編《中國國民黨黨務發展史料・
　　　婦女工作》（《中國現代史史料叢編，第20集》），臺北：國民黨黨史會出版，
　　　近代中國發行，1996年版，第599頁。
〔註43〕談社英《婦運四十年》，收入陳鵬仁主編、林養志編《中國國民黨黨務發展史料・
　　　婦女工作》（《中國現代史史料叢編，第20集》），臺北：國民黨黨史會出版，
　　　近代中國發行，1996年版，第599頁。
〔註44〕陳逸雲《本刊十五年來的回溯》，《婦女共鳴》1944年第13卷2期，第2～4
　　　頁。
〔註45〕談社英《婦運四十年》，收入陳鵬仁主編、林養志編《中國國民黨黨務發展史料・
　　　婦女工作》（《中國現代史史料叢編，第20集》），臺北：國民黨黨史會出版，
　　　近代中國發行，1996年版，第599頁。
〔註46〕談社英《婦運四十年》收入陳鵬仁主編、林養志編《中國國民黨黨務發展史料・
　　　婦女工作》（《中國現代史史料叢編，第20集》），臺北：國民黨黨史會出版，
　　　近代中國發行，1996年版，第599頁。「二十四年年會時，我以主編月刊過久，
　　　辭讓李峙山編輯，次年李峙山復因體弱辭讓陳逸雲主持。」
〔註47〕峙山《編後記》，《婦女共鳴》1935年第4卷7期，第60頁。「筆者因忙於籌

（1）本刊自明年起，擬增婦女運動史料一欄，由本刊前總編輯，
談社英先生主編，……〔註48〕

（2）本刊出版巳七年，照例於每年年終舉行本社社員大會一次，
推選經理及總編輯。去年（1935）舉行第七次社員大會時，
適本刊第一任經理陳逸雲同志學成歸國，仍被選爲第七屆經
理。

第七屆社員大會時，峙山雖仍未能辭脱編輯責任，但因近數月來，
失眠病嚴重化，事實上不能繼續編輯本刊，特提出辭職，已於本月
五日召集臨時社員大會，改選編輯，結果金石音同志當選，自第四
期起，即由金石音同志負責。〔註49〕

首先，第一條史料的時間是 1934 年，這裏稱談社英爲「前總編輯」，表
明此時她已經不再是總編輯。其次，《婦女共鳴》的社務規定：正常情況下主
編一般在年底的年會上改選，1935 年年會時「峙山雖仍未能辭脱編輯責任」
說明在此之前她已經辭任過這一職位，那就意味著 1934 年她已經是總編輯。
最後，還有一條最爲重要的信息爲 1934 年第 3 卷 1 期《編輯後談》作者署名
爲「山」。結合本刊作者署名情況看，「山」即爲李峙山的縮寫。綜合分析，
最後認爲：李峙山應在 1934 年第 3 卷 1 期開始擔任總編輯，直到 1936 年第 5
卷 4 期由金石音接任而終止任期。至於談社英的回憶應存在明顯錯誤，無論
是 1933 年年會而不是 1935 年年會辭去主編職務，還是李峙山之後由金石音
而不是陳逸雲任主編。

4、金石音任編輯時期——1936 年第 5 卷 4 期至 12 期

關於金石音任編輯的時間，李峙山在她主編的最後一期 1936 年第 5 卷 3
期《編後談》中有詳細說明。〔註50〕金石音僅僅擔任了共計九期的主編，1937

備南京第一托兒所開幕，和精神欠佳，難以兼顧本刊編輯事宜，自四期至六
期，是請好友陳風兮君代編的，蒙陳君不辭勞苦費了若干心血，爲本刊換了
一付活潑俏麗的面容，這是編者十分感謝的。可惜陳君因去四川，不能繼續
下去，但伊仍答應盡力選稿，「少女講座」仍繼續下去，這是可以告慰讀者的。」
〔註48〕《編輯後談》，《婦女共鳴》1934 年第 3 卷 12 期，第 72 頁。
〔註49〕峙山《編後談》，《婦女共鳴》1936 年第 5 卷 3 期，第 60 頁。
〔註50〕峙山《編後談》，《婦女共鳴》1936 年第 5 卷 3 期，第 60 頁。「第七屆社員大
會時，峙山雖仍未能辭脱編輯責任，但因近數月來，失眠病嚴重化，事實上
不能繼續編輯本刊，特提出辭職，已於本月五日召集臨時社員大會，改選編
輯，結果金石音同志當選，自第四期起，即由金石音同志負責。金同志爲一

年初即因改選而由陳逸雲接替。

5、陳逸雲任主編時期──1937年第6卷1期至1941年第10卷12期

有關陳逸雲任主編的時間，有刊物首尾頁的出版信息和她自己的回憶文章為證，期間因抗戰而有些臨時性的變動。1931年夏，陳逸雲去美國深造，此段時間由李峙山代理經理，當年秋天陳逸雲回國，繼續擔任經理。1937年改選後，陳逸雲任總編輯，鄭漱六女士任經理。1938年1月20日第7卷1期，「事務進行由幹事陳榮禮負責，編輯由陳逸雲支持」。因抗戰準備遷渝，委託葉蟬貞女士代理。後因陳逸雲在湖南，於是「遷湖南至二十九年六月因經費支絀，停刊半年。」〔註51〕這段時期陳逸雲任主編均有在每期刊物的出版頁注明。此外，由陳逸雲的任職經歷可見，除一些臨時性的原因由其他人任經理或社長外，絕大多數時間均陳逸雲任此職務。

6、編輯委員時期──1942年第11卷1期至1943年第11卷9～10期合刊

1942年3月，第11卷1期月刊在渝重新復刊。這一時期《婦女共鳴》重新改為月刊，陳逸雲任社長，編輯由多人擔任。「由於社務擴張，聘請十幾位知名之婦女運動者參加為編輯委員，而吳秀瑛，葉蟬貞兩女士襄助尤力。」〔註52〕從刊物出版信息看，此一時期的編輯委員為：呂雲章、呂曉道、林苑文、紀清漪、吳秀瑛、徐闓瑞、陳杏榮、唐國楨、莊靜、費俠、傅岩、勞君展、葉蟬貞、潘素、談社英、錢用和共十六人，期間有些微的變動。

7、編輯未明時期──1943年第12卷1期至1944年第13卷6期

從1943年第12卷1期始，《婦女共鳴》僅注明社長為陳逸雲，未另外注明編輯委員或編輯姓名，僅說有所調整暫不注明。〔註53〕直至1944年雙月刊第13卷6期終刊，期間的編輯均未注明。

由此可見，因該刊為婦女共鳴社的機關刊物，其編輯均為婦女共鳴社成員，到抗戰後期雖改由編輯委員，其中成員也都為國民黨員身份，且大多在

博學多能之女作家，著作甚多，接編本刊，內容精彩，是可以預期的。」
〔註51〕陳逸雲《本刊十五年來的回溯》，《婦女共鳴》1944年第13卷2期，第2～4頁。
〔註52〕陳逸雲《本刊十五年來的回溯》，《婦女共鳴》1944年第13卷2期，第2～4頁。
〔註53〕《本刊啟事》，《婦女共鳴》1943年第12卷1期，第23。「本社編輯委員，因改組關係，本期暫不注明。」

國民黨政府機關的各部門擔任職務。正是這一編輯群體充分確保了該刊編輯方針的穩定性。在這裏值得一提的是，在金石音擔任主編的 1936 年期間，《婦女共鳴》呈現出一種不同於其他編輯的激進風格，主要表現在對國民黨當局獨裁政策以及「攘外必先安內」的批評，同時積極主張抗日和要求「停止內戰，一致對外」。也許正是因爲這一原因，金石音僅任主編不到一年的時間即由陳逸雲接任。對此該刊沒有任何其他說明，只說是因爲改選。

四、出版狀況

《婦女共鳴》先後以半月刊、月刊、半月刊、月刊、雙月刊的不同頻率出版〔註 54〕，並因爲戰爭而多次出現停刊、脫期、補刊等異常情況。這些均導致我們對該刊出版狀況的瞭解存在不少困難。爲此，筆者仔細研讀了刊物的出版頁及其他相關資料，現將該刊的出版總期數、缺期、脫期、出版地變動以及出版時間等各項情況進行整理說明。

關於《婦女共鳴》出版的總期數。從有關於該刊的史料記載或當事人的回憶來看，刊物僅兩次因抗戰停刊共 8 期〔註 55〕。如其他刊期均正常出版，則該刊除 1929～1931 年前 60 期半月刊，最後 1944 年第 13 卷雙月刊 6 期外，其餘 12 卷均爲每卷 12 期，計 144 期。除去停刊 8 期，故總計應出版了 202 期。與該刊 1944 年第 13 卷 1 期的《編者言》所述及的發行情況〔註 56〕基本一致。而從該刊的當代影印本來看，其中半月刊 85 期，月刊 96 期，雙月刊 4

〔註54〕陳逸雲《本刊十五年來的回溯》，《婦女共鳴》1944 年第 13 卷 2 期，第 4 頁。在此十五年中，經幾許困難幾許波折，由半月刊而爲月刊，復由月刊恢復半月刊，再又改爲月刊，今年又變爲兩月刊。

〔註55〕陳逸雲《本刊十五週年回溯》，《婦女共鳴》第 13 卷 2 期，第 3～4 頁。其中 1937 年下半年第 6 卷 8～12 期月刊停刊 5 期，1940 年第 9 卷 10～12 期半月刊停刊 3 期。「不幸至第六卷六期即因抗戰事起，中央停止補助，不得不停刊。」（事實上從刊物實際出版情況來看，是出版完六卷七期後才停刊。）「至二十九年六月因經費支絀，停刊半年。」實際停刊時間爲 1940 年 7 月 30 日，直到 1941 年 3 月以月刊復刊。

〔註56〕《編者言》，《婦女共鳴》1944 年第 13 卷 1 期，刊頭。「本刊始創於民國十八年三月，至今將屆十五週年，在當初兩年多內，出版半月刊六十期後，旋於二十一年起改爲月刊，又一共出版了十二卷，中間曾因戰事關係，停刊了一個時期，平均起來，差不多每年出刊一卷。」據以上信息，如果以一卷爲十二期計算，除去停刊 8 期，則出版總期數=60+12*12+6=210 期～8 期=202 期。如果以每年出版一卷算，刊物共出版 16 年，則總期數爲 192 期，這裏還不包括最後一年的 6 期，如果算上應爲 198 期，但這是筆者的估算而已。

期，共 185 期，也就是說，該刊除去兩次抗戰停刊 8 期外，還多缺刊 17 期。綜合以上信息，因回憶與編者說明情況基本一致，且爲刊物最終停刊前所述，應該可信。據此認爲刊物實際停刊僅 8 期，其餘 17 期均爲當代影印本缺漏所致。以下僅就所掌握資料製作該刊出版情況一覽表，以便直觀地說明刊物出版的大致情況。

《婦女共鳴》出版情況一覽表

出版頻率	年、卷、期及總期數（不含停刊、缺刊）	出 版 地 與 出 版 日 期	停 刊	缺 刊
半月刊	總期數：87 期。 1. 1929 年第 1 期——1931 年第 60 期，共 60 期； 2. 1938 年第 7 卷 1 期——1940 年第 9 卷 9 期，共 27 期。	1. 上海（1～38 期）；南京（39～60 期）：每逢一號與十五號出版； 2. 1938 年第 7 卷 1 期——1939 年第 9 卷 9 期，由漢口經湖南到重慶。1938 年 1 月 20 日第 7 卷 1 期～5 月 5 日第 7 卷 8 期，漢口出版，「每逢月之五日及二十日發行」。1938 年第 7 卷 9～10——1939 年第 9 卷 1～8 期，1940 年第 9 卷 9 期，出版時間均爲每月 25 日或 15 日，無出版地址。	停刊 3 期。1940 年第 9 卷 10～12 期。	缺刊 8 期（不含停刊）：1938 年第 7 卷 11、12 期，1938 年第 8 卷 11、12 期，1939 年第 9 卷 1～4。
月刊	總期數：96 期。 1. 1932 年第 1 卷 1 期——1937 年第 6 卷 7 期，共 67 期； 2. 1941 年第 10 卷 1 期～1943 年第 12 卷 12 期，共 29 期。	1. 出版地：南京。「本刊爲充實內容起見，自二十一年一月起，改爲月刊，每月十五日出版。」 2. 出版地：重慶。第 10 卷每月 1 日出版；第 11、12 卷均未注明日期，僅有月份。「在三十年三月，第十卷一期月刊，再與讀者見面。」	停刊 5 期。1937 年下半年停刊第 6 卷 8～12 期。	缺刊 7 期（不含停刊）：1941 年第 10 卷 8～12 期，1943 年第 11 卷 11～12 期。
雙月刊	總期數：4 期。1944 年第 13 卷 1～6 期。	出版地：重慶。出版時間未見標示，僅有月份。		缺刊 2 期：1944 年第 13 卷 4～5 期

爲便於更爲充分地探討刊物的出版狀況，以下僅根據所見當代影印本，以出版頻率爲主線對其包括出版期數在內的各項具體出版信息做進一步探討。

（一）半月刊時期

1929 年第 1 期～1931 年第 60 期：共出版半月刊 60 期，其中合刊 4 期。出版地由上海（1～38 期）到南京（39～60 期）〔註 57〕。出版時間爲「每逢一號與十五號出版」（目錄頁頁眉說明）。在此期間除第 46～47 期和第 56～57 期爲合刊外，其他各期均正常出版，共計 60 期。

1938 年第 7 卷 1 期——1940 年第 9 卷 9 期：共計出版半月刊〔註 58〕25 期，其中合刊 16 期，缺刊 11 期。出版地由漢口經湖南到重慶。〔註 59〕除有停刊外，因戰爭導致出版地頻繁發生變動，各刊期的發行時間變化也較大。〔註 60〕這一時期還出現多次脫期和補刊。〔註 61〕這一時期刊物的實際出版時間比發行時間都延後，從刊物介紹可知是爲了彌補在撤離武漢時期所耽誤的刊期。〔註 62〕從 1940 年 7 月 30 日出版第 9 卷 9 期後，直到 1941 年 3 月 10

〔註 57〕陳逸雲《本刊十五週年回溯》，《婦女共鳴》第 13 卷 2 期，第 3 頁。「1929 年秋冬間，李峙山因就中央黨部事去南京，由談社英單獨編輯。1930 年春天，談社英也因事到南京，考慮到編輯不便，大家商議刊物移南京出版，具體時間爲 1931 年 39 期。」

〔註 58〕陳逸雲：《本刊十五週年回溯》，《婦女共鳴》第 13 卷 2 期，第 3 頁。爲了適應時勢，復改編半月刊……出刊日期定每月五日及二十日。第七卷一期在一月二十日出世。

〔註 59〕陳逸雲《本刊十五週年回溯》，《婦女共鳴》第 13 卷 2 期，第 3 頁。「抗戰開始時期，社員星散，我亦從事抗戰工作，奔走南北戰場。至二十七年一月方轉至漢口。」陳逸雲：《本刊十五週年回溯》，《婦女共鳴》第 13 卷 2 期，第 4 頁。「戰事日益緊張，本社決定遷渝，……後因我在湖南，前方印刷較廉，又遷往湖南。」

〔註 60〕1938 年 1 月 20 日第 7 卷 1 期～5 月 5 日第 7 卷 8 期，漢口出版，「每逢月之五日及二十日發行（版權頁注明）。1938 年第 7 卷 9～10 至 1939 年第 9 卷 1～9 期，出版時間均爲每月 25 日（版權頁注明）或 15 日，無出版地址（推斷應爲漢口撤退經湖南到重慶期間）。

〔註 61〕1938 年第 7 卷 9～10 期合刊，出刊時間爲 6 月 25 日；1938 年第 8 卷 1～2 期合刊出版時間則爲 8 月 25 日；3～4 期合刊則是 9 月 25 日發行，但是於 1939 年 1 月 25 日補刊，此後均以合刊形式改爲每月 15 日出版。《編後》，《婦女共鳴》1939 年第 9 卷 5～6 期合刊，第 22 頁。如 1939 年第 9 卷 5～6 期合刊發刊時間爲 1939 年 8 月 25 日。「此次因渝遭轟炸，本刊出版處遷湖南祁舊辦公，社址仍在重慶，故本期出版頗費周折，才把困難打破，得與讀者見面，因時間過促，內容簡陋，尚希讀者指正。」《編者話》，《婦女共鳴》1939 年第 9 卷 7～8 期合刊，尾頁。第 9 卷 7～8 期合刊則已是 12 月 25 日。「本刊第 5～6 期合刊在九月二日經已編好付梓，不料桂林的空襲，文心印刷所竟誤遲出版的期限，因此本期也連同延遲，此不得已延遲的苦衷，想讀者必能見諒。下期務求依時出版，免使愛讀本刊讀者的盼望。」

〔註 62〕《編後》，1938 年第 8 卷 5～6 期合刊，第 16 頁。「我們很慚愧過去因退出武

卷 1 期月刊復刊，中間共計停刊 6 個月，停刊期數應爲第 9 卷 10～12 期，共
3 期。結合陳逸雲所說「至二十九年六月因經費支絀，停刊半年。」〔註 63〕
估計應爲這一時期。從刊期和發刊時間來看，事實上從 1938 年第 7 卷 9 期
開始，刊物一月出版兩期半月刊合刊，已經是名義上的半月刊，實際上的月
刊。由此可見，該刊出版最爲混亂和困難的時期即爲全國大規模抗戰時期，
其中缺刊、合刊以及延遲出版頻繁發生。

（二）月刊時期

1932 年第 1 卷 1 期——1937 年第 6 卷 7 期：

出版地爲南京，共出版月刊〔註 64〕67 期，其中合刊 6 期，停刊 5 期
〔註 65〕。這一時期除因上海一二・八抗戰影響〔註 66〕，導致 1932 年的刊期
有所變動及出版日期有所變化外〔註 67〕，直至因全面抗戰爆發而停刊之前
的 1937 年第 6 卷 7 期，各卷期均正常出版，具體出版時間有所變動〔註 68〕。
1937 年下半年停刊第 6 卷 8～12 期，共 5 期。

1941 年第 10 卷 1 期～1943 年第 12 卷 12 期：

出版地爲重慶，共出版月刊〔註 69〕29 期，其中合刊 18 期，缺刊 7 期

漢，脫期過多，現雖努力追補，但因印刷問題，迄今尚不能補完，但我們計
劃在最近兩三個月當中，一定可以達到這個目的。」

〔註 63〕陳逸雲《本刊十五週年回溯》，《婦女共鳴》第 13 卷 2 期，第 4 頁。這一時期
所缺刊期分別是：1938 年第 7 卷 11、12 期，1938 年第 8 卷 11、12 期，1939
年第 9 卷 1～4、9～12 期。

〔註 64〕《本社啓事》，《婦女共鳴》1932 年 1 卷 1 期，刊尾。「本刊爲充實內容起見，
自二十一年一月起，改爲月刊，每月十五日出版。」

〔註 65〕陳逸雲《本刊十五週年回溯》，《婦女共鳴》第 13 卷 2 期，第 3 頁。「不幸至
第六卷六期即因抗戰事起，中央停止補助，不得不停刊。」（事實上從刊物實
際出版情況來看，是出版完第 6 卷 7 期後才停刊。）

〔註 66〕婦女共鳴社啓《本刊啓示》，《婦女共鳴》1932 年第 1 卷 3～4 期，刊尾。啓者
本刊前以滬案緊張，同人多從事救國工作，致第一卷第三期遲遲未出，今於
本月起繼續出版，愛讀者諸君尚希隨時指導爲幸。

〔註 67〕1932 年 6 月 15 日第 1 卷 3～4 期合刊（因上海一二・八抗戰影響）；1932 年 7
月 15 日第 1 卷 5～6 期合刊；8 月 15 日第 1 卷 7～8 期合刊，此後該年其餘期
數均在十五日正常出版。

〔註 68〕1932 年第 1 卷爲「每月十五日出版」；1933 年第 2 卷～1934 年第 3 卷，未標
明每月具體出版日期；1935 年第 4 卷～1937 年第 6 卷 7 期均爲「每月二十日
出版」（版權頁標明）。

〔註 69〕陳逸雲《本刊十五週年回溯》，《婦女共鳴》第 13 卷 2 期，第 4 頁。至二十九

〔註70〕，出版時間並不一致〔註71〕。值得注意的是：從 1942 年第 11 卷 4 期，刊物又開始脫期〔註72〕，這種的現象到 1943 年第 12 卷 1 期才告結束。對此，刊物未作任何說明。可見此時的脫期非常嚴重，而缺期已經相對減少。

（三）雙月刊時期

1944 年第 13 卷 1～6 期〔註73〕

1944 年 12 月第 13 卷 6 期後停刊，共出版 4 期，缺刊第 13 卷 4～5 期，共 2 期。出版地爲重慶。出版時間未見標示，僅有月份。

通過以上對《婦女共鳴》的出版情況的瞭解可知：抗戰時期由於戰爭影響，刊物的出版難以維繫，其中停刊、脫期、合刊時有發生，刊物內容也不斷減少。究其原因，經費困難爲主因，加之長期戰事讓辦刊人員顛沛流離，發行地頻繁變動，稿件和出版均困難重重。由此可見，一份刊物尤其是女性刊物在大規模的民族戰爭中堅持創辦實非易事。

五、經費來源

從最初創刊四處籌措經費的艱辛，到其後因經費困難改爲雙月刊，再到最後因經費困難而停刊，《婦女共鳴》可謂自始至終都受辦刊經費所困擾。正因爲如此，經費困難是該刊編輯們談論最多的話題。

《婦女共鳴》的辦刊經費來源主要分爲兩大部分：一部分爲自籌經費；另一部分則爲政府撥款。完全自籌經費時期主要是從創刊到 1932 年，經費基本以募捐爲主。對此，陳逸雲對從最初醞釀辦刊到籌備創刊經費都有詳細地記載。〔註74〕該刊最終能於 1929 年 3 月 25 日順利創刊，竟完全是因爲當

年六月因經費支絀，停刊半年。……於是在三十年三月，第 10 卷 1 期月刊，再與讀者見面。
〔註70〕這一時期所缺刊期是：1941 年第 10 卷 8～12 期，1943 年第 11 卷 11～12 期。
〔註71〕第 10 卷以每月 1 日出版；第 11、12 卷均未注明具體出版日期，只寫有月份字樣。
〔註72〕其中出版頁上的說明爲「本刊應於民國三十一年六月出版，本刊於民國三十一年十月出版。」1942 年 11 卷 5 期則標示「本刊應於民國三十一年七月出版，本刊於民國三十一年十一月出版。……」實際出版時間晚於預定出版時間四個月。
〔註73〕《本刊啓事》，《婦女共鳴》1943 年第 12 卷 11～12 期合刊，第 20 頁。「本刊因經費關係，定自三十三年（即十三卷一期）起，改爲雙月刊，每逢二、四、六、八、十、十二月出版，計全年六期，敬希讀者諸君亮監。編輯室啓」
〔註74〕陳逸雲《本刊十五週年回溯》，《婦女共鳴》第 13 卷 2 期，第 2 頁。

時的立法委員鄭毓秀捐款六百元，並同意此後將每月三百元的立法委員薪金全數捐助。以至於陳逸雲表達了自己無盡的感激之情，「這樣慷慨美舉，使我萬分感奮！的確婦女的事業，還是靠婦女的扶助呵！」〔註75〕可見，該刊創辦的不易確實只有經歷者才能體會。1932年後，該刊的辦刊經費則是以自籌爲主，政府補助爲輔。據陳逸雲介紹，刊物從1932年開始得到國民黨政府每月兩百元的補助，具體月份未詳。直到1937年抗日戰爭全面爆發，在1937年第6卷6期後中央停止補貼，第6卷7期後即因經費困難而停刊。此後該刊於1938年第7卷1期復刊，復刊費爲陳逸雲從鐵道部復員的遣散費，第7卷3期開始重新獲得中央文化機關補助每月二百元。此次補助到何時結束，因缺乏相關資料，無從得知。但從《婦女共鳴》再次因經費困難於1940年7月30日開始停刊半年來看，此時應該又失去了來自於國民黨政府方面的補助。直至1941年3月，第10卷1期在重慶再度復刊，並再次獲得了政府若干補貼〔註76〕。此次出版至1942年冬，因物價飛漲，婦女共鳴社舉行公演募捐得款六萬元，但只能維持一年，於是在1943年冬決定從1944年開始改編爲兩月刊，並承諾一旦經費有著落，再行恢復月刊。〔註77〕卻不知該刊竟是最後一年出版，最終於1944年在出版了第13卷6期後終刊。

　　由此可見，《婦女共鳴》因其國民黨體制內的政治背景，最終由完全民辦轉變成爲半官辦，但因國民黨政府在抗戰中已自顧不暇，刊物也不得不淪爲終刊的結局。對於此種特殊歷史時期婦女辦刊的困難，編輯在1940年第二次復刊時指出：

> 創辦婦女雜誌不易，維持婦女雜誌更難，本刊雖有十三年之歷史，而在抗戰期間，紙貴如金，區區補助費，等於杯水車薪，我輩又爲窮措大，是以出刊間斷，同人無不歉然，現幸各方之讚助，同人之籌劃，方能於本月復刊希望社會熱心婦女運動者，多予指導，俾敝刊日臻完善爲幸。〔註78〕

〔註75〕陳逸雲《本刊十五週年回溯》，《婦女共鳴》第13卷2期，第2頁。

〔註76〕《編後》，《婦女共鳴》1939年第9卷9期，尾頁。「抗戰期間，物價與時俱漲，在經濟困難之下，婦女共鳴不得已停刊半年。現再四籌劃，中央已肯補助若干，然相差尚遠，惟報各地愛好敝刊讀者函催復刊厚意，故於七月復刊。」

〔註77〕《本刊啓事》，《婦女共鳴》1943年第12卷11～12期合刊，第20頁。「本刊因經費關係，定自三十三年（即十三卷一期）起，改爲雙月刊，每逢二、四、六、八、十、十二月出版，計全年六期，敬希讀者諸君亮監。編輯室啓」

〔註78〕《編後》，《婦女共鳴》1940年第10卷1期，刊尾頁。

可見，對於這種辦刊的困境，編輯也只有萬般無奈。據談社英事後所述，「抗戰發生，由陳逸雲移湘移渝，雖中間稍有斷續，總是繼續出版。直至復員回京，方以困於經濟未能復刊」。〔註79〕

《婦女共鳴》的自籌經費主要通過發行刊物、募捐以及刊登廣告等途徑。對此，在刊物中多有反映。從該刊一些有關發行的公告信息來看，在創刊初期，因政局相對穩定，辦刊環境良好，刊物發行壓力也相對較小。

對任何一份報刊而言，發行好壞始終是保證刊物得以創辦長久的重要條件，《婦女共鳴》自然也不例外。如果刊物發行狀況良好，銷路頗廣，不但可以提高自己的影響力，同時還可以利用發行的經濟收入提高文章稿費吸引作者，獲得優質稿源，最終則會促進刊物的良性發展。《婦女共鳴》也曾對此進行多方努力，並且成效顯著。

從《婦女共鳴》一些有關發行的公告信息來看，在創辦初期曾通過尋求增加代銷點、促銷等方式促進刊物發行。如在《婦女共鳴》1929年第18期上有一則徵求學校代銷處的啓事：

> 本刊出版以來，時虞隕越，承各界不棄，頗多嘉許，銷行日廣，各地函訂者尤眾。現爲謀便利讀者起見，除原有各書局代售外，擬增設各地學校代銷處，以便男女同學易於購閱，庶符宣傳之初旨。本刊宗旨正大，不含派別，一以婦女利益知識爲旨歸，爲青年求學時代之最良讀物，各地學校如蒙代銷，希與敝發行部接洽或函詢一切均可。婦女共鳴社啓。〔註80〕

《婦女共鳴》1932年第1卷2期上有《本刊優待學界》〔註81〕的啓事：

> 本社爲普及學界加惠青年起見，凡學生訂閱本刊一年以上者，特別優待，該照八折。每年十二冊，只需一元二角；倘同時訂閱十份以上者，得以七折計算。惟訂閱者須加蓋學校圖章，隨時函寄本社發行部爲幸。

此外，《婦女共鳴》1934年第3卷2期還刊發優待長期訂戶〔註82〕的促銷

〔註79〕 談社英《婦運四十年》，收入陳鵬仁主編、林養志編《中國國民黨務發展史料·婦女工作》（《中國現代史史料叢編，第20集》），臺北：國民黨黨史會出版，近代中國發行，1996年版，第599頁。
〔註80〕 《本刊徵求學校代銷處啓事》，《婦女共鳴》1929年第18期，刊尾頁。
〔註81〕 《本刊優待學界》，《婦女共鳴》1932年第1卷2期，第7頁。
〔註82〕 《婦女共鳴月刊優待長期訂戶》，《婦女共鳴》1934年第3卷2期，刊尾頁。

廣告：

> 本刊自十八年春誕生，至今已歷五載，對於婦女思想之啓發，婦運
> 計劃之討論，以及對於政府有關婦女設施之批評，莫不代表婦女喉
> 舌，盡力發揮，以期喚起婦女群眾及政府當局之注意，而促婦運之
> 進行。深蒙社會人士，與以精神上，物質之資助，得有今日。茲屆
> 新年伊始，特定優待辦法，以酬各界扶助本刊之至意。辦法如下：
>
> 1. 自即日起，至三月底止，凡在此時期定閱本刊一年以上者概照定
>   價八折。
>
> 2. 凡學校學生，在此時期內，定閱本刊一年者，概照定價七折，但
>   以有學校圖章爲憑。
>
> 3. 凡欲試閱本刊者，如惠郵資十分，本社當寄贈二期。
>
> 4. 凡本刊訂戶，惠寄郵資二十分者，本社當寄贈第一卷合訂本一冊。

正是《婦女共鳴》自身的不斷完善再加之這些行之有效的促銷政策讓刊
物在 1936 年前後出現了良好的發展勢頭，銷量大增，供不應求；稿件源源不
斷，稿費有所提高。這些在該刊的日常公告中多有反映。《婦女共鳴》1936 年
第 5 卷 3 期《徵求五卷一二期本刊並白事》一文所載，就頗能說明這點。

> 一、本刊因銷路驟增，一二期均無存書，索買者甚多，無以應付，
> 茲特向讀者徵求，如有以一二兩期見贈者，願以本刊三五六七等期
> 作酬。二、本期因稿件擁擠，各地婦女生活寫眞及生活自述的應徵
> 文字，留待下期發表，請諒之。〔註83〕

與此同時，在 1935 年年底的年會上也報告了有關刊物發行良好，銷量大
增的消息：

> 去年（1935 年）舉行第七次社員大會時，適本刊第一任經理陳逸雲
> 同志學成歸國，仍被選爲第七屆經理。數月來陳經理努力之結果，
> 銷路突增，且設法招攬廣告，開源有方，本刊經濟狀況日趨良好，
> 故稿費略能提高，望愛護本刊諸作家，多賜佳作！〔註84〕

可見，《婦女共鳴》在創刊初期，因國家相對穩定，辦刊環境良好，刊物
發行壓力也相對較小。到創辦後期，因國家持久抗戰，民生凋敝，通貨膨脹，
物價飛漲，刊物的發展進入前所未有的困難時期。爲此，雜誌社決定提高刊

〔註83〕《徵求五卷一二期本刊並白事》，《婦女共鳴》1936 年第 5 卷 3 期，第 13 頁。
〔註84〕崢山《編後談》，《婦女共鳴》1936 年第 5 卷 3 期，第 60 頁。

價以應對危機。《婦女共鳴》1942 年第 11 卷 1 期的《本刊啓事》就刊登有提價公告：

> 改訂價目：本刊因紙張、印刷等費，與日俱增，爲減輕賠累起見，不得不自本期起，略爲提高價目，計每冊售國幣五角，預訂半年二元伍角，全年五元，郵費外加。〔註85〕

一年後，1943 年底，刊物再次提價。

> 本刊因成本增加，自本期起，改訂價目，請讀者見諒。〔註86〕

除了通過發行以獲取辦刊經費外，《婦女共鳴》還曾通過募捐的方式籌集經費。相關募捐活動一次發生在創刊初期，因初創，發行量自然相對有限，只能通過募捐以維持最初的運轉。1929 年第 17 期刊物曾刊登有《捐款鳴謝》，內容爲：

> 本刊出版以來，蒙各地同志熱心捐助，同人毋任感荷，曾於第九期刊佈捐款諸君姓氏，以誌謝忱，八月份復經商標局及陶玄先生各助二十元特再刊佈，以代鳴謝。〔註87〕

另一次募捐發生在 1943 年 10 月份，《婦女共鳴》雜誌社通過公演的方式應對抗戰造成的經濟危機。

> 本社因經費短拙，不敷開支，爲維持本刊，繼續爲女界服務起見，特請國立歌劇學校實驗劇團，於本年十月三十日至十一月一日，假實驗劇場舉行籌募基金公演三晚。〔註88〕

另外，廣告對於刊物的經費支持作用也頗爲重要。自從近代報刊產生以來，廣告就逐漸成爲報刊生存的重要經濟支柱。《婦女共鳴》雖然不是商業性刊物，對廣告的依賴性自然不如商業性報刊那般大，但如果在辦刊中能得到廣告費的讚助，辦刊經費將更爲充裕。因此，《婦女共鳴》雜誌社也通過刊登廣告改善自身的經濟狀況。正如上文所提到「設法招攬廣告，開源有方，本刊經濟狀況日趨良好」。

《婦女共鳴》最早一次刊登廣告是在 1936 年第 5 卷 2 期。廣告內容主要是百貨公司、香煙、面霜、牙膏等日用品，如新新百貨公司、中國國貨公

〔註85〕 《本刊啓事》，《婦女共鳴》1942 年第 11 卷 1 期，刊尾頁。
〔註86〕 《本刊啓事》，《婦女共鳴》1943 年第 12 卷 1 期，第 23 頁。
〔註87〕 《捐款鳴謝》，《婦女共鳴》1929 年第 17 期，刊尾頁。
〔註88〕 《本社籌募基金公演收支報告》，《婦女共鳴》1943 年第 11 卷 9～10 期合刊，第 49 頁。

司、白金龍牌香煙以及無敵牌蝶霜、牙膏等。廣告的位置一般在刊頭的前面一至兩頁，偶有少量文字性廣告穿插在刊物中間，但每期廣告所佔版面一般平均不超過兩頁。1936 年第 5 卷 6 期後，這些商品類廣告基本消失，只有白金龍牌香煙持續時間稍長。此後，從 1936 年第 5 卷 9 期直到抗戰爆發前最後一期 1937 年第 6 卷 7 期為止，每期均有商務印書館的特價雜誌、圖書以及新書廣告，一般在刊物的最後一頁，此外再無其他廣告。1938 年第 7 卷 1 期復刊後，因處於抗戰的特殊時期，很長時間未再出現廣告。直到抗戰後期，因國家經濟遭受抗戰破壞，刊物的運轉也日趨困難。因此，從 1942 年第 11 卷 2 期廣告頁面開始較多地出現在版面中，主要集中於目錄頁的前後兩頁以及刊尾的最後兩頁，平均每期所佔頁面為三至六頁。這種狀況一直持續到最後終刊的 1944 年第 13 卷 6 期。這段時間的廣告客戶基本為各種銀行，此外還有中國航空公司、中國茶葉公司等。

由上述分析可知，《婦女共鳴》的主要辦刊經費基本來自於刊物發行，同時對國民黨政府的撥款也有所依賴。此外，在不同時期，該刊還通過募捐、刊登廣告以及創辦者集資等方式募集辦刊經費，保證刊物的正常出版。儘管如此，刊物最終依然在多方努力後（如延長出刊時間、大量招攬廣告）因經費困難而停刊。

六、欄目設置與語境營造

《婦女共鳴》的欄目總體而言變化不大，主要設有時事評論、論著、論壇、專載、婦運史料、實生活、婦女消息等欄目，欄目名稱在不同時期有所變化，但刊物的辦刊宗旨和基本內容相對穩定。中國進入全面抗戰後，為了順應抗戰局勢的需要，該刊的內容表現出服務抗戰的時代性特徵，抗戰主題成為其核心內容。以下以時間為主線，首先探討刊物欄目發展的基本概況，然後通過分析在不同時期的徵文以及專號、專刊、專輯的設立，揭示其所營造的話語環境。

欄目的發展是刊物成長的標誌，一份好的刊物必須要有一個不斷完善的發展過程，其中有讀者的要求，更多的則是刊物自身發展的內在需求。《婦女共鳴》的欄目在基本趨於穩定的同時，也伴隨著一些新欄目的誕生和舊欄目的消亡。與此同時，欄目的增減和編排往往代表時代發展的需求以及刊物編輯的思想意志。對此，該刊編輯曾如是說：

爲使婦女注意世界大戰的發生，每採用評述國際形勢的材料；爲使婦女注意東鄰的舉動，當採用分析華北外交的文字；爲指示婦運途徑，啓迪婦女思想，更要採用理論文字；爲抨擊社會給婦女的壓迫和歧視，才有「時事述評」及「東鱗西爪」兩欄。爲使婦女明白自身在家庭社會所處的地位及所受的痛苦，故有「柏薇園隨筆」一類的分析事實的小品文字；爲收集婦運材料及使婦女瞭解婦運生長情形，而有「參考材料」，「婦運史料」「婦女消息」等欄。爲使讀者抒情，而有文藝，和富於趣味的小品，補白等材料。本刊編輯上的態度大概如此。〔註89〕

以上雖是某個時期編者針對讀者對刊物內容的意見和建議所給與的答覆〔註90〕，但基本可以代表該刊在整個創辦過程中欄目和內容設置的基本思路。

（一）欄目發展概況

《婦女共鳴》1929 年第 1 期創刊號的主要欄目內容分四個部分：第一部分爲時事評論文三篇；第二部分是有關婦女運動理論問題的探討三篇；第三部分爲婦女運動消息三則；最後爲小說一篇。因爲創刊號，刊物首篇文章爲《發刊詞》。此後，在很長一段時間該刊的欄目基本維持這一模式，但各期視情況，欄目有所增刪。

時事評論欄是貫穿於刊物始終的一個欄目內容，但不同時期名稱有所變動。在刊物中，該欄目名稱此後還分別以「時事評論」、「時言」、「時事述評」、「時事短評」、「時論集珍」、「時論」、「每月評話」、「短評」等各種形式出現。顧名思義，這一欄目內容主要是一些有關社會現狀的評論，在該刊中基本都是有關婦女問題的時事評論。一些重要的評論如《救國聲中婦女之天職》、《吾人應注意四全大會》、《政府宜即下決心》、《女界不可放棄國民會議代表權》、《今後婦運之蘄向》、《女界應明瞭夫妻財產制之利弊》等等。該類文章在刊物中佔

〔註89〕 《編後談》，《婦女共鳴》1935 年第 4 卷 1 期，第 67～68 頁。

〔註90〕 《讀前期》，《婦女共鳴》1935 年第 4 卷 1 期，第 67 頁。「我們中國的出版界是十分貧乏的，而婦女的刊物則更爲少的可憐，北平國立圖書館的雜誌閱覽室中陳列的中國刊物二百餘種，而屬於婦女刊物者，卻只有婦女共鳴，這不能不算我婦女界的可憐現象。我們於這可憐的景況中，便只有希望這僅有的婦女共鳴，日趨精彩，以滿足讀者的希望。……我個人希望，共鳴於新年之後，能夠注意以下幾點：（一）文字的取材與排列都要具有系統；（二）注意理論的探討，對於時事則作短小的評述；（三）附錄其他刊物發表過的文字，似不必要，介紹時可將該文發表的日期地點等指明。」

有較多篇幅，是刊物的核心內容之一。

　　婦運理論探討欄始終是刊物的另一核心內容，但在創刊號沒有標示特別的欄目名稱，到後期則以「論著」、「論壇」等欄目名出現。該部分內容在刊物中所佔篇幅僅次於時事評論欄。這一理論探討類內容的文章從 1935 年第 4 卷 5 期開始以「論著」欄目出現，到 1936 年第 5 卷 3 期止。從 1936 年第 5 卷 4 期開始直至 1944 年第 13 卷 6 期終刊，欄目名稱均為「論壇」。一些重點文章如《社會對於婦運錯誤觀念之研究》、《婦女回家庭運動之檢討》、《「非節育」之理論與實際》、《請認清所謂「女子教育主義」》、《婦女教育是復興民族的先決條件》、《戰時家庭的問題與戰後家庭的建設》等等。

　　婦女運動消息欄是伴隨刊物到終刊的欄目。在刊物中以「婦女運動消息」、「婦女消息」、「一月間婦女」、「一月間婦女消息」、「一月來婦女界要聞」、「國際婦女」、「國際婦女消息」等等名稱出現。內容是有關各時期國際、國內婦女界所發生的各種事件的簡要信息。

　　「小說」或「文藝」欄目在刊物中佔有較大比重，一般在刊物的最後幾頁出現。從創刊號到終刊均有此類欄目存在。文章數量較多，但內容並不多，其中有詩詞、小說連載等各種不同的形式。

　　1929 年第 3 期新增「徵文當選」欄目，該期是有關「今後的婦女運動」徵文，刊登兩篇當選論文。這種通過徵文錄用稿件的方式，在此後不時出現在刊物中。根據不同時期的徵文情況，當選的論文主題各不相同，但一般為刊物近期所要討論的核心問題。

　　1929 年第 4 期，「轉載」欄目出現，內容主要是刊發一些已經發表於其他刊物上，有關婦女問題的重要時論觀點。轉載的文章如《對於最高法院關於女子承繼權之解釋的我見》、《現代婦女應有的認識》、《新婦女厭棄家庭的危機》、《中小學課程中增設家政一科》等。這些文章往往因為具有代表性，從而為《婦女共鳴》所重視，並加以轉載。

　　1929 年第 15 期新增「家庭常識」欄目，該欄目內容一般是有關家庭教育和日常生活的一些基本常識。最後一次出現是 1931 年第 54 期，僅發文 6 篇。該期還出現「附錄」欄目，共有兩篇，它們是《已嫁女子繼承財產權施行細則》和《陳調元之已嫁女子繼承財產權意見》。《婦女共鳴》往往通過附錄的內容來幫助讀者理解刊物相關的討論內容。1934 年 3 卷 12 期後，該欄目未再出現在刊物中。

　　1930 年第 19 期新增「編輯餘話」欄目，後有「編輯後談」、「編後談」、「編後記」等名稱。內容一般是編輯結合當期刊物內容發表自己的看法或進行內容的評論，是瞭解編輯態度的窗口。

　　1930 年第 22 期新增「專載」欄目，這一欄目形式一直持續到刊物最後停刊。該欄目內容主要是一些重要政策性信息的原文登載，如該期登載的即為《婦女團體組織原則》，此後還有《民法繼承親屬編先決各點審查意見》、《內政部擬定之婚喪禮草案》、《政治工作人員兩性比較之統計》、《雲南教育廳擴置女子師範教育計劃大綱》、《中華民國訓政時期約法》等等諸如此類的信息。在《婦女共鳴》中，該部分內容所佔篇幅較多。

　　1930 年第 26 期出現「來函」這一與讀者交流的欄目，此後該欄目名稱不斷變更為「讀者意見」、「讀者信箱」、「讀者來書」、「讀前期」等形式。內容涉及讀者針對文章討論內容發表個人看法或讀者求助等等。該欄目文章數量不多，僅幾期有此類內容。

　　1931 年第 48 期新增「雜錄」欄目，到 1934 年第 3 卷 7 期後未再出現，主要是一些有關婦女的雜泛的內容。如《南京市婦女會紀要》、《陳逸雲女士變飾助餉》、《金夫人三角戀愛經驗談》、《世界販賣婦女之調查》等。

　　1934 年第 3 卷 6 期，增加「東鱗西爪」欄目。對此編者是這樣介紹的：「在這一欄裏，我們除了辯護和安慰婦女在社會上所受的不平遭遇外，我們還想加點富於趣味的小品文，作為讀者工作疲倦時的興奮劑。望讀者注意。」〔註91〕該欄目到 1935 年第 4 卷 3 期後停刊。

　　1934 年第 3 卷 8 期，增設「柏薇園隨筆」欄目，這個欄目是「集合社會婦女有關之新聞而加以批評，與社會重男輕女的人們一個當頭棒喝以促起社會人士之注意。」〔註92〕該欄目到 1935 年第 4 卷 3 期後未再出現。

　　1935 年第 4 卷 1 期，新增「參考材料」「婦運史料」欄目，「以供讀者研究參考之需」〔註93〕。1936 年第 5 卷 4 期開始改為「史料」欄目，直到 1937 年第 6 卷 7 期，該欄目消失。內容主要是有關婦女運動的歷史資料。

　　1935 年第 4 卷 4 期，因陳鳳兮臨時代替李崝山編輯，增加了「速寫」和「隨筆」欄。到第 4 卷 12 期後，兩欄目均未再出現。

〔註91〕 《編輯後談》，《婦女共鳴》1934 年第 3 卷 6 期，第 64 頁。
〔註92〕 《編輯後談》，《婦女共鳴》1934 年第 3 卷 8 期，第 60 頁。
〔註93〕 《編後談》，《婦女共鳴》1935 年第 4 卷 1 期，第 67 頁。

1935 年第 4 卷 10 期新增「論辯」欄目。此後，僅有 1936 年第 5 卷 2 期有「論辯」欄目，該欄目主要登載《婦女共鳴》的作者就某一問題與其他刊物上的不同觀點進行論爭的內容。這一欄目往往能很鮮明地表達出該刊對一些社會問題的看法和基本立場。如《中國婦女運動之癥結何在》、《對於「非節育」的意見》、《關於拒用「她」並質〈讀書生活〉》、《讀了「從賢妻良母到賢夫良父」以後》、《賢良問題再論辯》等，這些文章中直接反映了該刊對於婦女運動、節制生育、賢妻良母主義等相關問題的態度。

1936 年第 5 卷 6 期，新增「實生活」欄目，這類似於 1935 年第 4 卷 10 期新增的「記述」。內容主要為各階層婦女的現實生活記錄。1937 年第 6 卷 7 期該欄目取消。

1936 年第 5 卷 6 期，新增「讀者吶喊」欄目，以表達讀者為抗日的態度，主要是呼籲國民黨政府積極抗日。第 5 卷 7 期後，該欄目不再出現。據猜測，大概是因為該欄目內容言辭過於激烈，所以被停止。發表的兩篇「讀者吶喊」為《起來上救亡運動的第一課》、《我們再也不能耐了》，均表達了督促國民黨政府抗日的強烈意識。

1937 年第 6 卷 1～7 期，開始出現「紀事」欄目。內容主要有陳逸雲的《塞外勞軍紀》和《訪問美國者臣女市長記》的連載。

1939 年第 9 卷 5～6 期合刊，新增「通訊」欄目。該欄目主要是有關各地婦女活動的報告性文章。如新運婦指會的鄉村服務隊通訊《到包角亭去》，也有介紹地方婦女的《福建戰時省會——永安的勞動婦女》等等。

此外還有「少女生活講座」、「醫藥顧問」、「特載」、「特寫」、「提案」、「通信」等等欄目，因為僅僅只有少數幾篇文章，這裏不再一一列舉。總體而言，《婦女共鳴》的欄目內容基本上並無太大變化，名稱變動多於實際內容。尤其是抗戰期間，隨著刊物的內容不斷減少，欄目也時有時無。故對於刊物欄目的介紹僅僅是希望以此展現其基本的歷史面貌。最後以《婦女共鳴》的自述作為對該刊欄目內容的總結語：

> 從這裏面可以知道，婦女運動的步驟，婦女生活的狀況，婦女輿論
> 的論調，婦女參政的觀念，並且有文藝，有小說，凡是關於婦女問
> 題，國家大事的，可謂收羅豐富了。研究婦女問題者，不可不人手
> 一編。〔註 94〕

〔註 94〕《婦女共鳴》1933 年第 2 卷 11 期，刊尾頁。

（二）徵文、「專刊」的設置與語境營造

實踐辦刊宗旨，順應時代發展潮流，這是絕大多數刊物發展的內在需求，也是奠定其在輿論界地位的基本保證。《婦女共鳴》在近十六年的發展歷程中，始終努力實踐自己的辦刊宗旨，同時根據時代需要，履行自己作為輿論機關的歷史使命。下文將主要結合《婦女共鳴》中的徵文以及專刊、專號、專輯、特輯、特刊等的設置，討論其所營造的關注女性權利與關心國家民族命運的話語環境。

作為一份女性刊物，《婦女共鳴》始終將女性權利和女性解放作為自己的終極關懷，1934 年第 3 卷 1 期的《編輯後談》很清楚地表明了刊物的這一基本立場。她說：

> 回憶此五年內，本社全人，對於婦運理論上之探討，行動上之計劃；與夫政府有關婦女設施之批評，婦女群眾思想之啟發，以及國內外有關婦女時事之記載，思想之溝通，無不努力發揮與介紹。以期喚起婦女群之希望。〔註95〕

正是緣於這一基本訴求，《婦女共鳴》在創辦之初就以大量篇幅討論有關婦女運動的理論、現實婦女問題以及各種有關婦女的國家法律法規，並積極參與了各種婦女運動的實踐。為真正做到啟發婦女群眾，該刊多次以徵文的方式為婦女們提供參與討論的機會。如在 1929 年第 3 期發表了有關「今後的婦女運動」的當選論文，分別為金石音《今後的婦女運動》和滔《今後婦女運動應注意之點》。此後，於 1929 年第 15 期開始針對「女子教育問題」、「女子職業問題」、「婚姻問題」、「怎樣提高女子的政治地位」、「家庭常識」幾個有關婦女的現實問題徵文。1935 年第 4 卷 1 期該刊為紀念 1935 年 3 月出版六週年進行徵文，徵文主題之一是「二十四年的婦女運動怎樣去作」〔註96〕。

除了這些有關婦女運動理論探討的徵文外，關注婦女生活以作為「理論和行動的根據」也是徵文內容之一。如 1936 年第 5 卷 1 期就有「徵求婦女生活寫真」的徵文，其廣告詞謂：

> 我們深信婦女運動是一種實際的行動，而這種行動是需要健全的理論來指導的。但健全的理論，是現實環境的反映，所以我們急需明瞭各階層婦女大眾生活的現況，來做我們理論和行動的根據。現在

〔註95〕《編輯後談》，《婦女共鳴》1934 年第 3 卷 1 期，第 55 頁。
〔註96〕《本刊徵文啟事》，《婦女共鳴》1935 年第 4 卷 1 期，第 12 頁。

我們想懇切地要求各階層的婦女，供給我們一些忠實的資料。〔註97〕

與此同時，《婦女共鳴》還通過各種方式表明其對於投稿內容的要求，實踐自己的辦刊宗旨。如：

本刊為公開研究婦女問題之刊物，歡迎社外同志投稿並酌給酬金。

投稿不論體裁惟以有關婦女問題者為限。各地婦女運動之經過，現狀，以及有關婦女問題之風俗記述尤為歡迎。〔註98〕

「婦女問題」、「婦女運動」、「婦女問題之風俗」，這都反映了該刊所關注的基本問題。

在致力於「婦運理論上之探討」的同時，《婦女共鳴》也很好地履行了其「行動上之計劃」、「與夫政府有關婦女設施之批評」的職責。該刊先後策劃了1931年第46～47期合刊，婦女界力爭國民會議代表選舉權的「國民會議專號」；1933年第2卷5期，婦女運動者強烈要求政府「禁娼」「廢娼」的「娼妓問題研究專號」；1934年第3卷11期，婦女為爭法律平等權而有實無名的「爭法律平等專號」〔註99〕；1935年第4卷11期，針對社會上高唱「婦女回家」的反動逆流，提倡「新賢良主義」的「賢良問題專號」。在這些專號中，該刊充分發揮了號召和引導婦女運動實踐的作用，利用自身的輿論功能，為運動創造一切輿論條件。「賢良問題專號」所提倡的以「男女平等」為基礎的「新賢良主義」思想，則表達了新式女性知識分子對於家庭中平等權利的爭取。通過該專號，刊物很好地宣揚了其所主張的「新賢良主義」思想，給予「婦女回家」論者和傳統的「賢妻良母主義」思想以有力地抨擊。

婦女運動者同樣無法漠視對於國家民族的責任，民國初年形成的「女國民」思想就明確地表達了女性面對國族危難時的責任意識。「民族解放就是婦女解放」，作為新式女性知識分子群體中的婦女運動者，在面對婦女解放與民族解放的取捨時，毅然選擇投身於民族解放運動中，通過民族解放最終實現婦女自身的解放。《婦女共鳴》正是婦女運動者做出這一選擇的代言者，在她近十六年的辦刊歷程中，始終與中華民族共患難，在抗日戰爭這一特殊

〔註97〕《徵文》，《婦女共鳴》1936年第5卷1期，刊尾頁。
〔註98〕《本刊徵稿規約》，《婦女共鳴》1932年第1卷2期，第34頁。
〔註99〕《編後談》，《婦女共鳴》1934年第3卷11期，第58頁。「那裏曉得，事情的變化竟有出人意料之外者，上月三十日立法院推翻前案，仍恢復現刑法二五六條，掀起了婦女界的力爭法律平等的大運動，因之本期幾乎變成了力爭法律平等專號了。」

的歷史時期擔負了為民族解放吶喊的歷史使命。正如編輯陳逸雲在 1938 年
復刊號 8 卷 1 期中所說：

> 我們仍本著過去的精神，努力從事這個刊物。同時在這抗戰時期，
> 我們希望本刊物成為婦女的戰鼓，婦女的軍號，使婦女們都成了新
> 中國的戰鬥員。〔註100〕。

在民族解放戰爭中，《婦女共鳴》要成為「戰鼓」和「軍號」，為民族
的解放搖旗吶喊，使革命婦女成為抗日救亡運動中的戰鬥員。該刊的作者
們正是以「戰鬥員」的姿態，讓她們的刊物在民族解放戰爭中發揮了應有
的作用。

1931 年「九・一八」事件爆發，日本帝國主義開始了對中國長達十四年
的侵略戰爭。1937 年「七七事變」的爆發，日本全面侵華戰爭開始。中華民
族從此進入一段充滿屈辱的歷史時期，這段歷史帶給所有中國人民無法忘懷
和揮之不去的歷史傷痛。《婦女共鳴》作為這段歷史的親歷者，始終將自己的
目光與祖國民族的命運緊密相連，用自己的言說表達了對於國家民族命運的
深切關懷和積極參加民族解放戰爭的愛國情懷。

1931 年「九・一八」事變後，該刊在第一時間做出積極反應，以「反日
專刊」的方式出版 56～57 期合刊。編輯談社英更是以《救國聲中婦女之天職》
和《痛語》兩篇文章表達了強烈地反日情緒和愛國為婦女天職的責任意識。
縱觀該專號所有文章，無不表達了對日寇的痛恨與堅決支持政府抗日的決
心。此後，《婦女共鳴》始終時刻關注著戰爭的進展，並號召廣大婦女積極投
身於抗日戰爭，為國家民族的解放盡一份女性的責任。

隨著日本侵華戰爭的不斷深入，1935 年日本侵略者策動「華北五省自治
運動」，中華民族危機日趨嚴重。面對民族危難，廣大婦女運動者們重新調
整了運動目標，她們認為「婦女運動，不單是本身謀解放，更是一個復興整
個民族的運動。」〔註101〕為此，《婦女共鳴》在 1936 年第 5 卷 2 期進行有
關徵文，主題為：「婦女在民族運動中的地位」、「婦女努力民族運動的方案」
以及「婦女怎樣參加民族戰爭」〔註102〕。隨後，《婦女共鳴》1936 年第 5 卷
3 期設立「婦女運動與民族復興」特輯，向廣大婦女宣傳「婦女在民族復興
運動中之地位」與「婦女在民族復興運動中應負的責任」，號召婦女們積極

〔註100〕 《編後的話》，《婦女共鳴》1938 年第 7 卷 1 期，第 12 頁。
〔註101〕 《首都婦運同志對本問題之意見》，《婦女共鳴》1936 年第 5 卷 3 期，第 29 頁。
〔註102〕 《徵文一》，《婦女共鳴》1936 年第 5 卷 2 期，第 10 頁。

參加民族復興運動。

　　七七事變後，抗日戰爭全面爆發。《婦女共鳴》因戰爭的影響，1937 年第 6 卷 7 期後停刊半年，直至 1938 年第 7 卷 1 期復刊。復刊後的《婦女共鳴》在內容上主要圍繞抗戰展開，其中包括慰問、募捐以及兒童保育等有關內容。為了更好地發揮刊物在抗戰中「戰鼓」和「軍號」的作用，該刊積極策劃了各種徵文、特輯、專刊以及特刊。如針對抗戰時期大量難童流離失所，面對如何救濟戰時兒童，1938 年第 7 卷 6 期徵文：「本刊擬出戰時勞工婦女運動，戰時兒童保育特輯；希各界惠賜大作以供讀者。稿酬每千字由一元至五元。」〔註103〕並於 1938 年第 7 卷 8 期中專門設立了「兒童特輯」，其內容涉及救濟婦孺、兒童訓練、兒童保育等各方面，並發出「為保育難童告全國同胞」和「大家快起來保育戰時的兒童」的號召。隨著戰事的進行，前方將士為保衛祖國而浴血奮戰，為了鼓舞前方將士，表達後方人民的慰問，《婦女共鳴》1938 年第 7 卷 9～10 期合刊專設為「慰勞專刊」。對於設此專刊的緣由如下：

> 本刊感於前方將士浴血抗戰，各方慰勞均以物質；於精神食糧尚未注意及此，本社擬出慰勞專刊，內容圖文並重。圖畫則取材各地戰時狀況敵軍暴行，及各地婦女慰勞工作。〔註104〕

　　在該專刊中有蔣宋美齡的《致全國將士書》和其他女界名人的慰問文章。對於策劃此次專刊的目的，編輯陳逸雲在《發刊詞》中如是說：

> 希望以我們的誠意能使這慰勞專刊成為前方的軍號，前線的戰鼓，鼓勵著後方前方的將士都成為百折不撓的戰鬥員，將萬惡的敵人驅逐出中國的版圖，以達到我們最後的勝利。〔註105〕

　　隨著抗日戰爭的白熱化，調動全國人力物力財力為抗戰所用成為時代所需，為此國民黨政府發起以「復興中華民族」作為目標的「國民精神總動員」運動，試圖從精神到現實對全國人民實現全面地抗戰建國總動員。為了配合精神總動員運動的開展，該刊的 1938 年第 8 卷 9～10 期合刊確定為「國民精神總動員特刊」。在該特刊中，發表了《擁護國民精神總動員》、《精神總動員與婦女》、《在精神總動員下的國民責任》等多篇文章表達了擁護「國民精神

〔註103〕　《徵稿啓事》，《婦女共鳴》1938 年第 7 卷 6 期，第 15 頁。
〔註104〕　《發刊詞》，《婦女共鳴》1938 年第 7 卷 9～10 期合刊，第 1 頁。
〔註105〕　同上註。

總動員」，並將其貫徹到婦女實際的抗戰建國工作中去的態度。此外，抗戰結束前的 1944 年，為響應蔣介石號召知識青年從軍的號召，該刊將最後一期第 13 卷 6 期作為「知識青年從軍專號」。在該期開篇登載蔣介石的《號召知識青年從軍書》，隨後是《婦女共鳴》編輯的短評《響應偉大號召》。在該專號中，還刊登了《從婦女從軍想到中國婦女的地位》、《知識青年從軍各項辦法輯要》以及《做護士是戰時婦女報效國家最高貴的事業》等有關知識青年從軍的內容。

總之，《婦女共鳴》作為南京國民政府時期發行時間最長的女性刊物，其影響力是毋庸置疑的。該刊編輯和主要作者的女性知識分子身份和中國國民黨黨員的政治背景讓其具有鮮明的女性性別特徵與國民黨體制內特徵，從而有著與其他女性刊物所不同的歷史地位。建立一個真正屬於女性喉舌的輿論機關是該刊得以創辦的最初動機。「婦女真正要得到解放，還須自己努力去披荊斬棘的開關。」〔註 106〕「男子們來援助婦女，有幾個不懷著自私心呢？」〔註 107〕正是這種自覺地獨立意識，讓刊物有著「盡共鳴之天職」、「倡導婦女運動」、「啟發婦女思想」、「喚起婦女群」的辦刊宗旨。該刊除通過各種欄目探討婦運理論外，還積極關注與參與了一系列爭取女性權利的婦女運動和民族解放運動，並為此設立了各種專輯、專刊、特刊、特輯及專號。該刊以鮮明的女性主義立場言說女性追求自我解放的理想，展現了一份女性刊物特有的歷史風采。

〔註 106〕陳逸雲《本刊十五年來的回溯》，《婦女共鳴》1944 年第 13 卷 2 期，第 2 頁。
〔註 107〕峙山《婦女應該回到家庭去嗎？》，《婦女共鳴》1934 年第 3 卷 10 期，第 12 頁。

第三章　性別與女性解放的言說

　　晚清由男性知識分子發起的「戒纏足」與「興女學」運動揭開了中國近代婦女運動的序幕，且承載了他們「強國強種」的美好願望。由此，女性在男性知識分了的引領下，開始成爲以國家至上而不是以爭取女性權益爲目的的「被言說者」。不論民國時期的「女國民」還是五四時期爲戀愛自由而衝出家門的「僞娜拉」，都始終難以擺脫被男性言說和爲國族言說的命運。與此同時，先覺女性開始乘時代變革的風潮，進入社會活動中，從而使近代女性解放運動在男性架構整體與婦女主體意識覺醒的交織下變動前進。當歷史跨入20世紀30年代前後，隨著知識女性群體的不斷壯大，新式女性知識分子開始以嶄新的姿態開拓自我言說的話語空間，踏上爲女性爭取自身權利而奮鬥的歷史征途。《婦女共鳴》正是通過對女性性別訴求的言說，爲我們展現了女性追求自我解放的歷史風采。

　　「既要婦女運動成功，就必須自己有代婦女喉舌的言論機關，使婦女不受窒息之苦。這樣方能推行婦女運動。〔註1〕這就是《婦女共鳴》的創刊宣言。她們自始至終高舉女性主義的旗幟，以爭取女性權利爲終極目標，通過所創辦的女性刊物在近現代中國女性解放的歷史上留下了屬於自己的足跡。

　　在本章中，筆者將結合《婦女共鳴》在創辦過程中對於婦女理論和思想的探討以及所參與的婦運實踐，揭示其在自我解放言說過程中所表現出來的女性身份特徵。在婦運理論的探索以及婦運實踐的鬥爭中，該刊始終立足於女性的立場表達屬於女性自身的需求，讓女性成爲自我言說的主體而不再是

〔註1〕 陳逸雲《本刊十五年來的回溯》，《婦女共鳴》1944年第13卷2期，第2頁。

男性言說的他者。新式知識女性婦女運動者們開始走出了被援助的五四時代，進入了憑藉自身力量為女性謀取解放的新時代。

第一節　鮮明的女性主義身份

在前文的論述中我們已經清楚地瞭解到《婦女共鳴》的創刊是因為婦女運動者們認為：男性不能為女性代言，婦女應該「自己有代婦女喉舌的言論機關，使婦女不受窒息之苦」〔註2〕；婦女運動要「有發言的地方，喚起婦女界及社會的覺悟。」〔註3〕正是基於這樣的辦刊動機，《婦女共鳴》這份完全為女性代言的婦女刊物最終得以創刊，並確立了「倡導婦女運動，啟發婦女思想」〔註4〕、「督促當局實行男女平等之政綱」〔註5〕的辦刊宗旨，還旗幟鮮明地表達其將擔負起「婦女運動之喉舌，女界言論之代表」〔註6〕的歷史使命。如此明確的辦刊動機、辦刊宗旨和性別立場，使該刊的女性性別身份非常鮮明，以至於現代學者稱其創辦者們為「新興的女權主義」〔註7〕。

《婦女共鳴》用各種方式表達自己的女性性別立場，其中印象最為深刻的是該刊多次旗幟鮮明地表示拒用「她」字，以表明對這個帶有偏見的女性代詞的反感。如在 1929 年第 3 期，《本刊的話》中對投稿者要求用「伊」代表女性：

> 本刊對於女性的第三身代名詞，不主張用女字旁的「她」。而主用立人旁的「他」。如在文藝上對於兩性的第三身代名詞有分別的必要時，則以「他」代表男性，以「伊」代表女性。望投稿諸君注意！
>
> 〔註8〕

〔註2〕　陳逸雲《本刊十五年來的回溯》，《婦女共鳴》1944 年第 13 卷 2 期，第 2 頁。

〔註3〕　談社英《婦運四十年》，收入陳鵬仁主編、林養志編《中國國民黨黨務發展史料·婦女工作》（《中國現代史史料叢編，第 20 集》），臺北：國民黨黨史會出版，近代中國發行，1996 年版，第 598 頁。

〔註4〕　《本刊第一二卷合訂本出售》，《婦女共鳴》1937 年第 4 卷 4 期，尾頁廣告頁。

〔註5〕　《卷頭語》，《婦女共鳴》1932 年第 1 卷 1 期，第 1～2 頁。

〔註6〕　記者《二十一年之婦女運動》，《婦女共鳴》1933 年第 2 卷 1 期，「編輯餘話」，第 66 頁。

〔註7〕　黃興濤《「她」字的故事：女性新代詞符號的發明、論爭與早期流播》，《新史學》第一卷《感覺·形象·敘事》，北京：中華書局，2007 年版，第 145頁。

〔註8〕　《本刊的話》，《婦女共鳴》1929 年第 3 期，第 40 頁。

此後，該刊再次重申《關於女性代詞她的意見》〔註9〕：

> 「她」是新文化運動中的產物。第三者的代名詞本來都是「他」字。
> 爲什麼現在卻拿「她」來代表女子的第三者呢？他們說：容易和男
> 子分辨。「他」者，人也。「她」者，女也。照這樣看來，男子是人，
> 女子是女，那末這「男」字根本取消好了，因爲只有男子是人。如
> 果説易於分辨的話，女的第三者用「她」，男的第三者應該用「他」。
> 還有禽獸事物的第三者代名詞改用「牠」字；「牠」者，牛也，正和
> 「她」者，女也相對照，這不是明明看女子不但不是人，而且和禽
> 獸事物一般嗎？新文化運動中的產物原來是如此嗎？一般新青年跟
> 著寫「她」字，爲的是尊重女權嗎？女同胞們也跟著寫「她」字，
> 自己承認和禽獸事物一般嗎？

同樣的聲明在 1935 年第 4 卷 8 期，《本刊拒用「她」字啓事》再次出現：

> 本刊對於女性第三身的代名詞，用「伊」字，而拒用「她」字。因
> 爲女性第三身用「她」，男性第三身用「他」，對象第三身用「牠」，
> 以「人」旁，「女旁」，「牛旁」相比，男性是「人」，女性是「女」，
> 對象是「牛」，」豈非是含著點女性非「人」的意思嗎？這個問題在
> 「五四」運動後，「她」字被新文學派創出來，頗引起輿論界的爭執，
> 到現在大概只有申報的「自由談」和「春秋」還偶爾沿用伊字。本
> 刊於十八年春出版以來即沿用「伊」字而拒用「她」字，尚祈投稿
> 諸君，注意及之！〔註10〕

對《婦女共鳴》的主辦者而言，她們認爲：「他」代表男性，男性是人；
「她」代表女性，女性不是人，是與「牠」一般的禽獸。正是基於這一看法，
該刊始終以追求女人是「人」而拒絕使用「她」──這一五四時期新式男性
知識分子所創造的女性第三人稱代詞。

然而，《婦女共鳴》的這一堅持引起一些男性的反感，對此編輯李峙山曾
記載杭州《東南日報》批評《婦女共鳴》拒用「她」字一事，文章說：

> 八月五日的杭州東南日報，載有也魯君的《她不是人》的大作，内
> 容是對於本刊拒絕用「她」字的啓事表示不滿，彼時記者適在杭州，
> 見報之次日，即爲文答覆也魯君，並解釋本刊據用「她」字之用意。

〔註9〕　《關於女性代詞她的意見》，《婦女共鳴》1929 年第 9 期，第 8 頁。
〔註10〕　《《本刊拒用「她」字啓事》，》《婦女共鳴》1935 年第 4 卷 8 期，第 37 頁。

不意，東南日報竟未予披露，實令人百思不得其解？東南日報與本刊同爲現社會之輿論機關，何以只披露也魯君指責本刊的文字，而不與披露辯白之文字？特在此提起質問，望該報與吾人以滿意之答覆！〔註11〕

《她不是人》一文對於《婦女共鳴》拒用「她」字認爲是小題大作。文中說：「關於用『她』字以侮辱女性之書籍，概行毀版，禁售，那末一定要組織文字獄法庭了」。該文甚至戲謔地表示：

我說：至嫁的女子稱「夫人「，沒嫁的時候，只有一人，當然是「大人」無疑。我想「大人」二字比稱「伊」，或「女士」，「小姐」這些字眼都來得高貴尊嚴，如荷大雅贊同，擬請署名呈請當局，通令全國一致改用「大人」。以示提高女權。且質之於婦女共鳴社同人以爲何如！〔註12〕

此外，1935年第4卷10期，吉竹曼《關於拒用「她」字並質〈讀書生活〉》〔註13〕一文，作者以第三者的女性身份記載了《讀書生活》對於《婦女共鳴》拒用「她」字的批評，同時作者也表達了自己的看法。在該文的開頭，吉竹曼就表明了自己對於《婦女共鳴》讚賞和支持的立場，她說：

我是向來喜歡讀婦女共鳴的，因其立場正確，態度莊嚴，用全副精神英勇的和整個婦女的鐐銬——封建思想相搏鬥，不稍畏縮，不稍因循。而在拒絕引用根據封建思想爲出發點含著蔑視女性的意味，否則女子人格的畸形字「她」字這一點上，尤適合我心。

文章同時指出：

婦女共鳴之拒絕引用「她」字，曾屢次遭受各方面的非笑，或譏爲斤斤較量於小節，或竟斥此種堅持爲無聊，婦女共鳴編者屹然不屈不撓，獨行其是，曾屢次加以聲辯，想爲本刊讀者所共見。

隨後，作者針對《讀書生活》對《婦女共鳴》的批評一一進行了反駁，表達了堅決支持《婦女共鳴》拒用「她」字的個人立場。

〔註11〕 施珊《質東南日報並答也魯君》，《婦女共鳴》1934年第3卷8期，「東鱗西爪」，第41～42頁。

〔註12〕 施珊《質東南日報並答也魯君》，《婦女共鳴》1934年第3卷8期，「東鱗西爪」，第41～42頁。

〔註13〕 吉竹曼《關於拒用「她」字並質〈讀書生活〉》，《婦女共鳴》1935年第4卷10期，「論辯」，第26頁。

由此可見，《婦女共鳴》正是以鮮明的女性主體意識表明了維護女性權利的堅定立場。這種對於文字中歧視女性現象的批評，可說與 20 世紀現代女權運動者主張女權的方式不謀而合。遺憾的是，現代男性學者在提到該刊拒用「她」字時依然表現出男性的偏見甚至嘲諷。

> 此種對「女」字偏旁的過於敏感，在某些新興的女權主義者身上持續的時間相當長久。我們有趣地看到，直到 20 世紀 30 年代中期，仍有女權運動者由此思路，繼續著那種對「她」字的政治性抗議。如 1929 年創刊、影響很大的《婦女共鳴》雜誌，就始終拒絕使用「她」字，認爲該字的構造去掉了「人」字旁，是不把婦女當人看，是對婦女人格的公然侮辱，因而旗幟鮮明地表明了將堅持把「伊」字使用到底的態度。〔註14〕

可見，以「過於敏感」和「有趣地看到」來記載此事，依然表明了現代男性知識分子對於《婦女共鳴》拒用「她」字的不以爲然。但從今天看來，雖然《婦女共鳴》最終未能改變歷史，但它的這份堅持正是表明了婦女運動者們爭取女性自身權利的自覺，也是其鮮明的女性主義身份的最好詮釋。

第二節 啓發婦女思想〔註15〕喚起婦女群〔註16〕

一、婦運理論之探討

（一）正確認識婦女解放的現狀

婦女解放的現狀如何？這是《婦女共鳴》始終關注的問題之一。通過翻閱該刊我們發現：婦女運動者們在一方面高度肯定國民黨政權所給予女性以男女平等的大好環境；另一方面仍不得不面對在表面平等下婦女地位依然低下的無奈現狀。爲此，她們只能一次次地強調婦女運動並未過時，婦女處境仍然很糟糕，少數婦女的解放和多數婦女的被壓迫是她們無法迴避的事實。正因爲如此，她們始終企圖通過自己的言說提醒廣大婦女群眾要正確認識女性解放的現狀，不要因盲目樂觀而放棄對自身解放的追求。

〔註14〕 黃興濤《「她」字的故事：女性新代詞符號的發明、論爭與早期流播》，《新史學》第一卷《感覺·形象·敘事》，北京：中華書局，第 145 頁。
〔註15〕 《本刊第一二卷合訂本出售》，《婦女共鳴》1937 年第 4 卷 4 期，尾頁廣告頁。
〔註16〕 《編輯後談》，《婦女共鳴》1934 年第 3 卷 1 期，第 55 頁。

雲裳在該刊創刊號的《中國婦女運動的新時期》〔註17〕一文指出：中國國民黨統一了中國，在法律上經濟上給了婦女與男子平等的機會，但是「婦女解放前途之黯淡」，「環境的現狀依然是十分惡劣」，而且這種惡勢力「足以阻礙男女平權與婦女解放之實現而有餘」。她同時指出婦女解放的三大主要障礙是：舊禮教觀念依然遺留在一般人的腦海；資本主義下之女性商品化；女子自身行為之浪漫。她認為，正是因為這諸多的不利條件，加之以往婦女地位之低下所形成的婦女能力的缺失，導致「法律上之所規定仍無由實踐，等於具文。」

1929年第9期，擷華發表《婦女的地位和責任》〔註18〕一文，在承認婦女在經過了幾十年的婦女運動以後得到了一些解放，但也「只不過少數婦女，得著一些求學的機會，知識和思想上，博得一點解放的曙光罷了」。至於國民黨自從一大確立了男女平等的原則後，婦女在「理論上卻已得了相當的平等」。但她同時指出：

> 實際現象，則悶沉沉仍舊黑暗如故。婦女是否已經解放，男女是否已經平等，女權是否已經提高，還是一個問題。縱然有一兩個稍露頭角的在社會上佔有一二重要位置，但仍是廖若晨星，不可多見。再看普通一般婦女們，仍多在層層壓迫之下，知識地位，沒有得著解放。

還有論者旗幟鮮明地指出：

> 我不相信因為現今的中國已經有了女子學校，甚而至於女子大學，就算是婦女解放；又不相信因為近年的中國已經有過女知事，女議員，甚而至於女委員，就算是婦女解放。……〔註19〕

這種認為大多數普通的婦女們依然沒有得到解放的觀點充斥著《婦女共鳴》的論述中。她們不斷地重複著一樣的論調：

> 然而被解放的婦女又有好多在哪兒呢？就設使有，也不過是極少數中的極少數罷了，就是所謂做婦女運動的先鋒隊，其餘的大部分還是依然受著束縛，在那兒呻吟不絕的呼號。〔註20〕

〔註17〕雲裳《中國婦女運動的新時期》，《婦女共鳴》1929年第1期，第6～10頁。
〔註18〕擷華《婦女的地位和責任》，《婦女共鳴》1929年第9期，第18～21頁。
〔註19〕黃秋《婦女解放觀》，《婦女共鳴》1929年第2期，第19～22頁。
〔註20〕瑤琳《用科學的立場討論現代婦女問題》，《婦女共鳴》1930年第21期，第5～9頁。

至於國民黨所給予的諸多「具文式」的男女平等，婦女運動者們也開始有著越來越清醒地認識。蔣曉光就對此表示了自己的懷疑，她說：

> 最近中國國民黨黨綱裏雖有「於法律上，經濟上，教育上，社會上確認男女平等的原則，助進女權的發展」的條文，可是，實際，婦女的利益到底在哪裏？中央委員裏的婦女也不過一兩個，這樣寥寥的女委員，能否爲四萬萬同胞中的二五萬的女同胞謀幸福？〔註21〕

唐國楨更是用「不能兌現的支票！」來形容國民黨政權所給予的法律上的平等權。她說：

> 現在我們婦女，大家都知道，男女間應該不分階梯；在政治上，在經濟上，應該享受平等的地位。就是一般覺悟的男性，也有同樣的見解；所以男女平等的原則，女子繼承權的規定，都載諸法典。可是這些法典近似不能兌現的支票！〔註22〕

一句「不能兌現的支票！」即能最充分地表達女性對於國民黨所給予的形式上的男女平等的深刻認識和不得不面對的無奈。「對於婦女條例，則毫未見諸實行，且對於婦運亦不肯加以相當補助，至於婦女在社會的地位，更是令人言之痛心。〔註23〕」這也反映出國民黨政權給予婦女的只是口惠而實不至的承諾。

正是以上的認識，一些婦女運動者明確地提出了婦女運動應該關注農工婦女的解放，認爲只有大多數婦女的解放才能算是婦女得到了眞正的解放。

亞隱認爲眞正的婦女解放應該是：

> 婦女運動是爲所有的婦女的解放，不要太私偏了，要顧及一般無產勞動的婦女們，全體婦女解放了，才算是完全的成功，一部分的婦女解放是狹義的解放，片面的解放，同時我們更要知道我們婦女在社會上的責任是如何的重大，並不是只爲了自己私人的謀幸福，求安樂，如果男子能抱這觀念來解放婦女，尤其是婦女們人人自身能抱此目的來自求解放，那麼偉大的成功就在目前了。〔註24〕

黃秋的《婦女解放觀》〔註25〕一文則以女性的立場回答了「何謂婦女解

〔註21〕蔣曉光《中國婦女運動之史的觀察》，1930年第30期，第25頁。
〔註22〕唐國楨《今後婦女運動的新傾向》，《婦女共鳴》1932年第1卷2期，第8頁。
〔註23〕滔《婦女運動之我見》，《婦女共鳴》1929年第1期，第17～20頁。
〔註24〕業隱《我們應有的覺悟與努力》，《婦女共鳴》1930年第25期，第20～21頁。
〔註25〕黃秋《婦女解放觀》，《婦女共鳴》1929年第2期，第19～22頁。

放？」以及「怎樣才算是男女平等？」

> 必須使二百兆婦女在現今中國的社會上同樣的和男子據有其「人」
> 的地位；而所謂二百兆的男子者，在絕沒有歧視婦女的心理。

她還發出了作為女性的「不平之鳴」：

> 男女的地位既是同等，男女的責任也應一樣：為甚麼要說「男尊女
> 卑」？為甚麼要說「男子治外，女子治內」？為甚麼要說「清早起
> 來七件事，油鹽柴米醬醋茶？」「為甚麼要有三從四德」？……凡是
> 這些，都是沒有把女子與男子作同等看待的。

> 故婦女的人的地位應該是凡屬社會上的義務權利都和男子居於同
> 等；一切建設事業或破壞事業，舉凡男子所能為的女子都應去為；
> 一切對於自己有優越利益的事業，舉凡男子所能享受的女子皆有份。

作者以鮮明的女性立場表達了要求男女平等的強烈主體意識。女性要享受與男子一樣的「人」的權利，也與男子承擔同等的責任，「空喊女子解放的口號是沒有效果的」。「假如婦女只是呼囂著解放而自己卻不去解放，那是在暴露自己的弱點；假如男子要為婦女而高呼解放，那無異於蔑視婦女的人格。」

最後，作者指出，解放的婦女應該是：

> 我認為解放的婦女是——
> 沒有賢妻良母的思想，
> 沒有虛榮依賴的天性，
> 沒有嬌生慣養的氣息。
> 要有精深密緻的頭腦，
> 要有自由創造的意志，
> 要有任苦耐勞的習慣，
> 要有服務社會的決心。
> 不要作任何方面的奴隸，
> 不要供任何方面的玩賞。
> 生活要平民化，
> 情緒要藝術化！
> ……
> 能如是，庶幾乎才可以算得「解放後的新婦女」！

　　總之，婦女運動者們認為婦女解放的現狀是是少數婦女的解放和多數婦女的被壓迫，而只有多數婦女的解放才是真正的解放。她們同時指出：女性只有自己求得自身的解放，婦女解放的口號才能變成現實，這是女性必須要有的認識。「女子自身沒有能力，平等解放全是空談。」〔註26〕

（二）婦女問題是一個社會問題

　　對於婦女問題產生的根源，婦女運動者們從僅僅認為是男性壓迫女性上升到認為這是一個深層次的社會問題，私有財產製及其由此產生的男性中心的社會制度是婦女被壓迫的根源。對此，《婦女共鳴》進行了深入地探討。

　　如《現在底中國婦女運動》〔註27〕一文對婦女問題產生的根源和婦女運動的發生，發表了自己的看法。文章說：

> 自從私有財產製發生，婦女脫落了生產行程以後，婦女便成為雙重的奴隸，在經濟上變為家庭的囚奴，在社會上變為男性的私物。在奴隸社會如此，農奴社會是如此，封建社會是如此，即在今日之資本主義社會，雖有少數幸運者從紳士們手中分佔了一點點法律地位，變男性絕對支配為相對支配，但這是少數人的幸運，大多數的婦女在經濟上被壓迫，被剝削；在社會上的被踩躪，被污蔑，亦莫不和前一時代一樣。

　　該文可謂一針見血地指出了私有財產製度及其由此產生的男性為中心的社會制度是婦女被壓迫的根源，她隨後進一步指出：「婦女問題是跟著社會問題的發生而來的。」婦女運動作為一種社會運動是隨著十九世紀產業革命的發生，讓婦女有了重新離開家庭進入社會生產領域而發生的。正因為如此，作者認為：

> 現在的中國婦女運動略一檢察，覺得內容實在太空虛，範圍實在太窄狹。原因是這運動沒有社會基礎，動盪在空虛的搖籃裏。希望覺悟的婦女界，認清女解放運動的根本方針：一是要結合全體婦女的力量去打破男子專斷的社會制度，一是要結合勞動婦女去打破以個人經濟為基礎的現社會制度。

　　志一則在《婦女解放與男子》一文中，針對人們對於婦女解放與男子之

〔註26〕毅韜《女子應有的新覺悟》，《婦女共鳴》1929年第2期，第25頁。

〔註27〕詠《現在底中國婦女運動》，《婦女共鳴》1934年第3卷12期，第24～27頁。

間關係的錯誤理解進行了分析，其中明確指出，女子受男子壓迫是「社會制度使然。」她說：

> 為什麼男子要差不多個個都要欺壓女子？為什麼個個女子都在受壓迫？說是男子之所以要欺壓女子是為的男子生性太壞吧，但是為什麼個個都會如此呢？事實告訴我們，男子之所以普遍地得到特權，婦女之所以普遍的要受壓迫，主要並不是某個男子好不好；也不是某個女子之自趨於奴隸的地位，而是因為社會制度使然！……因為婦女不解放，是一個社會問題，所以必須從改革社會著手，才得成功。〔註28〕

梅鴻英在《婦女問題的意義》〔註29〕中指出：婦女問題就是社會問題。因為婦女是人類中占半數的成員，婦女的問題勢必影響整個社會；婦女問題的解決，是和社會問題的解決相伴的，要想改變現在婦女的地位，除非社會革命。同時指出，婦女問題是勞動問題解決的同盟者。產業革命後，婦女走出家庭從事職業，於是就產生了勞動問題，因此婦女問題與勞動問題相伴產生，同時也需要同樣得到解決。

「婦女問題，它不是一個簡單的婦女問題，也不是一個簡單的對男子的問題，而是一個社會問題，甚至是一個緊密地結合於勞動問題上的社會問題。」〔註30〕「兩性關係的不平等，婦女的隸屬於男子，都是起因於以男子為中心的私有財產製度，因為那時婦女在經濟上被男子征服了，所以一切只得聽命於男子。婦女問題，也就此產生了。」〔註31〕

總之，婦女問題是一個社會問題，是隨著以男性為中心的私有財產製度的產生而產生的。「婦女問題，是社會問題的一環，它的最終的解決，是和社會問題的解決具有不可分離的關係。」〔註32〕這是《婦女共鳴》這一女性刊物在那個時代就已經具有的對女性被壓迫根源的深刻認識，直至今天對我們當代女性應該怎樣認識自身的地位和如何實現自身的解放依然有著極大的借

〔註28〕 志一《婦女解放與男子》，《婦女共鳴》1930年第26期，第6～7頁。

〔註29〕 梅鴻英《婦女問題的意義》，《婦女共鳴》1933年第2卷2期，第56～57頁。

〔註30〕 洪君《婦運往那裏走》，《婦女共鳴》1935年第4卷5期，「論著」，第7～13頁。

〔註31〕 芸生《中國婦運的過去，現在和將來》，《婦女共鳴》1936年第5卷8期，第11～15頁。

〔註32〕 芸生《中國婦運的過去，現在和將來》，《婦女共鳴》1936年第5卷8期，第11～15頁。

鑒意義。

（三）婦女解放途徑的探討

通過前述《婦女共鳴》對於婦女問題是一個社會問題的論述中我們瞭解到：在 20 世紀 30 年代前後，南京國民政府時期的主流婦女運動者們認爲男性並非是婦女運動鬥爭的對象；相反女性應該爭取男性作爲自己的同盟者，一起向封建主義和帝國主義進攻，最終通過民族解放讓女性解放早日實現。因此，在當時的政權體制下爭取女性的平等權利以及實現女性解放與政治解放、民族解放的合謀成爲她們對於婦女解放途徑的最主要選擇。此外，著眼於家庭的婦女解放途徑也代表了一些女性希望以家庭生活的不等作爲實現女性解放的前提條件。以下將通過關照《婦女共鳴》中婦女運動者們的相關言論來瞭解她們關於婦女解放途徑的探討。

1、通過現有政權體制下為女性爭取平等權利，實現女性自身的解放

在該刊的觀點中，主張這一婦女解放途徑的以金石音和談社英爲代表。金石音《今日婦女努力的方向》〔註33〕認爲，「婦女謀自身的解放，所取的手段，決不像美國北派解放黑奴用武力來對付南派，婦女謀自身的解放，決不妨礙別人的解放，像無產階級起來專政，壓迫一切有產階級的一種報復式的解放。」同時她還指出，婦女必須依靠自身的力量來解放自己，不能依附於任何黨派，「如果婦女附著於哪一黨，寄生於哪一派來努力，早已失掉他們努力的價值，這種婦女不過是那一黨一派的同盟者，決不能爲整個婦女謀利益。」金石音還認爲，「群眾的力量才算一種有力的力量。團結、組織，形成團體的力量。」總之，金石音認爲婦女解放的途徑應該是：依賴於團體的力量，以不黨不派的立場，在國家政權體制內，通過法律上要男女完全平等；請求政府令全國各大學和專門學校一律開女禁；給予婦女平等學習一切知識的權力；給予婦女相當的機會，使婦女的才能，盡量發展；要求政府速即頒佈實行保護母權的辦法；要求政府力爭廢除不平等條約，徹底禁娼等等，最終實現「婦女本身解放，進而至於人類和平。」可見，金石音是否認以階級革命的方式來解決婦女問題，同時也否認通過依附於黨派的政治革命來獲取女性的解放。但是，她自身的政治身份最終讓其不黨不派的信念被階級話語所淹沒。

〔註33〕金石音《今日婦女努力的方向》，《婦女共鳴》1929 年第 8 期，第 3～14 頁。

　　談社英在《婦女運動之途徑》〔註 34〕一文則明確表示了她對於婦女解放實現途徑的改良主義辦法，「最有無形之效益者，減輕反對之觀念，而改良讚助之思想，釜底抽薪之良策也。」因此，談社英主張從阻礙婦女運動的社會，教育，政治三方面入手，通過婦女自身的努力，實現最終的解放。社會方面，要想婦女地位有所提高，就要改革社會對於女子的心理，改革社會心理主要從德育、智育、體育等方面努力。德育上，則要求女子實現與男子的人格平等；智育上要求女性有與男子同等的知識與能力；體育上則重視女性體育，使女子與男子有同等之體格。教育方面，主要從家庭教育、學校教育和社會教育上對女子施以正確的教育，培養婦女形成正確的人生觀和價值觀，從而使各種教育成為婦運的助力。在政治上則主要通過直接參政和間接參政的方式獲得女性權利，「參政問題為婦女運動達到平等目的之途徑，並可謂之捷徑」。

　　與談社英持有同樣觀點的還有陳海澄，她認為要真正地解決中國的婦女問題，必須從政治、經濟以及教育方面努力。政治上通過準備必備的學識，積極參加自治事業，發動鄉下的婦女運動以及設立家庭審判的設施等途徑解決婦女問題。經濟上要注意勤勉習慣的養成，提倡職業，要研究家事。教育上則要加強補習教育，也要注重大學教育，中小學教師應優先讓有資格的女子充任。最後，作者還提出要注意男女兩性大同社會的建設和要努力於革命的完成。〔註 35〕

　　類似的觀點還有：「解放無上工具，其惟知識，若無知識，更曷足以言男女平權，而謀解放哉！故女子解放，解放我束縛，解放我壓迫，解放我痛苦，求高尚知識，以冀達到男女平權之目的。」〔註 36〕通過提高婦女知識，以達到男女平權的目的。「吾人今後奮鬥之對象，非法律上之條文，非政治經濟上理論之地位，而為數千年來舊禮教的傳統思想，資本主義剝削女子人格的買賣性功用的事實以及女子自身浪漫而不自振作之劣根性。」〔註 37〕主張通過剷除男女不平等的思想根源，從而實現女性的最終解放。「要使婦女，

〔註 34〕社英《婦女運動之途徑》，《婦女共鳴》1932 年第 1 卷 2 期，第 1～7 頁。
〔註 35〕陳海澄《現代婦女應有的認識》，《婦女共鳴》1930 年第 32 期，「轉載」，第 21～26 頁。
〔註 36〕鼎《女子解放之真諦》，《婦女共鳴》1930 年第 27 期，第 18～19 頁。
〔註 37〕雲裳《中國婦女運動的新時期》，《婦女共鳴》1929 年第 1 期，「補白」，第 9 頁。

直接參加社會的生產，而為構成社會的健全份子。如此，不僅打破男性的優越地位，同時更可促進社會的健全發展。……否則一切都是空談，全不是現代婦女的需要。」〔註38〕認為婦女只有參加社會生產，才能證明自身的能力，也才能最終提高女性在社會中的地位和作用。「婦女解放運動的核心在地位的提高。而地位的提高的重心則在經濟之解放。女子能得經濟平等的那一天，就是婦女解放運動真正切實推行的開始的日子；因為經濟得到平等之後，什麼平等都可商量，什麼問題，都可迎刃而解了。」〔註39〕這種在現有體制內，希望通過爭取女性權利、提高女性自身知識和修養、參加社會生產以及獲得經濟平等各種途徑而實現女性解放的觀點，普遍地體現於體制內婦女運動者的主張中。她們正是通過致力於此類婦女運動，以實現自身對於女性解放的追求。

2、通過女性解放與政治解放、民族解放的合謀以實現女性解放

在諸多婦女解放途徑的探索中，通過女性解放與政治解放、民族解放的合謀來達到最終實現女性解放的目的，成為具有特定政治身份或在特殊歷史時期婦女運動者的選擇。《婦女共鳴》給我們呈現的則是國民黨籍婦女運動者的觀點。

傅岩認為：僅僅以婦女自身的各種團體以爭取女性解放的努力大多以失敗告終，是因為「婦女知識欠缺，且受舊道德的壓迫，覺悟分子非常的少，婦女本身的團結就很不易。團體組織力量既小，不能發生什麼效果。」因此，要想婦女運動成功，就必須借助於國民黨政權的力量，她認為只有用黨的力量扶助婦女運動，才能真正事半功倍。「根據黨裏規定的婦女運動方案去作婦女運動，是婦女運動成功的捷徑。」〔註40〕傅岩的觀點正代表了國民黨婦女運動者的政治身份，表現了將女性話語置於政治話語之下的階級特徵。

梅魂則指出過去的婦女運動之所以失敗，是因為一向成為個人的解放運動，而忽略社會性；一向沒有把握住經濟的認識，僅僅做些頭痛醫頭，腳痛醫腳的工作，結果一切的努力，都成白費；一向在各自為戰的狀態中，畸形的發展著，尤其對於知識缺乏的鄉村婦女，沒有組織和宣傳的運動，所以勢

〔註38〕唐國楨《今後婦女運動的新傾向》，《婦女共鳴》1932 年第 1 卷 2 期，第 8～11 頁。

〔註39〕石風《從女子的地位說到婦女解放運動》，《婦女共鳴》1937 年第 6 卷 3 期，第 13～16 頁。

〔註40〕傅岩《婦女運動的建設工作》，《婦女共鳴》1929 年第 4 期，第 11 頁。

力始終是散漫的；婦女運動的理論，沒有系統，沒有重心，因此計劃和步驟，都不能周密。因此，她認為正確的婦女運動途徑應該是：

> 婦女運動是社會的運動，從個人方面或是家庭方面來做出發點，是完全錯誤的。我們要改造自身的環境，首先便要改造社會的環境，我們站在婦運前線的同志們，從今天起，應該挺身到社會裏面，來集合婦運意見相同的同志，喚起知識落後的婦女，聯合眞正覺悟的男性，構成反資本主義，反帝國主義及封建社會的鞏固陣線，求民族的生存，求經濟的平等。這樣我們才可以預祝婦運的成功。〔註41〕

陳婉慈在論及婦女解放的基本條件時指出：

> 女子解放與不解放，其基本條件，實不在於教育之平等與不平等，而在於要受相當的國民教育。因爲我們既知做人的道理，和做國民的責任，那末我們必知道「革命」的需要，老實說婦女解放要達到目的，確非拿起革命的精神，參加一切的革命工作，是一輩子得不到成功的。因此故我敢大膽地説，婦女解放的基本條件，第一是要有國民教育。〔註42〕

葉蟬貞《今後婦女運動的途徑》〔註43〕一文針對婦女問題是一個社會問題，要想解決這一社會問題的一環，就必須從中國社會自身的特點入手解決婦女問題。她從四個方面論述了婦女運動應取的途徑：認清現實環境，參加國民革命，俾三民主義儘早實現以保障黨綱上法律上男女平等的原則眞正實踐；開展婦女組織，推進婦女工作，在農村和家族中建立婦女運動的基礎；婦女根據自身的「母性」與「個性」，以能勝任爲原則，在家庭和社會開展抗戰救國工作；倡導並努力推進醫藥衛生，保護母性，保育嬰孩事業之發展，並普及婦女教育掃除婦女文盲，訓練婦女生活技能。通過實踐三民主義、參加抗戰建國以及保護女性等途徑實現婦女解放，既體現了這一途徑的政治和國族特徵，也表現了女性對實現自身權利的現實性追求。

3、主張將女性從家事中解放出來作爲實現女性解放的前提條件

在該刊中，著眼於家庭的婦女解放途徑主要以李峙山的「家事協作」與

〔註41〕 梅魂《中國婦女運動的現勢及其前途——二十四年三八婦女節感言》，《婦女共鳴》1935 年第 4 卷 3 期，第 9～11 頁。

〔註42〕 陳婉慈《婦女解放的基本條件》，《婦女共鳴》1931 年第 53 期，第 5～8 頁。

〔註43〕 葉蟬貞《今後婦女運動的途徑》，《婦女共鳴》1941 年第 10 卷 3～4 期，第 13～14 頁。

「家事社會化」思想爲代表。李峙山認爲：「男女生活平等，實是婦女運動的先決問題」。「欲使男女生活平等，非實行家事協作不可」。她爲此發表了《婦女運動應從家事協作運動入手》〔註44〕、《再談談家事協作問題》〔註45〕兩篇文章專門予以論述。李峙山認爲婦女運動「成績寥寥」的主要原因是：「婦女們背負著重重的家庭主婦與母親的責任，以致不能自由的踏上婦女運動的途徑。」她爲此提出通過建立集中居住的方式，以五戶或十戶爲一個單位實行調理飲食，保育兒童，使用傭工上的家事協作，從而達到各個家庭減少家事勞作，以解放女性的目的。可以說，家事協作或家事社會化是民國時期婦女運動者最性別化的女性解放話語，也只有女性才能從女性最基本的生活體會到女性解放的困境。直至今天，家事依然在不同程度上影響著女性的職業和生活，並最終決定了女性在社會上的地位。遺憾的是，家事協作計劃在當時的社會條件下，僅靠婦女自身的力量，只能是烏托邦的空想。作爲一名婦女運動者，李峙山始終致力於家事社會化，尤其是託兒所事業，南京第一託兒所的建立可謂傾注了李峙山諸多的心血。李峙山以自己的方式探索屬於女性解放的道路，無論成敗與否，都值得我們的充分肯定和尊重。

　　由此可見，面對婦女解放的途徑，《婦女共鳴》的不同論者分別從不同的角度就如何實現女性解放表達了各自的觀點。在她們的言說中，女性解放的實現既有完全從女性利益出發，爭取女性在現有政權體制下的各項權利的現實策略；也有希望通過女性解放與政治解放和國族解放合謀，以實現女性最終解放的宏偉設想；還有希望在家庭首先實現男女生活平等，進而實現女性解放的美好願望。這些婦女運動者對女性解放道路的探索，承載了女性對實現男女平等這一崇高理想的追求，並最終成爲指導她們婦運實踐的航標。而她們的女性書寫，更是爲我們呈現了一幅女性追求自我解放的鮮活的歷史圖景。此外，還有一點值得我們注意的是，國民黨身份的婦女運動者們在承認婦女問題是一個社會問題的同時，卻並沒有表達通過改變現有社會制度而實現女性解放的觀點。她們更多地是寄望於在當時的政治體制下，通過爭取體制內的女性權利，或者通過與現有政權合流來實現女性的最終解放。此時再看看共產黨身份的婦女運動者關於婦女解放途徑的觀點，「人類社會的一切不平等都源於私有制，私有制是階級壓迫的根源，也是性別壓迫的根源。

〔註44〕峙山《婦女運動應從家事協作運動入手》，《婦女共鳴》1933年第2卷9期，第6～11頁。
〔註45〕峙山《再談談家事協作問題》，《婦女共鳴》1934年第3卷2期，第5～8頁。

無產階級婦女只有在階級解放中推翻維護私有制的上層建築，才能獲得自身的解放。」〔註46〕二者的階級性是如此地顯而易見，女性解放與政治解放的合流使不同黨派的婦女運動者最終走上了的一條殊途同歸的道路——依附於政黨勢力的婦女解放之路。

二、「婦女回家」論與「新賢良主義」

「回家庭？到社會？是婦女運動中的基本論爭，貫穿了中國婦女運動的整個歷程」〔註47〕，這是民國時期有識之士的歷史總結。20 世紀 30 年代，隨著國際上法西斯主義德國的三 K（Kinder, Kuchen, Kirche）主義的興起，世界範圍內掀起了「婦女回家」的浪潮，中國社會壓迫女性的勢力也趁機喧囂塵上。所謂「婦女回家」主義，主要是指在法西斯政權統治下，除了那些因經濟需求不得不投入工作的職業婦女外，絕大多數婦女被期許的理想典型，是能作育優良後代並完善治家的賢妻良母，是能為國家做貢獻與犧牲的偉大女性。〔註48〕這種為家庭和民族無私奉獻和犧牲自我的女性同樣也為中國傳統社會所歡迎，這就是 20 世紀 30 年代「婦女回家」論能在中國興風作浪的主要原因。加之國民黨政府「培養母性」的婦女政策推波助瀾，「婦女回家」成為當時社會討論的焦點，影響頗為廣泛。伴隨「婦女回家」風潮的是在五四時期被打倒的「賢妻良母主義」又死灰復燃。

這場關於婦女回家和賢妻良母問題的討論，從 1933 年開始，至 1937 年全面抗戰爆發後才暫時平息。參與者包括文化界、教育界、婦女界甚至政界的一些知名人士，政治身份有國民黨員、共產黨員、救國會成員等，論辯文章主要發表在《中央日報》、《申報》副刊《婦女專刊》、《婦女生活》、《女聲》、《婦女共鳴》、《婦女月報》、《新運月刊》、《國聞周報》、《東方雜誌》等報刊上。《婦女共鳴》則以其鮮明的女性主義立場和主張「新賢良主義」思想，在20 世紀 30 年代關於「婦女回家」的爭論中佔有一席之地。

（一）關於「賢妻良母主義」的爭論
——「婦女應該回到家庭去嗎？」

「婦女應該回到家庭去嗎？」這是 20 世紀 30 年代一些新式女性知識分

〔註46〕向警予《向警予文集》，長沙：湖南人民出版社，1985 年版，第 26 頁。
〔註47〕白霜《回家庭？到社會？》，《解放日報》1944 年 3 月 8 日。
〔註48〕轉引自許慧琦《「娜拉」在中國：新女性形象的塑造及其演變（1900s～1930s）》，
臺北：臺灣國立大學政治系，2003 年 1 月，第 293 頁。

子尤其是婦女運動者面對「婦女回家」論調時不得不發出的質問。《婦女共鳴》主編李峙山作為婦女運動者的傑出代表，對此發表了自己的看法。她說：

> 自從法西斯蒂主義的國家實行驅逐婦女回家庭去以後，中國也響應起來。「婦女回到家庭去」的聲浪，不斷的送入吾人耳鼓；婦女是否應該回到家庭去呢？實在是值得討論的問題。〔註49〕

在文中，李峙山深刻地揭示了「婦女回家」的呼聲發生的原因是「新舊統治者早有把婦女關起來的存心，碰著法西斯蒂主義的國家發出此項命令，遂利用中國人迷信外國的心理，吶喊起來；浪漫摩登的婦女，遭人厭惡，惹出此項呼聲。」同時，她還從女性的立場一針見血地指出：

> 其實，這些現代統制者，有很多很多是「五四」時代破門應援婦女的男青年，現在他們老婆既有了——甚至於很多——社交之花浪漫之女也玩厭了，於是主張重把婦女關起來。男子們來援助婦女，有幾個不懷著自私心呢？這一個原因的完成，雖然說由於婦女的自取，也由於現代統治者對於婦女沒有提攜指導的誠意。〔註50〕

可見，這些新式女性知識分子已經認識到，在此前的婦女運動中，男性作為女性的同盟者高呼女性解放，而最終卻只是為自身的利益服務。當他們獲得了所需要的一切後，就開始恢復了自己的本來面目，主張「重把婦女關起來」。如此鮮明的女性主體意識，正是代表了新式女性知識分子開始從男性言說的他者變為自我言說的主體，女性開始為自己發聲，為自己吶喊。有當代研究者指出：五四時期的高呼婦女解放的男性「婦女主義」者們，「依然是一種以男性主體性為根本出發點和立場的對婦女的想像，它與中國現代初期的女權啓蒙一樣，是一種男性話語對女性乃至女權主義的建構，而不是婦女自己創建和從事的事業。〔註51〕這種來自於性別視角的研究成果，與「男子們來援助婦女，有幾個不懷著自私心呢？」的認識，可謂不謀而合。

李峙山最後指出：

> 良好的職業婦女，無須回家去，家務自能管理；浪漫摩登的婦女關

〔註49〕峙山《婦女應該回到家庭去嗎？》，《婦女共鳴》1934年第3卷10期，第12～15頁。

〔註50〕峙山《婦女應該回到家庭去嗎？》，《婦女共鳴》1934年第3卷10期，第12～13頁。

〔註51〕劉慧英《「婦女主義」：五四時代的產物——五四時期章錫琛主持的〈婦女雜誌〉》，《南開學報（哲學社會科學版）》2007年第6期，第1～9頁。

回家也是枉然；勞工和傭工婦女是沒有權威驅回家去的。〔註52〕

因此，離開家庭的婦女「無須回家去」，因爲她們有些回了家也毫無意義，有些則根本回不了家。

還有一些婦女運動者認爲要討論婦女是否應該回到家庭這個問題，就必須要知道婦女是如何離開家庭的？婦女離開家庭後是否還有返回家庭的可能？對此，《婦女共鳴》也進行了深入地討論。其中一篇轉載於《新婦女周刊》的論文《婦女回家運動之檢討》〔註53〕，可爲解答此問題的代表之作。該文指出，工業革命使婦女被迫離開家庭，婦女回家只有餓死；世界其他國家驅趕婦女回家的原因我們沒有，因爲我們人口難以養活無需增加，我們的婦女走出家庭進入社會的很少很少；婦女藏在家中是封建社會經濟的產物，現在商品經濟已代替了自然經濟，婦女在家中的隸屬時代已過去了，而時代是前進的，想企圖拉住時代結果是徒勞無功。

友在《賢妻良母的評議》〔註54〕一文表達了類似的看法：

> 我們要討論使婦女回到家庭的賢妻良母主義，當先考察家庭是怎樣形成的，婦女在家庭中所擔負的任務是什麼？婦女爲什麼離開家庭？現代社會組織能否允許婦女回到家庭？現代的婦女回到家庭做什麼？然後自可結論出賢妻良母主義是否適合於現社會的需要。〔註55〕

該文作者分析後認爲：「家庭是隨著時代演變的；賢妻良母是適應過去家庭組織的需要，婦女離開家庭是經濟組織造成的，現代婦女不特回到家庭無事可做，而且客觀環境也不允許婦女回到家庭。」因此，婦女不能回家，也回不了家，這是社會發展的必然趨勢，不以人的意志爲轉移。

在證明婦女「回不了家」的同時，婦女運動者們還論證了婦女「不該回家」，婦女必須到社會去，這一樣也是時代的要求。她們認爲：婦女到社會去的眞正意義，是側重於義務，先盡義務再享權利；男女兩性組成社會，男

〔註52〕 峙山《婦女應該回到家庭去嗎？》，《婦女共鳴》1934 年第 3 卷 10 期，第 12～15 頁。

〔註53〕 戴莎《婦女回家庭運動之檢討》，《婦女共鳴》1935 年第 4 卷 8 期，第 38～39 頁。

〔註54〕 友《賢妻良母的評議》，《婦女共鳴》1935 年第 4 卷 12 期，「論著」，第 18～26 頁。

〔註55〕 友《賢妻良母的評議》，《婦女共鳴》1935 年第 4 卷 12 期，「論著」，第 18～26 頁。

女性別平等，女性自覺改造社會的運動是男女共同創造合理的社會的前提；女性先天和後天不如男性僅僅爲一種無理的假定和不合理的社會制度的惡果，因此女性要通過服務社會來證明自己的能力不比男子差；女性到社會去的目標，是爲全人類的幸福著想，而不是針對男性的鬥爭。這充分表明了女性知識分子們的性別平等意識，她們已經深刻地認識到社會性別的存在才是導致男女不平等的根本原因。該論者甚至大聲呼籲：

> 總而言之，婦女同胞，應該認清自己個人對社會，對國家，對世界的義務和使命，尤其是在危急存亡的中國，我們更應該衝破環境的包圍，在民族生存的戰鬥中儘其責任。不管別人怎樣的阻礙和反對，我們只有本著我們的信念，向前幹去！〔註56〕

綜上所述，婦女運動者們除了以充分的事實證明婦女無須回家、不能回家以及不該回家外，還對以「婦女回家」爲目標的傳統「賢妻良母主義」表明了自己反對的立場。她們認爲：現代女子應家庭和社會兼顧，不能完全要求女性回歸家庭，做傳統的依附於男性的「賢妻良母」。然而男子則大多喜歡順服的妻子。正是緣於男子與女子的不同性別訴求，也就有了男女針對「婦女回家」和「賢妻良母」長久不息的爭論。

抗戰後期「婦女回家」論又盛囂其上，對此《婦女共鳴》同樣進行了堅決地抨擊和不懈地鬥爭。爲此該刊曾轉載葉青《三民主義要婦女回家庭去嗎？》，從三民主義的角度有力地反駁了當時在國民黨體制內頗有支持者的「婦女回家」論。在該篇轉載的前言中，編輯這樣說到：

> 現在社會上有許多時代的倒流者，仍要提出「婦女回家庭去」的口號，這種三民主義的反動口號，如果任其傳播散揚，不特是婦女的重大打擊，更且使三民主義的實現，遙遙無期。〔註57〕

葉青在文章中首先提到了當時發生在江西《國民日報》與《大公報》之間關於「婦女回家」的辯論，他說：

> 年來江西《國民日報》於本月十七日刊出了馮柃女士底《泛論戰時婦女問題並質大公報》一文，其中所引《大公報》本年四月十七日社評裏的話，歸結起來就是要婦女回家庭去當一個賢妻良母，負育

〔註56〕 梅魂《婦女到社會去的論據及其目標》，《婦女共鳴》1936 年第 5 卷 1 期，第 14～19 頁。

〔註57〕 葉青《三民主義要婦女回家庭去嗎？》，《婦女共鳴》1942 年第 11 卷 9～10 期合刊，第 2～3 頁。

兒持家的責任，這種主張，如果我的記憶沒有錯誤，那末抗戰以前就有人提出過了，而且提出的人還是三民主義者。依我的觀察，現在《大公報》提出了，將來仍將有人提出。

對此，葉青指從三民主義是平等主義，是主張男女平等的主義；國民黨是實行三民主義的黨，是承認男女完全平等的黨；國民黨領導下的政府實行男女平等的事實，論證了三民主義不是主張「婦女回家」的主義。此外，他還針對主張婦女回家庭去的兩個理由進行了批駁。主張婦女回家的第一個理由是從能力上著眼，認為婦女因為能力不夠不應過問政治，葉青認為「婦女正因為能力不足才須過問政治」。第二個理由從分工上著眼，認為「男子在國家社會方面，女子在家方面」。對此，葉青從三民主義是大同主義，是社會主義，在這個社會一切育兒和家庭責任都由國家負擔。至於在未實現大同主義前則由政府創辦託兒所和幼稚園，一切國民責任由國家負擔而不是由婦女和家庭負擔。他同時指出「婦女出家庭來過問政治，從事社會活動，是歷史的趨勢。」

從以上葉青對於三民主義與婦女回家的關係的論述我們可以看出：他更多地是從理論上論證三民主義及其國民黨所給予婦女的平等權利，對於實際的解決婦女回家庭問題的辦法也缺乏可行性。國民黨統治的中國根本不是社會主義，甚至託兒所幼兒園也不過是極少數人可以享受的育兒設施。在當時的中國，大多數的婦女依然面臨最實際的育兒和家庭責任。當然，這種輿論的引導畢竟表明了一些三民主義者對於婦女回家的反對態度，一定程度上起到了聲援以《婦女共鳴》為代表的婦女運動者們的作用。

對於婦女是否應該回家？婦女未來的路向在何方？木兀的《世界民主潮流與中國婦女路向》〔註58〕一文在時隔多年後對這些問題依然給出了與20世紀30年代的婦女運動者們一樣鮮明的女性主義的回答。在該文中，作者指出：婦女三條可能的路向是婦女回家庭去；婦女到社會來；婦女一面向社會，一面向家庭。作者分析後認為：「在實施憲政的民主潮流中，婦女的路向自然是走到社會去，也就是男女路向一致，男子向何處去，女子也向何處去；反過來說：女子向何處走男子也該跟著向同一路上走。」因為男女同為人類的共同繁榮工作和奮鬥，「其工作之有殊途，那只是個人的才智問題而不是性別問

〔註58〕木兀《世界民主潮流與中國婦女路向》，《婦女共鳴》在1944年第13卷3期，第10～11頁。

題」。「不管是做政治家還是做兒童保育，都不能限定他們的性別，女性也有政治家的素質，男性也可能喜歡保育兒童」「男子專管社會，女子專管家庭，便是同一不通的錯理。」該文最後進一步批駁了所謂的適宜性問題，她指出：

> 男子適宜服務社會，女子適宜服務家庭，這種適宜也只不過是說明已然的一般現象而已。人類的活動固然仍不免多少受天擇的作用，可是由於智識之發達，科學的昌明，人類反天擇作用能力之加強，又是一個明白的事實。誰又能斷定人類稟賦的特性永遠是會天生因性別而不同呢？

可見，作者對男女兩性性別差異的認識已經上升到了一定的高度，「誰又能斷定人類稟賦的特性永遠是會天生因性別而不同呢？」更是與今天「生理性別」與「社會性別」理論所持觀點如出一轍。

為了揭示男子主張婦女回家做賢妻良母的深層根源，談社英在《現代女子應負何種責任之問題》〔註 59〕中引用國外「男女婚姻與金錢」的社會調查結果，「男子最喜順服妻子，故凡妻子絕對不能取得經濟獨立者，在其夫最為幸福。」進而分析男子不喜歡女子生利的原因主要是：

> 殆以為女子一在社會從事職業，即不能兼顧家庭，且凡能生利者，其經濟多可獨立者，即不受他人之束縛，不受束縛，即不易服從。是以男子不能施其壓抑手段，家庭之間，成為兩重勢力，不若不能生利之女子，完全俯伏於男子金錢勢力之下，以其畢生心力，鞠躬盡瘁於機械奴隸間也。

由此可見，希望女性完全回歸家庭，並「以其畢生心力，鞠躬盡瘁於機械奴隸間」是男性所希望的家庭模式，就是在婦女地位有較大提高的歐美也不例外。「女子總是女子」，「女子養育孩子，就是為社會服務盡責任，其他的都是次一等的」。〔註 60〕「大凡優良的女性，不喜出風頭的，只是在家裏不聲不響的教養子女，盡她天賦的使命。新賢妻良母，是多麼高貴的天職？」〔註 61〕這同樣道出了中國男性對於「賢妻良母主義」的推崇和渴望。

〔註 59〕談社英《現代女子應負何種責任之問題》，《婦女共鳴》1929 年第 11 期，第 7 頁。

〔註 60〕李賦京《無論如何女子總是女子》，《國聞周報》第 12 卷 9 期，1935 年 3 月 11 日。

〔註 61〕寄萍《幽默大師林語堂夫婦訪問記》（下），《申報》副刊《婦女專刊》第 6 期，1936 年 2 月 22 日。

在「婦女回家」和「賢妻良母主義」問題上，昔日反封建的男女同盟者最終為各自的利益而分道揚鑣。面對男性知識分子對女性性別的規約，新式知識分子女性已經勇敢地說出了「不」。

> 他們只要達到把婦女關在家裏，不准伊出來，使伊作丈夫的奴婢，那便是「賢」，叫伊作孩子們的奶媽，那便是「良」。
>
> 自然啦，略有知識的新婦女，對於這種賢良主義，當然是毅然決然地反對。〔註62〕

在男女不可調和的矛盾中，以《婦女共鳴》為代表的新式女性知識分子們最終提出了以男女平等為基礎的「新賢良主義」。她們認為：

> 若把那另一平行概念「賢夫良父」配合地討論起來，則原則上是基於男女平等，我們是能贊成的，因為不賢夫不良父，不賢妻不良母到底不是社會需要的。討論的範圍是男女兩方如何才會達此「賢良」的目的，怎樣能夠得上「賢良」，這可以說是在沉悶的問題中另尋一條柳暗花明的途徑。〔註63〕

一種要求女性做「賢妻良母」與男性做「賢夫良父」的「新賢良主義」思想就此誕生。

（二）「新賢良主義」與「賢良問題專號」

在《婦女共鳴》的各種論述中，「新賢良主義」思想不斷出現，表達了該刊的作者們對於這一問題的基本共識。談社英認為：

> 蓋主持婦運者，宗旨原在求男女地位同等，女子既仍須負賢母良妻之責任，則男子亦須提高其人格，使盡賢父良夫之義務，方得謂之平允，不然，社會雖有責備，女子固不能承認，恐現代女子應負何種責任一問題，永永不能解決焉。〔註64〕

錄影同樣表示：

> 我反對單把女子栽培成一整個的賢妻良母的人才，我贊成女子的才幹中能有一部分是賢妻良母的。並且我還理想：這種賢妻良母的職任心也是男子所能有的，因為男子同樣是有受教育的機會。〔註65〕

〔註62〕 蜀龍《新賢良主義的基本概念》，《婦女共鳴》1935年第4卷11期，第10～11頁。

〔註63〕 《「賢良」問題專號徵文啓事》，《婦女共鳴》1935年第4卷9期，第21頁。

〔註64〕 談社英《現代女子應負何種責任之問題》，《婦女共鳴》第11期，第8頁。

〔註65〕 淥影《賢妻良母教育是否應完全打倒》，《婦女共鳴》1930年第21期，第13

正因爲如此，當「婦女回家」和「賢妻良母主義」的呼聲高起時，《婦女共鳴》於 1935 年第 4 卷 11 期，推出了「賢良」問題專號，正式向社會宣示了她們的主張——「新賢良主義」。在《「賢良」問題專號徵文啓事》〔註66〕中，該刊指出：

> 「賢良」二字，在婦女刊物上，自然一下就會想起「賢妻良母」的概念來。不過一伴此賢妻良母而來的另一平行概念——賢夫良父，卻被人忽視了。

> 單從賢妻良母說，這問題是最早討論過，中間沉寂過，最近又熱鬧起來了。贊成的似有理由，反對的也有理由，但不得一個要領，因爲這賢良的責任偏壓在婦女的肩頭。

因此，婦女運動者們希望改變這一片面要求女子賢良的不平等現狀，提倡基於男女平等的「新賢良主義」。

關於推出這一專號的目的，該刊編者通過《寫在論前——我們爲什麼出這個專號》〔註67〕給予了特別地說明。文章說：

> 妻母的賢良，我們不但不否認，而且要保存，但是須在賢夫良父的對等之下來行使我們賢良的行爲。如果夫與父不賢良，我們必須加以督促或監視，務使達於夫妻具賢，父母皆良的目的而後已。惟其具賢良，始能共同實現合理的社會。

有關「新賢良主義」，《婦女共鳴》在「賢良」問題專號中進行了全面系統地論述，其核心思想在於表達「新賢良主義」基於男女平等的夫、妻責任和父、母責任，表達了要求夫、妻共同賢良的基本立場。

在蜀龍《新賢良主義的基本概念》〔註68〕一文中，作者首先指出在個人社會和兒童公育實現之前，妻母責任是女性無法迴避的現實。新婦女們在反對舊賢良主義的時候將妻母責任一起拋棄掉，最終將受到來自社會的嚴厲指責。因此，只有實行一種妻和夫共同承擔家庭責任的新賢良主義，才能根本解決家庭責任的分擔。那麼什麼是新賢良主義？在新賢良主義下，家庭責任

〜14 頁。

〔註66〕《「賢良」問題專號徵文啓事》，《婦女共鳴》1935 年第 4 卷 9 期，第 21 頁。

〔註67〕編者《寫在論前——我們爲什麼出這個專號》，《婦女共鳴》1935 年第 4 卷 11 期，第 6〜8 頁。

〔註68〕蜀龍《新賢良主義的基本概念》，《婦女共鳴》第 4 卷 11 期，第 9〜19 頁。

如何分擔？對此，作者如是認為：

> 妻的責任乃是與夫的責任相對待。夫如不盡責任，妻沒有獨盡責任
> 的理由。母的責任乃與父的責任相平等，父如不盡責任，妻沒有單
> 盡責任的理由。於是「賢良」也者，設使根據平等的原則，乃是使
> 家庭進於幸福，社會達到美滿的一種辦法，大有提倡的必要。但設
> 使不根據平等的原則，把擔子偏壓在女性的身上，那就該反對了。

基於平等的夫、妻責任和父親、母親責任，是新賢良主義對於家庭責任
的基本要求。

作者同時指出新賢良主義的基本概念是：

> 我們贊成 —— 賢妻良母與賢夫良父。
> 我們贊成 —— 夫賢妻賢與父良母良。
> 我們反對 —— 為夫或為妻者的不賢。
> 我們反對 —— 為父或為母者的不良。

總之，新賢良主義，便是贊成賢良的原則而反對偏於女性的賢良。贊成
男女雙方共同賢良，以維持家庭的幸福。

李峙山在《賢夫賢妻的必要條件》〔註69〕中進一步闡釋了新賢良主義基
於男女平等的賢良要求。

> 妻賢，夫也要賢；反之，夫賢妻也要賢。如果妻賢夫不賢，而妻之
> 賢適促成不賢的結果。反之，妻如不賢，夫賢亦非完美家庭。

在該文中，李峙山明確地表示：

> 舊式的賢妻，完全是奴隸牛馬式的，我們自然反對，新式的賢妻，
> 是助手式的，所謂幫助丈夫成就事業或學問，而否認自身人格之存
> 在，我們也反對。我們所贊成的賢妻，是相對賢夫而存在的。在夫
> 妻平等共賢的條件下，以互諒，互愛，互助，互慰，的精神，完成
> 共賢的任務，以期永葆幸福的愉快的兩性生活。相反的，如果夫不
> 賢，妻不但沒有賢的義務，而且也不能賢。……

此外，專號還從「新時代的賢夫賢妻」、「為什麼應該做賢夫賢妻」、
「賢妻良母的標準條件」等各個方面論述了「新賢良主義」的相關問題。

與此同時，為了表示對於「賢妻良母主義」觀點的兼而聽之，「賢良」問
題專號還刊發了不同於「新賢良主義」的觀點，具體的徵文內容見李峙山在

〔註69〕峙山《賢夫賢妻的必要條件》，《婦女共鳴》，第4卷11期，第15～19頁。

該期專號的《編後談》。該文曰：

> 此次所得之征文，就思想上，可分為二派，一派是認為賢夫良父及
> 賢妻良母，無論在現社會，或將來合理的社會，均屬不可非議。所
> 為人詬病者，乃今之將「賢良」責任偏壓在婦女的肩頭，而且以之
> 為婦女的終身事業。如果夫妻父母共負賢良的責任，且男女均不以
> 賢良責任為終身事業，就是合理的；即在將來合理社會裏，亦無排
> 除之必要，不過在質的方面有所變化而已。此派意見，即本刊出專
> 號之本意。爰將此項材料編為第一輯。還有一派意見，含有根本否
> 認現社會的意思，因之也根本否認賢妻良母，而認賢夫良父為不可
> 能，完全將希望放在未來合理社會之實現上面。這派意見，亦可代
> 表今日一部分的社會思想，為集思廣益的討論問題起見，自不應抹
> 煞。故將此項材料編為第二輯，以資討論。〔註70〕

反對「新賢良主義」的觀點主要集中在專號的以下兩篇文章：集熙《「賢妻
良母」的認識》和誼《賢夫賢妻存在愛的領域中》。

在《「賢妻良母」的認識》〔註71〕一文，作者認為：

> 賢妻良母是私經濟社會的產物……夫妻關係的絕對平等只有在原
> 始的公經濟社會裏面才看見影子，而婦女能否跳出「賢妻良母」
> 的牢籠是建築在社會經濟組織的變革與否之中。所以，我們要想
> 打破現在的「不平等」，建立未來的「平等」，勢非推翻男性中心
> 及私有財產製的現社會不可，勢非促進更高度公經濟社會的實現
> 不可。

因此，在現有社會制度下，任何形式的「賢妻良母」都無法真正改變女
性的現實困境。針對《婦女共鳴》所主張的「新賢良主義」，該文基本持否定
態度，認為是用提倡「賢夫良父」來擡高「賢妻良母」。雖然主觀上未嘗沒有
幾分理由，可是在客觀經濟條件存在的現社會裏，夫妻對於家庭責任的平等
發展，事實上不過是「空中樓閣」。文章作者最後的結論是：

> 「賢妻良母」這東西，無論站在婦女立場或整個社會立場，都是要
> 不得的。那些被資本主義的激浪衝出家庭，似解放而未解放的婦女，

〔註70〕峙山《編後談》，《婦女共鳴》1935年第4卷11期，第88～90頁。
〔註71〕集熙《「賢妻良母」的認識》，《婦女共鳴》1935年第4卷11期，第44～46
　　　頁。

被衝出來又趕回家去的婦女，以及壓根兒未離家庭的婦女，至低限
度對於賢妻良母的社會因素，應該有正確的認識，更應該予以迎頭
痛擊，如摧枯拉朽，一口氣兒斬它的根，斷它的種！

總之，該文從社會制度的角度論證了「新賢良主義」不過是「空中樓閣」，認爲只要「男性中心及私有財產製」的社會制度存在，「新賢良主義」就不可能實現。因此，不要對任何形式的賢妻良母抱有幻想，要「一口氣兒斬它的根，斷它的種！」。

《賢夫賢妻存在愛的領域中》一文同樣認爲「新賢良主義」是烏托邦的美好願望。文章指出：

賢妻只有在愛的領域中，才能眞正的存在，而且在愛的領域中亦無
有一個女子不在做賢妻，用不著任何人來提倡什麼主義，說是泛泛
的以各種形式的現行妻，必得女子非賢不可，那仍然是奴隸女性，
主持的人，不但是女子的公敵，亦即是人類的公敵。〔註72〕

該文作者認爲：只有實行母的事業社會化、婚姻在愛的條件下、女子必須爭得個人的獨立人格、女子要有獨立生活的能力、女性要有獨立的生活權，如此才能實現眞正的對等的賢妻賢夫。否則，一切主義都是空談。

由此可見，如何實現男女平等對於不同的論者來說有著完全不同的觀點，基於現存社會制度謀求家庭內男女完全平等的「新賢良主義」與推翻現有制度以從根本上改變男女不平等的社會根源而實現男女平等是二者的本質區別。但不管何種觀點都有著其自身的局限性，因爲社會制度的合理性和女性自身對男女平等的追求二者缺一不可，否則再優良的社會制度也無法保障女性平等權利的獲得和最終解放的實現。

（三）關於「婦女回家」與「新賢良主義」的論戰

《婦女共鳴》是否主張「婦女回家」？是否主張「賢妻良母主義」？「新賢良主義」是否主張男女一起回家？這是《婦女共鳴》所遭到的各種質疑，並爲此引發了一系列的論爭。以下將通過《婦女共鳴》與《女聲》和《婦女生活》兩種激進女性刊物的論戰以盡量客觀地再現雙方的觀點和立場，並藉此回答以上問題。

〔註72〕誼《賢夫賢妻存在愛的領域中》，《婦女共鳴》1935年第4卷11期，第47～
50頁。

1、關於「婦女回家庭」與「賢妻良母」的論戰

最早的論戰反映在《婦女共鳴》1935 年第 4 卷 6 期李峙山《不算回嘴》〔註 73〕一文裏。在該文中，有關《婦女共鳴》被《女聲》罵的起因，李峙山如是說：

> 在本刊三四期上載了一篇《一對舊式婚姻中的模範夫妻》一文，是記載張伯苓先生結婚四十週年紀念會的文字。在《女聲》第十三期上署名「茜」的作一篇《談張伯苓先生捧老婆》加以指責。這篇文的主要意識，是指責張伯苓先生，責備筆者不該宣載此事，說：「大概該刊編者——指本刊編者——以為回家庭與作賢妻良母是風馬牛不相及的兩件事吧？這且不去管牠，我且說我們花上三角大洋看完這篇文章，究竟與我們有什麼得失？這即是說張伯苓先生開盛會大捧特捧老婆，以及許多紳士淑女記者名流大事鼓吹，大事豔羨的這空前譽妻盛舉；有什麼社會意義？……

針對《女聲》對《婦女共鳴》的批判，李峙山表明了自己對於「婦女回家」的觀點：

> 筆者雖然反對婦女回家庭，反對婦女單純的去做賢妻良母，但對於未離開家庭的婦女，像張太太一樣智識的婦女，確實希望都像張太太之賢與良。要知道張太太並不是回家庭，而是未離開過家庭。……

隨後，在 1935 年第 4 卷 9 期，峙山發表《答宇晴君——婦女回家庭與賢妻良母的探討》〔註 74〕一文，繼續之前與《女聲》進行的「婦女回家庭與賢妻良母」的論戰。李峙山首先將《女聲》的觀點擺出：

> 既然反對「女子回家庭」，則應反對「賢妻良母」，既然反對「賢妻良母」，對於張太太做賢妻良母就不應該恭維，而張伯苓先生捧太太，便是鼓勵女子去作賢妻良母，即應加以攻擊。

對此，李峙山的觀點是：

第一，驅逐已經跑到社會上來獨立社會的婦女回家庭是反對的；

第二，專責成婦女作賢妻良母而不責成男子作賢夫良父，或責成婦女們終身限於作賢妻良母也是反對的。

〔註 73〕峙山《不算回嘴》，《婦女共鳴》1935 年第 4 卷 6 期，「短評」，第 1～2 頁。

〔註 74〕峙山《答宇晴君——婦女回家庭與賢妻良母的探討》，《婦女共鳴》1935 年第 4 卷 9 期，「閒話」，第 48～50 頁。

　　第三，努力於社會的改革，使家事社會化，把家庭的婦女拉出來，
　　使之努力於生產工作，以營獨立生活是應該的。

　　第四，在理想的社會未實現以前，未受過教育的婦女，尤其是中產
　　階級的婦女如張太太者，既無法使之跑出家庭來做一個社會
　　人，則應在家庭中作一個賢妻良母。自然啦，男主人也應該
　　是賢夫良父。

　　以上四項，是筆者對於「女子回家庭」與「女子作賢妻良母」的見解，
這種見解也許是錯誤的，但是在現在，筆者還是覺得很對。我們領導群眾，
不能離開群眾太遠。……

　　由此可見，李峙山認為：反對婦女回家不等於要求所有婦女都離開家庭；
對於無法服務社會的傳統女性，做「賢妻良母」才是她們最好的選擇，與此
同時，要求男人也要是賢夫良父。但是，對於一個沒有任何智識的傳統家庭
婦女，她們如何要求丈夫是「賢夫良父」呢？這是作者永遠都無法解答的難
題。當然，這些傳統婦女也不是如激進婦女要求的那樣離得了家，這是那個
時代的女性的悲劇，是任何人也無法改變的歷史事實。

　　通過雙方的論戰可以看出：《女聲》的立場是無論如何不該讚美這類安於
家庭的婦女，只能鼓勵她們離開家庭，走向社會。李峙山則認為，她同樣希
望能讓婦女離開家庭，並願意為實現這一目標而努力。但她同時指出：除非
大的環境許可，否則在現實條件下，這類中產階級家庭無智識的婦女們是無
法走入社會的，因此在家庭做一個賢妻良母未嘗不是現實的選擇。對此，我
們不得不承認後者的主張有著優於前者的現實性，畢竟社會現狀不是一天可
以改變的，出走的娜拉如果沒有自我生存的能力，最終也只能如魯迅先生所
指出的：「不是墮落，就是回來」。

　　2、關於「新賢良主義」的論爭

　　「新賢良主義」的論爭主要發生在《婦女共鳴》和《婦女生活》之間。
《婦女共鳴》與《女聲》之間關於「婦女回家」與「賢妻良母」論爭並未完
全結束，「新賢良主義」又成為它們再次論戰的焦點。此次論戰規格升級，《女
聲》多了個同盟者《婦女生活》的羅瓊〔註75〕，《婦女共鳴》的李峙山則有

─────────

〔註75〕 羅瓊，江蘇江陽人，1932年畢業於江蘇省立蘇州女子師範學校。1935年參加
　　　　革命，當時為上海《婦女生活》雜誌的撰稿人，編寫「經濟縱橫」欄目，發
　　　　表了大量經濟類和有關婦女問題的文章。參與發起上海各界婦女救國會，任

了蜀龍〔註76〕的護衛。有關此次論戰的具體情況，以下從 1936 年第 5 卷 2 期蜀龍《讀了「從賢妻良母到賢夫良父」以後──參看本年一月份婦女生活》〔註77〕和同期李峙山的《賢良問題之再論辯》〔註78〕兩篇文章加以討論。

《婦女共鳴》的「賢良」問題專號發行以後，即引來了《女聲》與《婦女生活》的批判，在《女聲》4 卷 2 期碧雲的一篇《一年來的中國婦女》中，當作者論及一年里社會所發生的壓迫和摧殘婦女的事件中，指出《婦女共鳴》特別出版「賢良」問題專號，也是反動逆流之一。〔註79〕而《婦女生活》的羅瓊更是針對《婦女共鳴》的「新賢良主義」大加批判。羅瓊批判「新賢良主義」的主要觀點如下：

> 第一，我們承認婦女應該為妻為母，但是我們覺得婦女還有更重要的天賦，就是參加社會生產工作，進而促成不合理的社會制度的改革，假使背著其母這塊招牌，而用賢良的美名，想把婦女驅回家庭中去在過伊們的奴隸生活，我們是堅決反對的。

> 第二，所以賢良主義的復活，……是加強婦女鎖錘，使伊重新墮入家庭這個陷阱而已。

> 第三，新賢良主義者不是來積極創造這種合理的社會，卻叫男子跑回家庭中去……

> 第四，但是該刊編者不但要使婦女回家，而且要使男子回家，關起大門來，改善家庭關係。

> 第五，這裏已完全暴露了新賢良主義，實際就是婦女回家主義的變相，他同企圖復古運動完全一致，甚至更進一步，要求男子

　　　 該會理事、宣傳部主任。1938 年 5 月加入中國共產黨。

〔註76〕因資料缺乏，蜀龍的具體身份不詳，但以這一署名《在婦女共鳴》發表的文章足以表明其與《婦女共鳴》創辦者們一致的國民黨婦女運動者的基本身份。她的發文主要集中於 1936 年，文章共四篇，它們是：《讀了「從賢妻良母到賢夫良父」以後──參看本年一月份婦女生活》、《中國娜拉們往何處去》、《兩種婦女刊物停止郵寄》、《新賢良主義的基本概念》。

〔註77〕蜀龍《讀了「從賢妻良母到賢夫良父」以後──參看本年一月份婦女生活》，《婦女共鳴》1936 年第 5 卷 2 期，「論辯」，第 35～38 頁。

〔註78〕李峙山的《賢良問題之再論辯》，《婦女共鳴》1936 年第 5 卷 2 期，第 44 頁。

〔註79〕李峙山的《賢良問題之再論辯》，《婦女共鳴》1936 年第 5 卷 2 期，第 44 頁。

回家。〔註80〕

對於羅瓊批判「新賢良主義」的觀點，蜀龍一一進行了駁斥，最後強烈地表達了維護「新賢良主義」的立場：

> 新賢良主義決沒有勸人回到家庭。但曾說，假如男女事實上構成了家庭的時候，在家庭生活中，以賢良態度爲最好。然而家庭生活不是人生的全部生活，尤其不能包括社會生活，故一個人除了家庭生活外，很可以有社會生活。家庭生活的賢良態度，如不妨害一切方式的社會生活，那麼新賢良主義是無可反對的。〔註81〕

《女聲》和《婦女生活》對「新賢良主義」的批判也讓李峙山難以沉默，在蜀龍之後，她又通過《賢良問題之再論辯》再次申明了自己的觀點以回覆《婦女生活》的批判。在該文中，李峙山除了將之前辯論的觀點再次重申，針對羅瓊的指責也做了辯白。她說：

> 羅君以擔負賢良責任，即須回家，這種推論有些滑稽。其實完全不是這樣一回事。擔負賢良責任，並不必回家庭。看吧！很負責任很盡職的職業婦女，有哪一位曾因職業而耽誤了對伴侶的相愛以及對女子的教養呢？一位努力革命運動的婦女，對於伊的伴侶和子女必更爲熱烈，何曾肯放棄賢良的責任呢？凡有責任心的女子和男子，必定很勇敢的將此責任擔在肩頭，一直到了合理的社會實現，國家社會有了擔負此項責任的設施爲止。〔註82〕

隨後，李峙山還對羅瓊有關「新賢良主義」在論述時「避重就輕，捨本逐末」；不鼓勵「婦女參加社會生產工作，爭取婦女獨立人格，進而去同最進步的男子共同改革現存社會制度」；「提倡新賢良主義的社會背景是青年知識階級」等一系列問題做出了回應。

通過「新賢良主義」的論戰可以看出，相比於傳統的「賢妻良母主義」以及讓受教育女子做助手和高級奴隸的「新賢妻良母主義」，「新賢良主義」具有明顯的進步意義。因爲它體現了知識女性在傳統的家庭責任上對於男女

〔註80〕蜀龍《讀了「從賢妻良母到賢夫良父」以後——參看本年一月份婦女生活》，《婦女共鳴》1936年第5卷2期，「論辯」，第36頁。

〔註81〕蜀龍《讀了「從賢妻良母到賢夫良父」以後——參看本年一月份婦女生活》，《婦女共鳴》1936年第5卷2期，「論辯」，第37頁。

〔註82〕峙山《賢良問題再論辯》，《婦女共鳴》1936年第5卷2期，「論辯」，第44頁。

平等的追求，否定了家庭為女子「天職」的傳統觀念，表達了近代知識分子職業女性對於理想家庭模式的嚮往，這甚至足以代表當代知識女性對理想家庭生活的追求。但是，僅僅有這種理想化的設想是遠遠不夠的，尤其是在女性受教育程度與職業化程度還遠遠低於男性的 20 世紀 30 年代，「新賢良主義」在當時的現實生活中無疑有些烏托邦的意味。因為對於那些沒有智識，無法離開家庭的傳統婦女而言，她們拿什麼來要求男子做成「賢夫良父」？正如論者指出：在客觀經濟條件存在的現社會裏，夫妻對於家庭責任的平等發展，一定等於「空中樓閣」〔註83〕。

第三節　倡導婦女運動〔註84〕督促當局實行男女平等之政綱〔註85〕

一、《婦女共鳴》與女界爭國民會議代表選舉權運動

　　中國的婦女參政運動發起於 20 世紀初年辛亥革命前後，隨著辛亥革命的勝利，一些曾積極參與革命的女性知識分子提出了自己參政的要求。她們深信，婦女參政是解決婦女問題的先導，「欲弭社會革命之慘劇，必先求社會之平等；欲求社會之平等，必先求男女之平權；欲求男女之平權，非先與女子以參政權不可。」〔註86〕於是，一批風雲一時的婦女解放的先驅者，致力於婦女參政運動。她們高舉「天賦人權」、「男女平等」、「婦女參政」的旗幟，奔走呼號。然而，民初女子參政運動最終因孫中山以及國民黨主要領導等以男性為主導的勢力的反對而歸於失敗。正如研究者指出：

> 民初女子參政權案是男性權勢對女性政治訴求的整體壓抑與排斥，體現了鮮明的性別歧視面相。女子參政權運動的失敗，不能簡單地僅僅歸咎於以袁世凱為代表的封建專制勢力的阻礙與破壞，以孫中山為首的革命黨人在思想認識上也有非常明顯的局限性，他們也不能超越自己所處的時代。女性從整體上被排除在政權體制之外，這

〔註83〕集熙《「賢妻良母」的認識》，《婦女共鳴》1935 年第 4 卷 11 期，第 44～46 頁。
〔註84〕《本刊第一二卷合訂本出售》，《婦女共鳴》1937 年第 4 卷 4 期，尾頁廣告頁。
〔註85〕《卷頭語》，《婦女共鳴》1932 年第 1 卷 1 期，第 1～2 頁。
〔註86〕陳平原《中國婦女生活史》，上海：上海書店，1937 年版，第 360 頁。

無疑是民初政治民主化的嚴重制限。〔註87〕

民初女子參政運動的失敗使中國婦女運動陷入低谷，直至五四運動，隨著男性知識分子對婦女問題的關注，婦女運動又開始在全國興起，並在 1921～1922 年間出現了中國婦女參政運動繼民初之後的第二次高潮。1924 年冬，在國共合作的大好形勢下，女界掀起了國民會議運動，此次運動把中國婦女參政運動推向一個新的階段。第一次女界國民會議運動，最終因段祺瑞政府 1925 年 2 月 19 日提出國民代表會議條例草案，斷然否認女子參政而告失敗。〔註88〕

1928 年南京國民政府因統一大業告成，「結束軍政，開始訓政」〔註89〕，並決定於 1931 年重新召開國民會議。因代表選舉權問題，1931 年女界發起了第二次國民會議運動。1924 年國民黨一大宣言即「於法律上，經濟上，教育上，社會上確認男女平等之原則，助進女權之發展」〔註90〕，女子在政治上的平等參政權此時已經為國民黨所承認。因此第二次國民會議運動不再是爭取女子有選舉權，而是爭取獲得更多的女代表名額。1931 年春，國民政府遵總理孫中山遺囑於 5 月 5 日召開國民會議，制定《訓政時期約法》。

（一）國民會議婦女代表選舉權問題的產生及女界的抗爭

有關國民會議召開的消息，始終頗為女界所關注，其中女子選舉權問題是其關注的焦點。正如前文所說，國民會議是南京國民政府建立後的第一次大規模全國會議，該會議將制訂《訓政時期約法》等有關國家的重大政策法規，「解決目前建設中國之重大問題」。因此通過此次會議實現婦女的參政，是女界不可放棄的權力。對此，《婦女共鳴》1931 年第 39 期，談社英就提請婦女界《吾人慎毋忽視兩大會議》〔註91〕，其中之一就是國民會議。有關國民會議的重要性以及女子對於國民會議的期望和應有的準備，文中如是說：

蓋國民大會係公佈憲法與夫憲法公佈後行使中央統治權，而國民會

〔註87〕李細珠《性別衝突與民初政治民主化的限度——以民初女子參政權案為例》，《歷史研究》，2005 年第 4 期，第 69～83 頁。

〔註88〕吳淑珍《中國婦女參政運動的歷史考察》，《中山大學學報（哲社版）》1990 年第 2 期，第 77～84 頁。

〔註89〕國聞周報社編《國聞周報》第 5 卷 24 期，天津：天津國聞周報社，1928 年版。

〔註90〕中國第二歷史檔案館編《國民黨第一二次全國代表大會會議史料》（上），南京：江蘇古籍出版社，1986 年版，第 24 頁。

〔註91〕社英《吾人慎毋忽視兩大會議》，《婦女共鳴》，1931 年第 39 期「時事評論」，第 1～2 頁。

議乃爲解決目前建設中國之重大問題，性質既異，組織自亦不同，
聞代表產生法及組織法已另經訂，此項問題，關係甚巨，女界欲求
貫徹男女地位平等主張，固不能不以全神注之，權利赴之，一方面
爭應享之權利，一方面以盡應盡之義務，不容稍事疏忽與放棄，凡
事預則立，愼毋爲事後之補苴，亟宜作未雨之綢繆，此時爲期尚有
數月，正應從事預備勝任之人，一俟組織法公佈，即可照章正式推
選，當此一切不分性別年代，逆料國民會議之代表，必可盡量容納
女子，絕不至仍有以男子爲中心之誤，顧名思義，正不能專以男子
爲國民也。設或人情莫測，竟出吾人所料，蓋倘有半數國民放棄責
任，未能眞正公平分配男女代表；則女界亟應起而奮爭，萬不可靜
默退讓，或熟視無?，以爲不干己事，放棄國民之權利與責任，則不
特女界之羞，抑亦國民之罪，蓋倘有半數國民放棄責任，則所謂國
民會議，依舊不能認爲全體之意志，必又類周公製禮之諧說矣！

　　隨著《國民會議組織法》等選舉法規的公佈，婦女團體不能如其他所謂
職業團體一樣享有代表選舉權。此舉引發女界不滿，從而導致了婦女界爭國
民會議代表選舉權運動的興起。有關運動的全過程，《婦女共鳴》1931 年第
46～47 期合刊，莫祥之《我們參加國議運動之回顧》﹝註92﹞一文有相關記載。
運動的大致經過如下：

　　1931 年春，廣東、南京、天津、上海、開封、四川等十餘婦女團體紛向
各地黨部及省市政府請願，要求規定婦女團體代表名額。隨之各省女界和婦
女團體紛紛請願遊行，南京市女界除呈請南京市黨部轉呈中央明令規定全國
婦女團體國民會議代表名額外，並於 3 月 8 日婦女節這一天，推舉王百靈、
唐國楨、吳木蘭、陳逸雲、李峙山、章繩以、吳貽芳、談社英、費俠、李梅
侶等 15 名代表向中央請願，此後於 3 月 19 日、26 日又兩度向中央請願，並
呈文。請願由中央秘書長陳立夫接見，對於代表等陳述意見，陳立夫表示接
納並答應轉達中央，設法補救，代表們對此態度表示滿意，認爲或許有些希
望。3 月 27 日，國民政府文官處針對各婦女團體的請願給予批示：「此次選舉
係職業團體選舉制，不分性別，均有選舉權與被選舉權，該代表等所請，明
令規定婦女參加國民會議代表一節，礙法無根據，礙難照准。」回絕了女界

﹝註92﹞莫祥之《我們參加國議運動之回顧》，《婦女共鳴》1931 年第 46～47 期合刊，
　　　　第 23～29 頁。

的訴求。爲此，南京女界爲謀團結，一方面由南京市婦女救濟會函邀各地婦女團體推派代表來南京開聯席會議，討論關於要求國民會議代表問題；一方面由南京婦女救濟會、婦女共鳴社、女青年會三團體，召集首都各婦女團體代表，討論對於國民會議提案事宜，並 4 月 1 日成立南京市婦女對國民會議提案討論委員會。

隨著各地代表來京，於 1931 年 4 月 7 日在京市婦女會救濟會開第一次談話會，討論有關請願團事宜，並決定於 4 月 9 日上午全體赴中央黨部請願，要求變通法令，確定婦女國民會議代表名額。中常會委員于右任、丁維汾、孔祥熙、陳立夫接見了請願代表，並對代表之要求在原則上完全贊同，同時告知中央亦對此問題正在考慮之中，並表示對於代表所提出之兩點，允爲提出談話會及常會討論。事後，代表返回，並召開京市新聞記者招待會，發表請願之意義，希望得到輿論界的援助。其後又兩次向中央請求從速答覆。在三次請願後得到陳立夫答覆，「因各省名額業已規定，不便有所變更」〔註93〕，故只可有列席代表 10 名，後經多次交涉，依然只是 10 名。婦女代表得到陳立夫的答覆後，立即通電各團體，推派代表來南京參加選舉列席代表。於 4 月 25 日，以地方爲單位，選舉列席代表，一地產生一個代表，後由莫詳之（河南）、談社英（上海）、唐國楨（南京）、李應瑩（四川）、喻維華（天津）、舒德進（安徽）、龔增緯（湖北）、宋監秋（山東）、喻筠（山西）、王素意（北平）等 10 人當選爲列席代表。另外，國民會議主席團特許陳逸雲等 17 名婦女代表列席旁聽。國民會議列席代表很多，其待遇與正式代表相同，但沒有表決權。〔註94〕除列席代表外，還有幾個正式出席代表，其中婦女共鳴社成員李峙山爲中央指派的河北黨團代表。至此，國民會議婦女代表選舉權運動告一段落。

（二）《婦女共鳴》與國民會議婦女代表選舉權之爭

《婦女共鳴》從 1931 年第 39 期至第 50 期對國民會議從籌備、婦女爭代表選舉權過程以及最後提案執行給予了全方位的跟蹤報導，其中 1931 年 46

〔註93〕 《各地婦女團體代表昨晨赴中央請願——爲參加國會事中央答覆甚爲圓滿下午招待新聞記》，《中央日報》（南京），1931 年 4 月 10 日，第 4 版。

〔註94〕 談社英《婦運四十年》，陳鵬仁主編、林養志編《中國國民黨黨務發展史料・婦女工作・附錄》（《中國現代史史料叢編，第 20 集》），臺北：國民黨黨史會出版，近代中國發行，1996 年版，第 602 頁。

～47 期合刊以「國民會議專刊」發刊，以示對婦女代表選舉權的高度關注。在此期間，該刊針對否定婦女團體作爲代表選舉團體的各種理由進行了堅決地反駁，表達了婦女爭取這一權利的充分理由和堅定決心。

1、駁「遵依總理遺教」與「職業團體選舉制，不分性別。」

《國民會議代表選舉法》及《國民會議代表選舉法實施細則》公佈以後，引起了婦女界的公憤。女界群起要求增加婦女團體爲國民會議代表選舉團體，並進行了一系列的集會和請願活動。對於女界的這一要求，國民黨政府方面以「遵依總理遺教」爲託辭，以總理遺教所列舉的國民會議代表選舉團體中並無婦女團體而予以否決。此外，1931 年 3 月 27 日，國民政府文官處向請願女界做出批示：「此次選舉係職業團體選舉制，不分性別，均有選舉權與被選舉權，該代表等所請，明令規定婦女參加國民會議代表一節，礙法無根據，礙難照准。」〔註 95〕堅決否決了婦女界的請願要求。對此，婦女界除用行動進行抗爭外，更是在輿論上給予了有力地駁斥。

首先，駁「遵總理遺教」的牽強無理。

《婦女共鳴》主編談社英指出：

> 國民會議既在在適合於時代現狀，一遵總理遺教，準此二種目標，即可依之進行，婦女團體可援以要求參加之權利，以開會之時期既擇於國勢大定之今日，此尊總理遺教也。而代表資格之第八條「共同反對曹吾各軍」亦以不適合於現實情況而更之，是合於時代現狀也。然則婦女團體不適於曩昔者，在今日又爲當然參加之份子矣。……而國民會議當時未定婦女團體者，以適應暫時之狀況，非謂婦女團體不可參加也。特當時實況，各地鮮有參加之婦女團體，是以總理未加規定，斷不能昔日未加規定，今日即不能參加，倘竟拘牽文字，不重意思，試問「共同反對曹吳各軍」之資格，現今究竟能承認之否？故國民會議加入婦女團體，絕非違反總理遺教。〔註 96〕

金石音則一一列舉現有選舉團體中不同於總理遺教所規定選舉團體的事實。所列舉內容如下：

〔註 95〕莫祥之《我們參加國議運動之回顧》，《婦女共鳴》1931 年第 46～47 期合刊，第 24 頁。
〔註 96〕談社英《女界不可放棄國民會議代表權》，《婦女共鳴》1931 年第 41 期，第 1～3 頁。

此次規定國民會議代表的團體裏沒有當日孫先生所明示的反對曹吳各軍以及各省學生聯合會，乃屬於第一類的；把政黨改爲中國國民黨，乃屬於第二類的；加上自由職業團體，乃屬於第三類的。在表面看來，似乎都不過爲條款的改變，然就內裏觀察，卻係時事不同的反映。……〔註97〕

喻維華也指出「遺教上所規定的團體，現在已經有改動了，何以婦女團體就不能加入呢？」〔註98〕

其次，駁「職業團體選舉制，不分性別」的「男女絕對平等」之說。

對於國民會議選舉中所謂的不分性別的公平選舉權，談社英不得不以「男女數量之疑問」表示自己的不滿。她說：

第各種團體中，容納女子之數量，事實又爲百分之一二，只可做點綴，未能計力量，有等於無耳。故各種事業近雖多有女子參與其間。其實際未有若何成績，吾人既感女子占社會數量之少，成績之微，即當謀所以挽救之道，蓋若京市團體之比差，固各地然也。換言之，即現今吾女界之力量，全體統計之，猶去一二十分之一甚遠，殆其實力與數量，自多不過千分之幾而已，地位猶不能相提並論矣。〔註99〕

此後，談社英在京市婦女三次請願卻得到「職業團體派選舉制，不分性別」的批示後，對結果已經萬分失望，她無奈地指出：

蓋此次規定之團體，巧在利用不分性別，故無論女界如何呼號憤慨，彼等毫不措意，亦不感覺措施錯誤，或另籌完善之法，以圖補救，概以不分性別一視同仁之美名詞對付女界，而實際情形置而不問，將來結果，不問可知。〔註100〕

對於婦女團體不能被納入選舉權團體產生的代表選舉結果，莫詳之在致胡漢民先生書《國民會議絕對應容納婦女》中表達了自己的看法：

女子之加入農會商會及實業團體者，可謂絕無僅有，女子之加入工會、實業團體、國民黨者，雖尚有最少數之份子，而以最少數與最

〔註97〕金石音《這樣才是國民會議》，《婦女共鳴》1931年第44期，第6頁。
〔註98〕喻維華《婦女團體力爭國民會議代表權的意義》，《婦女共鳴》1931年第46～47期合刊，第14頁。
〔註99〕社英《男女數量之疑問》，《婦女共鳴》1931年第41期，「時事評論」，第4～5頁。
〔註100〕社英《女界亟宜討論國民會議提案》，《婦女共鳴》1931年第44期，第3頁。

多數較，謂女子有當選之可能，不亦難乎？是以敢預測女子無參加國民會議之可能也。……〔註101〕

李峙山則用所謂「男女絕對平等」的選舉權所產生的選舉結果給予事實的證明；同時認為讓婦女在混合團體中參選，其結果顯而易見。她指出：

> 本黨之選舉乃男女絕對平等，從未加以任何限制，在三全大會時，女代表僅有二三人，此乃最顯明之事實。此次國民會議，如不許婦女團體選派代表，或竟無女代表選出，亦意中事。既名之為國民會議，占國民半數之婦女，竟不能參加，豈非笑柄。婦女在各男女混合團體中，不能當選為代表，正如農人或工人若使之混合於教育會，商會，大學校等知識分子團體選舉不能當選同一情形。……假使目前婦女參加各團體之人數與知識已能與男子平等，當然不成問題。事實上婦女權力較男子為弱，正需中央特加扶助，與婦女以發展能力，行使實權之機會也。

金石音更是從職業婦女數量不足以獲得代表權、國民會議應名副其實等各方面論證了婦女團體作為團體獲得代表選舉權資格的必要性。其中，金石音援引北上宣言中有關國民會議召開的目的是「使國民能自選擇其需要，蓋必如是，然後國民之需要，乃得充分表現。」進而據此以鮮明的女性主義立場指出：

> 第一男子不應代表婦女之需要，第二男子不能代表婦女之需要，故欲充分表現國民之需要，惟有於一般規定之外，特別列入婦女團體的代表。〔註102〕

金石音還呼籲：

> 在情勢而言，在實益而言，在目的言，國民會議，本旨之貫徹，都少不了婦女團體之加入。況夫孫先生在民國十三年對長崎中國學生會演講裏曾云：「……其他各種團體沒有列入的固然是很多，如到有必要的時候，也可以陸續參加。……」國民會議代表選舉法據此為立法標準，趕緊來添上婦女團體的代表，既不違遺教，亦不反法令，也只有這樣才是國民會議。〔註103〕

〔註101〕莫祥之《國民會議絕對應容納婦女》，《婦女共鳴》1931年第42期，第6頁。
〔註102〕金石音《這樣才是國民會議》，《婦女共鳴》1931年第44期，第5～8頁。
〔註103〕金石音《這樣才是國民會議》，《婦女共鳴》1931年第44期，第5～8頁。

同樣認爲男性不能代表女性的觀點還有：「女性之意思，決非男性可以自由代表，猶之工業團體不能代表商業團體，甲省人民不能代表乙省人民。」「若以男子代表女子解決問題，必因生理心理之差別，而生不同之見解，即使能設身處地爲女子著想矣，然遇有與男子利害相反之問題，則男子必不肯犧牲本身之權利，而滿足女性之要求，吾之所謂男性不能代表女性者以此。」〔註 104〕正是這些充滿女性性別主體意識的聲音，標誌著新式知識分子女性的覺醒。

在《我們爲什麼要力爭國民會議代表權及其使命》〔註 105〕一文，譚漢俠更是以「男子會議」來評價此次的選舉權法，並表示正是因爲如此置「女權於不顧，而且視『女性』非國民，這就是我們婦女所引爲憾事要力爭的原因了。」同樣在該文中，作者針對婦女團體的身份問題以及現有選舉團體是否都是職業團體陳述了自己的觀點。她首先引用 1930 年 7 月 17 日，第三界中央執行委員會第一○一常務會議通過的「人民團體組織方案」第一節「人民團體之分類」指出：在該分類中，將婦女團體與學生團體均歸入社會團體之中。並認爲「既然認爲合法的正式人民團體。那末，當然取得法律上的權利地位，不可言知。」因此，「現在農會，工會，商會等，中央已特設明文准許選出代表。則我們婦女團體，同屬人民團體，又何能置之例外？」隨後，作者針對所謂婦女團體並非一種職業團體，不能享有代表權利，進行了辯駁。她指出：

> 然試問這選舉法中第五條第四項（如教育會，國立大學，教育部立案大學。）及第五項（中國國民黨）所規定的，又是否均爲職業團體？如果此種團體可解爲一種職業團體，那末我們婦女團體，又何嘗不可解爲一種職業團體？如果此種團體不能解爲一種職業團體，何以彼能取得代表的權利。而我們婦女團體，則不得有呢？

最後，作者還針對中央執行委員會談話提到婦女團體爲非人民團體進行了駁斥，質問他們何以出爾反爾，對婦女團體的人民團體身份都不予以正確的認定。總之，在該文中可以說將所謂的「職業團體選舉制」批判得體無完膚，也證明了國民會議不給予婦女團體代表權選舉團體身份完全是強詞奪理與莫須有的理由。

〔註 104〕選《要求國議聲中之不平鳴》，《婦女共鳴》1931 年第 44 期，第 28～29 頁。
〔註 105〕譚漢俠《我們爲什麼要力爭國民會議代表權及其使命》，《婦女共鳴》1931 年第 46～47 期合刊，第 17～22 頁。

2、《婦女共鳴》與上海《民國日報》之論戰

圍繞婦女爭取國民會議代表選舉權的論戰主要發生在《婦女共鳴》與上海《民國日報》之間。1931 年 3 月 22 日，上海《民國日報》，發表一篇《國民會議與婦女代表問題》的社論，其中對於婦女爭國民會議代表選舉權一事大加評論，因而引發《婦女共鳴》作者青萍發表長篇文章《讀了〈國民會議與婦女代表問題〉以後》〔註106〕與之進行論戰。具體論戰內容包括：婦女團體是否可以僅以性別之差別的關係，亦得選派代表出席？國民會議如有婦女代表參加，是否有益於婦運前途？婦運前途是否可遵循此種類似之途徑以求發展，或須另尋其他途徑？中國的女性是否只能靠政府施捨權利而不是提高自身能力獲取自己的權利？中國婦女是否該爭權等等。

從論戰的具體內容可見，上海《民國日報》在很大程度上代表了男性及其以男性為代表的政權力量對於婦女參政的觀點，這也是為何最終婦女未能取得完全勝利的原因。他們往往以女性的缺點來完全否定她們應該享有的權利，認為只有女性具有參政的能力才能要求參政。以《婦女共鳴》為代表的婦女運動者則認為婦女現在的處境並不是自己的主動選擇，而是男權社會的長期壓迫讓婦女失去了應有的發展機會。因此，只有爭得婦女的參政權，才能真正使政權的力量為女性利益服務，並最終使女性得以徹底解放。

標榜「男女平等」和「助進女權發展」的國民黨，卻以各種堂而皇之的理由拒絕女性的參政要求；男權勢力更以女性不夠參政的資格加以反對。面對新式女性知識分子的艱難抗爭，我們不得不承認：五四時期高喊的「天賦人權」，到 20 世紀 30 年代女性仍然被以各種理由剝奪應得的「天賦」的權利，這誠然是女性無法逃避的現實的無奈。

二、《婦女共鳴》與女界力爭法律平等運動

南京國民政府時期女界力爭法律平等運動，是伴隨著《刑法》和《民法》的制訂和公佈而興起，並在婦女運動者們的奮力爭取下，最終以女界的勝利而告終。南京國民政府成立後，即著手製訂國家各項法律法規，並分別於 1928 年 3 月 10 日和 1929 年 5 月 23 日公佈了新《刑法》和新《民法》。然而，標榜「於法律上經濟上教育上社會上確定男女平等之原則，助進女權之發展」

〔註106〕青萍《讀了「國民會議與婦女代表問題」以後》，《婦女共鳴》1931 年第 45 期，第 21～27 頁。

〔註107〕的國民黨，在新法律中仍維持男性中心制度，男女不平等條文甚多，其中又以《民法》對於已嫁女子財產繼承權的限制及《刑法》對女子片面貞操的要求，對於婦女影響最大。不平等的法律制度引起社會尤其是女界的極大不滿，爲符合男女平等的精神，法條勢必要修正，最終引發了婦女爭取財產繼承權和刑法二三九條修正案的法律平等運動。在這次女界爭取法律平等的運動過程中，《婦女共鳴》始終以「女界之喉舌」爲己任，爲運動的最後勝利做出了應有的貢獻。

（一）《婦女共鳴》與婦女財產繼承權的確立

中國婦女擁有財產權和繼承權等法律權利，始於民國時期。在數千年的封建社會裏，中國婦女毫無法律權利。直到近代，受西方資產階級人權思想的影響，婦女解放的呼聲漸響，婦女地位逐漸提高，她們才提出了享有財產權和繼承權等權利的要求，並爲之展開鬥爭。從五四時期至20年代末30年代初，這場鬥爭持續了十多年，最終以獲得南京國民政府法律的確認而勝利結束。

《婦女共鳴》自始至終對於女子財產繼承權的獲得給予了高度地關注。從刊物內容來看，有關女子財產繼承權問題的討論是1929至1930年期間篇幅最多的內容之一。不管是從民法有關財產繼承權制訂之前的宣傳，還是制訂過程中的輿論監督和論戰，以至財產繼承權獲得後對婦女實際運用這一權利的指導，該刊對女子繼承權的關心可謂是無微不至。主編談社英曾說：

> 自立法院起草新民法，婦女界即惶然懸慮，唯恐起草時稍有失當，又將予婦女以不易擺脫之痛苦，以新民法與全女界休戚，關係至巨，未可稍加忽視也。故本刊亦屢以爲言，深冀立法院對於新民法慎重考慮，庶使男女地位絕對平等，以符國民黨黨綱之規定。以時有關於是項問題之消息傳佈，或予人滿意，或使人懷疑，終未能明其眞相，殊爲憾事。〔註108〕

從「惶然」中的憂慮，到對立法院的深切「希冀」，無不表達了婦女運動

〔註107〕《中國國民黨第一次全國代表大會宣言》（1924.01.31），收入楊樹標等編《中國國民黨歷次會議宣言決議案匯編》，杭州：浙江省中共黨史學會，198？（不詳），第13頁。

〔註108〕社《女子承繼權發生效力時期》，1929年第4期，《婦女共鳴》，「時事評論」，第2頁。

者對獲得平等的財產繼承權的無限關心。

在女子平等財產繼承權確立後，面對社會各方的質疑和反對，談社英再次說明了《婦女共鳴》對女界獲得此權利所做的努力。她說：

> 自女子普有繼承權消息傳播後，一般舊觀念深重者，莫不疑慮萬端，詫爲怪異，其次者亦多懷疑莫釋，甚至謂從此家庭必多事故。關於此項問題，本刊固已解釋與討論，辭而闢之者屢矣。〔註109〕

女子財產繼承權獲得前的百般擔心，獲得後的諸多解釋，《婦女共鳴》正是以高度的責任感，承擔起爲婦女鳴不平的輿論職責和爲婦女謀自身權利的歷史使命。以下將對該刊在女子繼承財產權運動中所做的各種努力進行具體分析。

1、宣傳與輿論監督

《婦女共鳴》在1929年第1期的創刊號上就發表了《司法院解釋男女平權》與《起草民法應注意之點》兩篇有關法律上男女平權的文章，足見對這一問題的重視。

在《司法院解釋男女平權》〔註110〕中主要介紹了司法院公佈解釋法令文件的兩個案例。其一是關於妾提起離異的案例，司法院認爲妾制本身有違男女平等原則，因此可以允許其無條件離婚。其二則是對於女子財產繼承權的案例，針對一離異女子回到父母家後是否享有財產繼承權問題，法令解釋認爲可以女子自由離異，且離異後可以享受對父母財產的繼承權。該文作者認爲，司法院的這些解釋是「大快人心的解釋」，並憧憬著「民法頒佈後，將有無量數被經濟壓迫的女子，被這條法律解放出來呢。」叮以說表達了婦女對於男女平等的財產繼承權的美好期待。

主編談社英在《起草民法應注意之點》〔註111〕一文的開篇即提到「最近婦人們，最注意的，就是立法院正在起草的新民法。」在文中，她提醒婦女們「現在立法院正在起草民法」，「是全國婦女們千載難逢的希望，產生平等法律的好機會」，並告知婦女們應該注意《民法》制訂時的繼承、婚姻、庶子等問題，最後她特別提到：

〔註109〕社英《已嫁女子繼承財產權何容復議》，《婦女共鳴》1929年第12期，第1頁。

〔註110〕愚《司法院解釋男女平權》，《婦女共鳴》1929年第1期，第4頁。

〔註111〕社英《起草民法應注意之點》，《婦女共鳴》1929年第1期，「補白」，第16頁。

> 聞起草民法者，已有以女子已婚未婚與繼承權問題爭執者，結果似
> 爲主張不分婚否具有可繼承權制某女士獲勝。果爾，誠吾女界之大
> 幸。〔註112〕

此後，《婦女共鳴》繼續跟蹤報導了立法院長胡漢民在立法院討論民法總
則時，特向該院各委員說明起草民法諸要點，其中胡院長特別提到：「中國以
前法律，對女子地位，向少注意。已結婚的婦人，始認有處理財產能力；而
對於承繼遺產權又都被剝奪。新民法規定男女絕對平等，毫無偏重。凡男子
可享之權利，女子亦一律相同。」〔註113〕女界對南京國民政府制訂男女平等
的《民法》寄予了厚望。

與此同時，爲了引起廣大婦女對於即將制訂的《民法》的關注，主編李
峙山發表《新民法與婦女的關係——給婦女協會一個緊急的建議》〔註114〕一
文。在文中，她通過介紹婦女在不平等法律下所感受的痛苦、婦女運動修改
不平等法律之經過以及沒有婦女監督的國民黨三全會產生的不平等女子教育
方針的教訓，呼籲婦女協會應竭全力監督立法機關，同時領導婦女群眾關注
民法的制定和婦女權利的維護。其中，她還指出，在婦女所承受不平等法律
的痛苦中，沒有財產繼承權是女子地位低下的最主要原因。文章說：

> 又法律不承認女子有承繼權。有了這條法律，把全中國的女子變成
> 天生的無產階級。在以經濟爲中心的現社會，經濟不獨立，就不能
> 受教育。不受教育，全體女子都成了無知識，無能力，不進化的愚
> 民。在家庭社會國家一切組織上都沒有權利，沒有地位。而且因爲
> 衣食住仰賴男子供給的原故，造成了被男子支配，驅使，玩弄，貨
> 賣，甚至任意殺害的非人生活。一日間全中國境內不知有多少女子
> 死於這條不平等的法律之下。這是財產繼承權被剝奪的影響。至傳
> 統繼承權被剝奪，造成了人們重男輕女的觀念，溺殺幼女的事實因
> 而層出不窮。

文章同時指出，正是因爲婦女界長期的努力以及國民黨改組後於 1926 年

〔註112〕社英《起草民法應注意之點》，《婦女共鳴》1929 年第 1 期，「補白」，第 16
　　　　頁。
〔註113〕楊立《對於最高法院關於女子承繼權之解釋的我見》，《婦女共鳴》1929 年第
　　　　4 期，「轉載」，第 27～29 頁。
〔註114〕毅韜《新民法與婦女的關係——給婦女協會一個緊急的建議》，《婦女共鳴》
　　　　1929 年第 3 期，第 3～6 頁。

1月國民黨二大提出了制訂男女平等的法律和女子有財產繼承權，於是才有今天婦女獲得平等法律權利的機會。而女界此前對不平等教育方針制訂沒有給予應有的重視應為前車之鑒。她說到：

> 因此我們得了一個大大的教訓：女子的事，還是要女子自己來做。女子所感受的痛苦，男子仍是漠不關心，或者竟未體諒到。所以當這制定新民法的緊要關頭，女子絕不應稍事放鬆！立法院雖有幾個女委員，一如三全會時有一二女代表，恐有寡不敵眾之勢。如果等公佈後再來說話，一如教育方針案議決後我們再來發牢騷一樣的無濟於事，所以我們不得不及早努力。

發出「女子的事，還是要女子自己來做」「女子所感受的痛苦，男子仍是漠不關心」的呼聲，表達了近代知識分子女性自主意識的提高。正是基於新式女性知識分子婦女運動者這種維護自身權利的責任感，才有了民國時期一系列爭取女性各項平等權利的主流婦女運動。

雲裳《婦女承繼遺權與解放運動》〔註115〕一文也呼籲女界在爭取民法制訂之時的重要時刻，一定不能保持沉默，她說：

> 故吾以為方此新民法未經頒佈之際，全國婦女團體應盡力宣傳，一面監視當局不稍更動其固有的平等精神，一面喚起全國婦女之注意，組織團體切實援助弱女子。苟新民法頒佈後，女子能完全承襲其應份的遺產，則女子教育職業問題皆不難迎刃而解。婦女解放運動之成功可為立待。至於今日，各地婦女團體對此問題尚守緘默，吾不知其組織團體之目的，果屬為謀婦女之解放與否，實為疑問。敢以質諸各地方掌握婦女團體之女同胞。

除提醒女界關注《民法》制訂外，《婦女共鳴》對女子財產繼承權制訂的有關細節性內容也多有考慮。如談社英就特別注意繼承權發生效力的時間問題。她指出：

> 司法院以立法院三讀通過之民法總則篇，對人之權利義務均無性別，女子無論已嫁未嫁，均應有繼承權，已無疑問，惟此項法案關係私人權利至巨，應自何時發生效力，實為一重大問題，特具兩項意見，（一）定期公佈發生效力時期；（二）追溯至二次全國代表大

〔註115〕雲裳《婦女承繼遺產權與解放運動》，《婦女共鳴》1929年第4期，「時事評論」，第1～2頁。

> 會議決案，女子有繼承權之日起，無論已嫁未嫁女子，均有繼承權，
> 呈請中常會議定。〔註116〕

令人欣慰的是，她所提到的這兩項意見最終在女子財產繼承權法令中都得到了確認。可見，正是因為女界的不斷抗爭，才有女子財產繼承權確立的最後勝利。

在女子財產繼承權獲得以後，為了使婦女們能正確有效地使用權利，《婦女共鳴》也先後發表多篇文章討論財產繼承權的行使及其注意事項。相關內容包括：怎樣利用所得的財產權加強女子自身的能力以更好地行使權利〔註117〕；女子享有承繼權之先決問題為改良家庭組織，實行教育平等〔註118〕；如何理解追溯時間，以及按自己的意願爭取權利而不受人慈惠〔註119〕等等。有論者特別提醒婦女，不要對於女子財產繼承權的獲得過於樂觀，並指出財產繼承權的確立與婦女真正的獲得還有著很遙遠的距離。她說：

> 財產繼承權是婦女解放的重要內容，但不是唯一目標，婦女獲得財
> 產繼承權無可非議，但真正獲得財產繼承權卻路途艱難，而且對於
> 無產者而言，財產繼承也僅僅是個概念，沒有任何實際意義。法律
> 上獲得財產繼承權與實際獲得仍然存在很大的差距，需要婦女付出
> 各方面的努力和繼續爭取。〔註120〕

2、爭取女子財產繼承權的努力

（1）女子財產繼承權的確立過程

1926 年 10 月，司法行政委員會曾通令各審判機關，今後應以《婦女運動決議案》法律部分的規定為依據，審理有關婦女訴訟案件。〔註121〕而《婦女運動決議案》曾明定「女子有財產繼承權」，但 1928 年 2 月，最高法院的法律解釋中稱女子繼承財產權是只限未出嫁的女子可以享受，至若已出嫁的女

〔註116〕社《女子承繼權發生效力時期》，《婦女共鳴》1929 年第 4 期，「時事評論」，第 2～3 頁。

〔註117〕雲裳《承繼遺產權獲得以後》，《婦女共鳴》1929 年第 5 期，第 4～8 頁。

〔註118〕社英《女子享有承繼權之先決問題》，《婦女共鳴》1929 年第 6 期，第 8～12 頁。

〔註119〕社英《女界對於繼承財產權應有之認識》，《婦女共鳴》1929 年第 18 期，「時事評論」，第 1～3 頁。

〔註120〕志一《婦女解放與財產繼承》，《婦女共鳴》1930 年第 25 期，第 14 頁。

〔註121〕《婦女訴訟案根據婦女運動決議案辦理》，《民國日報》（廣州），1926 年 10 月 22 日，第 10 版。

子則無，異男子已出繼即不能享受繼承權利。與此同時，對未嫁女子所得財產如果出嫁時亦有多方限制，實質上也等同沒有。〔註122〕在此解釋下女子仍然得不到平等的財產繼承地位，該解釋例是從根本上違反婦女運動決議案的。女子要獲得獨立生活，不倚賴男子，最重要的就是得到經濟平等權。財產繼承權是經濟平等權的一個重要方面，這種解釋頗受輿論抨擊與非難。對此，楊立《對於最高法院關於女子承繼權之解釋的我見》〔註123〕一文有詳細解說：

> 年來本黨奄有全國，國民政府根據兩次全國代表大會宣言及主議政綱，釐定各種法令，而男女則以平等為原則，採機會均等主義，此蓋為提高女子在社會上之地位而保障之，固近來社會上女子爭財產繼承權者，聯袂而起，然最高法院解字第四十七號解釋「……查女子繼承權，係指未出嫁之女子而言，不論有無胞兄弟，應認為有同等繼承權。至已嫁之女子，對於所生父母財產，不得主張繼承。

對此，楊立予以反對的理出如下：

> 夫立法既以男女平等為原則，而又規定女子應有財產繼承權，是則在法律上只有男女性別之分別，而所謂女子者，當然為婦女之統稱，專指女性而言，其意甚明，固無已嫁未嫁之分別。而最高法院，則指定未嫁女子得有財產繼承權，已出嫁女子不得是項權利主張，矛盾實甚。……如果最高法院解字第四十七號釋疑，不加修正，不特於社會上各個之利益和秩序失了保護維持的責任，且恐以此釀成女子不嫁之現象和離婚事件之增加，而於社會之組織及種族之前途，予以極大之影響也。

此外，該文還針對最高法院解字第九十二號解釋中有關未嫁女子繼承財產到出嫁時所受的諸多限制的規定發表了自己的意見，從女性立場表達了強烈的不滿，並進行了堅決地批駁。

由此可見，最初的女子財產繼承權基本等同具文，對這一標榜為男女平等的財產繼承權法令隨即招來各方的批評和指責，尤以女界最為激烈。談社英在《女子繼承權解釋之解釋》〔註124〕一文較為詳細地記載了女子最終獲得

〔註122〕張盧白《女子財產繼承權詳解》，上海：上海法政學社，1930年版，第3頁。
〔註123〕楊立《對於最高法院關於女子承繼權之解釋的我見》，《婦女共鳴》1929年第4期，「轉載」，第27～29頁。
〔註124〕社《女子繼承權解釋之解釋》，《婦女共鳴》1929年第5期，「時事評論」，第

平等的財產繼承權的過程。

> 久經力爭，列為婦女運動緊要問題之繼承權平等，業於五月十五日
> 第一百八十一次中央政治會議決，依司法院長王寵惠之提議，「關於
> 女子繼承權之解釋，業經從新論定，女子不分已嫁未嫁，應與男子
> 同等財產繼承權，」以第二項辦法辦理。（辦法即追溯及二全會決議
> 案，經前司法行政委員會通令各省到達之日起，發生效力，其通令
> 之日尚未隸屬於國府者，溯及其隸屬之日發生效力，）從此婦女經
> 濟獨立之問題，亦並此繼承權共同解決矣。幸何如之。惟聞當其討
> 論時，依舊有人主張以已嫁未嫁劃分，終以不能違背黨綱，承認女
> 子財產獨立之原則而通過，幸矣亦險矣。

可見，女子平等的財產繼承權獲得的不易。至此，雖然還伴隨著一些細
節的不合理以及隨之而來的「復議」之聲，爭取已久的女子財產繼承權總算
得以確立。

關於平等財產繼承權法令存在的不合理之點，金石音《女子承繼權之認
識》〔註125〕一文中針對該條法律的施行細則的第三、五、六、八條進行了分
析，並指出其應加以刪除或修改的地方，以示真正的男女平等。金石音還針
對事實上的女子繼承權指出：總而言之，女子繼承權，因女子本身底種種弱
點，在事實上，結果乃等於零。從家庭社會上來看，沒有任何支持女子繼承
權的力量。她告誡女界：

> 女子繼承權，在法律上既不是十分地樂觀，在事實上，又是十分地
> 悲觀；但如果大家能奮鬥到底，最可樂觀底境地，必然登時達到！
> 奮鬥是什麼？一，徹底地認識；二，竭力地爭得；三，努力地宣揚；
> 四，誠懇地互助。女子繼承權的能否徹底實現，且看同胞最後底努
> 力！

（2）女子財產繼承權確立前後的釋疑與論爭

在女子財產繼承權確立前後，不斷出現各種反對的聲音。對於這些針對
女子財產繼承權的不同觀點，《婦女共鳴》的作者們代表女界給予了或釋疑或
論爭的回應。

1～2 頁。
〔註125〕金石音《女子承繼權之認識》，《婦女共鳴》1930 年第 22 期，第 4～14 頁。

　　笑影在《我對於婦女承繼財產權的意見——釋疑》〔註126〕一文針對反對者有關給予婦女平等繼承權就是剝奪了男性權利的觀點發表了自己的看法。她指出：完全平等並不妨礙男子的平等，只會取消對女子的不平等。她的另一篇《我對於「取消不平等之離婚贍養費」的意見》〔註127〕，針對男子認為離婚後的女子尤其是不忠的女子不該獲得男子的贍養費的問題進行了批駁。她指出：如果女子跟男子一樣能擁有自己的財產權，那女子完全不需要男子的贍養；而如果男子將財產權歸屬女子，離婚後女子也可以贍養男子。這裏的根本問題就是女子財產權的問題。

　　除了前面所說在財產繼承權確立前的女界釋疑外，在女子財產繼承權確立後，更是激起了傳統社會力量的強烈反對，且諸多反對和復議之聲大有推翻已確立之法令的架勢。對此，金石音在《女子承繼權之認識》〔註128〕一文就有提到：

> 女子繼承權法的頒佈，引起社會的大震動，今天這裏通電請求解答，明天那裏又通電請求釋疑，弄得最高法院，天天在那裏忙女子繼承權底解釋，而解釋女子繼承權的法會，大有超乎本文而上之底傾向。

　　在反對和復議之聲外，有些地方法院完全置新法律於不顧，依然以舊法律作為叛案的依據。為此，金石音指出：

> 新法律創立以後，凡與他牴觸的舊法律，便歸於廢途。新解釋創立後，凡與他相牴觸的舊解釋，也同樣地作為無效。民國十八年司法院關於女子繼承權的新解釋的總布，明確置民國十七年最高法院許多舊解釋於廢途。因為兩者牴觸底程度，如南北極一樣底厲害。

　　一些作為法律執行者的法官們也公然沿用舊法，以至於金石音大聲呼籲：

> （1）司法院的新解釋，已經把女子繼承權的真意揭示希望不再看見請求釋疑與解釋的函電馳驟，拿女子繼承權來誤辨曲解。（2）新解釋既出，如有依舊行用與它相牴觸底舊解釋，司法當局為維護法律的誠信與保持國家的人格計，對於該法官等，應加相當底處罰：以

〔註126〕笑影《我對於婦女承繼財產權的意見——釋疑》，《婦女共鳴》1929 年第 3 期，第 7～9 頁。

〔註127〕笑影《我對於「取消不平等之離婚贍養費」的意見》，《婦女共鳴》1929 年第 4 期，第 10 頁。

〔註128〕金石音《女子承繼權之認識》，《婦女共鳴》1930 年第 22 期，第 4～14 頁。

杜來者！

在眾多復議聲中，最激烈的則來源於山東省主席陳調元交呈立法院提出復議女子繼承權之事。對此，《婦女共鳴》主編談社英先後發表《已嫁女子承繼財產權何容復議》、《此所謂對於已嫁女子繼承權之意見》兩篇文章表示了女界堅決抗議的態度。其中《已嫁女子承繼財產權何容復議》〔註129〕一文論及事件的起源，她在文章中說：

> 8月28日滬上報載濟南電，「『二十七日省府例會議決，列舉意見，呈請國府，復議已嫁女子追溯繼承財產施行細則，』按此電雖區區三十餘字，而關係整個男女平等問題甚大。」

在文中，談社英還針對山東省提出復議女子繼承權之事強調：男女本平等，繼承權平等自然天經地義，何容復議？並嚴厲地指出：

> 吾人數十年辛苦運動及昕夕希望男女平等之目的，幸而能達，凡屬稍具眼光含有革命性者，當爲女子額手稱慶不置。蓋此等男女平等之實現，非一國家一時代之影響，實關係世界婦運，尚何言世界大同，人類平等乎？又何從實現我革命政府之革命主義哉？故吾國女子獲得繼承權，原爲空前之創舉，世界之楷模，應寶貴之，安可仍懷摧殘破壞之觀念耶？」並呼籲「國民政府本其革命精神，一以利國福民爲主旨，絕不易爲不革命性所迷惘，倒行逆施，遺害半數國民之女子，彼心勞日拙，徒自擾耳！

文章認爲女子獲得財產繼承權是不可阻擋的歷史潮流，任何人都不能加以否定，同時表達了女界堅決維護自身權利的決心。

隨後，談社英在《此所謂對於已嫁女子繼承權之意見》〔註130〕一文，針對山東省政府主席陳調元交呈立法院的意見一一予以回應。

關於女子財產繼承權的爭論自然遠不止此，但由這些爭論可以看出婦女運動者在爭財產繼承權中可圈可點的鬥爭精神。可喜的是，南京國民政府最終還是維護了女子享有平等財產繼承的權利，保障了男女平等法律的實行。儘管事實上可以享有財產繼承權的女子正如金石音所指出的「女子繼承權，因女子本身底種種弱點，在事實上，結果乃等於零。」但這畢竟是女性在法

〔註129〕談社英《已嫁女子承繼財產權何容復議》，《婦女共鳴》1929第12期，「時事評論」，第1頁。

〔註130〕談社英《此所謂對於已嫁女子繼承權之意見》，《婦女共鳴》1929年第15期，「時事評論」，第2～4頁。

律上獲得了財產繼承權這一寶貴的經濟權利，這一權利的實現最終將伴隨著女性自身能力的不斷提高而成爲現實。因此，女子財產繼承權的獲得是女子在法律平等權利上邁出的重要一步。

（二）《婦女共鳴》與力爭《刑法》二三九條修正案運動

南京國民政府成立後，幾經討論的《刑法》於 1928 年 6 月 9 日正式實施。同時，該部法律也是南京國民政府的第一部新法典。然而，這部法典卻讓婦女界譁然。正如金石音指出：

> 民眾的希望之大和期望之殷，自是不言而喻，但是，公佈之下，那希望卻變爲失望，那期望成了觀望，而尤以我婦女民眾的失望爲最大，爲什麼男女在法律上一律平等，刑法已揭示我們以一個頂堅定的否決？〔註131〕

正是因爲新刑法的諸多不平等和不合理之處，導致了社會輿論尤其是婦女界強烈要求修改刑法的呼聲。

1、《婦女共鳴》與力爭刑法二三九條修正案

在新《刑法》中，女界對不合理之處反映最爲熱烈的是有關女性權利中妨害婚姻家庭罪的重婚罪和通姦罪的定罪原則。對此，犖群《女界亟應注意修正刑法問題》〔註132〕一文進行了特別說明。她說：

> 按刑法三十四章，對於各種有害人群之流弊，莫不保護周至，其第十六章妨害婚姻家庭罪，尤爲一般婦女有密切關係，而其第二百五十四條，「有配偶而重爲婚姻，或同時與二人以上結婚者，處五年以下有期徒刑，其知情相婚者亦同，」與第二百五十六條「有夫之婦與人通姦者，處二年以下有期徒刑，其相姦者同，」二條，於保障人權之中，獨寓有不平等之點，夫前者表現似甚公允，兩不偏重，而其解釋認娶妾不爲重婚，是實際重婚云云，專門爲限制女子而設，男子縱同時有妻三數人，只需謂之爲妾，即無問題，似此矛盾之法與其謂爲人權保障，無寧謂之保障男子也。至二百五十六條之規定，更屬完全片面利益，竟明白單獨限制有夫之婦不及有婦之夫，而民法親屬編中又多偏袒男子之處，去歲國民會議時，廣州市婦女救濟

〔註131〕金石音《對於修改刑法的管見》，《婦女共鳴》1933 年第 2 卷 4 期，第 8 頁。
〔註132〕犖群《女界亟應注意修正刑法問題》，《婦女共鳴》1932 年第 1 卷 7～8 期合刊，第 8～9 頁。

會代表譚漢俠曾有修正刑法之提案，宗旨即在改正以上二條，本社
對於民法親屬編，亦曾提案修正六點，俱關乎婦人權力也。……

二四五條的「娶妾不爲重婚」和二五六條單獨限制有夫之婦的「完全片
面利益」都明顯地表現出新刑法的不公平之處。

對於如何修改刑法，其中因「妾」所導致的重婚罪的界定因爲牽涉社會
各方人士太多，可謂困難重重。如《婦女共鳴》記者所說：

夫法宥既往，亦人情也。縱使吾國積習相沿，有妾者眾，一時不便
驟訂明文，然可退一步作防患未然之預備，不妨於修正刑法時，明
白規定娶妾與重婚者同其科罰，只須加以但書，由某時起始，於某
時以前，一概不論，則所有難題當易解決矣。〔註133〕

此後，《婦女共鳴》以「專載」形式於1933年第2卷7期發表《本社呈
立法院文並修改刑法意見書》〔註134〕，以呈文方式提交立法院，以示女界
之重視。

婦女共鳴社之呈文謂：

竊國家立法本以平衡人事昭示大公爲原則，況我國民政府秉先總理
部分性別男女平等之精神以立。查民國十七年頒佈之中華民國刑
法，其中對於性別不平等之點至多。數年以來，女界時引爲憾，屢
欲提議修改。今幸貴院已從事修訂此項刑法，料能側重於是，爲之
一變，是以國民政府同意後，復位之民刑法重男子片面利益之處加
以刪除或修正，本社同人爲格外愼重起見，敬謹繕具修改刑法之意
見書一份，條陳應行修改各點，以供採擇，而利施行。務乞秉承總
理遺規，將所有不平等條文，均予廢止或修正，實爲公便，本社幸
甚！女界幸甚！

該呈文針對須修改刑法中有關男女待遇不平之點的重婚罪和通姦罪，進
行了詳細地論述。具體內容爲：

一、第二百五十四條「有配偶而重爲婚姻或同時與二人以上結婚者
處五年以下有期徒刑其知情相婚者亦同」，本條應改爲「有配偶
而重爲婚姻或同時與二人以上結婚者爲重婚罪，處三年以上七

〔註133〕記者《爲立法諸公進一言》，《婦女共鳴》1932年第1卷9期，第6～7頁。
〔註134〕《本社呈立法院文並修改刑法意見書》，《婦女共鳴》1933年第2卷7期，「專
載」第45～47頁。

年以下有期徒刑並褫奪公權其知情相婚者亦同。」

二、第二百五十六條「有夫之婦與人通姦者處二年以下有期徒刑，
其相姦者亦同」，本條應改為「有婦之夫或有夫之婦與人通姦者
處二年以下有期徒刑，其相姦者亦同」。

三、分則第十六章妨害婚姻及家庭罪內，應增納妾罪名一條，其條
文大致如下：「有妻而納妾者依重婚罪處三年以上七年以下有期
徒刑並褫奪公權但於本法未施行前納妾者不適用之。」

　　由此可見，廢除「妾」制以保障婦女婚姻平等權，以及平等地規定對於
通姦罪的定罪原則，是婦女長期關注並迫切希望刑法修改時亟需考慮的內
容。她們以夫妻雙方互負貞操義務為理由，認為「有夫之婦與人通姦在法律
上成立犯罪，有婦之夫與人通姦，在法律上同樣成立犯罪，自為當然邏輯。」
〔註135〕

　　然對於「妾」制的廢除，雖然在女界提出不究過往的態度，最後依然難
以如願。此後，婦女界對於爭取有關通姦罪的男女平等定罪問題給予了更多
的關注。

　　在圍繞刑法二三九條修正案的這場紛爭中，婦女界通過集會、請願、上
書呈文以及論爭等各種方式，最終贏得有關刑法二三九條「通姦罪」對於男
女平等定罪的法律的勝利。《婦女共鳴》作為當時體制內婦女運動的代言人，
對此次運動給予了有力地輿論支持；婦女共鳴社則以婦女團體的身份積極參
與到運動中，擔負著運動領導者的作用。同時，為更積極地參與和討論此次
法律平等運動，該刊的1934年第3卷11期臨時被確定為爭取刑法二三九條修
正案專號。〔註136〕在該期中，婦女運動者們發表了有關刑法二三九條修正案
從產生到最後在女界努力下得到進一步修正的全過程，同時也給社會大眾展
現了婦女運動者維護自身權利而不懈鬥爭的知識分子新女性風範。刑法二三
九條的最後修正，是婦女爭取自身平等法律權利的一次重大勝利。可以說，
沒有婦女界的抗爭，就不會有二三九條文的最後修正。

　　事實上，對於「通姦罪」法律條文的修改，早在1931年5月，國民政
府召集國民會議時，南京市婦女代表會即向大會提案，要求修改刑法第二五

〔註135〕《本社呈立法院文並修改意見書》，《婦女共鳴》1933年第2卷7期，第45
　　　　～47頁。
〔註136〕《編後談》，《婦女共鳴》1934年第3卷11期，第58頁。

六條「有夫之婦」爲「有夫之婦或有婦之夫」，經大會通過後交立法院參考。〔註137〕於 1933 年春，在婦女界的強烈要求下，立法院成立刑法委員會，開始籌備有關刑法修改事宜。爲避免重蹈民法事後補救爲難的覆轍，並使修改後的刑法能充分體現男女平等原則，南京市婦女救濟會負責人唐國楨、夏湘蘋，婦女共鳴社負責人談社英、李峙山，中央婦女科科長劉蘅靜等集議，拜訪刑委會委員長焦易堂並陳述意見。焦易堂滿口應允代爲主持公道，並囑代表等準備一份意見書分散給各刑法委員，以便得多數人之同情。然此後卻由刑法委員會的男性委員們，產生出仍然不平等的刑法二三九條修正案。

關於婦女界力爭法律平等運動，《婦女共鳴》發表多篇文章予以直接關注，如《我們爲什麼要爭法律平等》、《婦女力爭刑法二三九條勝利》、《首都婦女力爭法律平等運動》、《全國婦女力爭刑法二三九條經過》等等，其中 1935 年第 4 卷 1 期的《全國婦女力爭刑法二三九條經過》〔註138〕一文更是對此次運動的全過程進行了詳細地介紹。在該文中主要圍繞事件的起因、事件發展的過程、女界的請願以及最後取得的勝利進行了全景式地記錄。至於事件起因，李峙山在《我們爲什麼要爭法律平等》一文曾指出：有夫之婦與人通姦者處一年以下有期徒刑，其相姦者亦同」這一單方面處罰女性的刑法修正案二三九條的產生，激起了婦女界的強烈抗議，並最終成爲婦女爭取法律平等運動的直接導火索。〔註139〕運動規模遍及全國各地，「參加這些運動的婦女，以地域分有南京、上海、北平、漢口、杭州、鎮江、湖南等地方；以團體計，不下數十團體。」〔註140〕爲確保此次爭取平等法律權利的運動有效進行，婦女運動者們還特別成立了首都婦女力爭法律平等同盟會，並發表了《首都各界婦女力爭法律平等同盟會宣言》〔註141〕。宣言指出：「何以夫犯姦則許其逍遙法外，惟對於婦則處以徒刑，如此立法，於情於理，具說不通。

〔註137〕《全國婦女力爭刑法二三九條經過》，《婦女共鳴》1935 年第 4 卷 1 期，第 38～42 頁。

〔註138〕《全國婦女力爭刑法二三九條經過》，《婦女共鳴》1935 年第 4 卷 1 期，第 38～42 頁。

〔註139〕李峙山《我們爲什麼要爭法律平等》，《婦女共鳴》1934 年第 3 卷 11 期，第 3～5 頁。

〔註140〕《婦女力爭刑法二三九條勝利》，《婦女共鳴》1934 年第 3 卷 12 期，第 21 頁。

〔註141〕《首都各界婦女力爭法律平等同盟會宣言》，《婦女共鳴》1934 年第 3 卷 11 期，第 45～46 頁。

試問立法之根本依據何在？國民黨之政綱何在？總理之遺教何在？」並表示，如此不平等法律的存在是「中國婦女人格被侮辱，亦且辱及國民黨，辱及中華民族也。」此外，首都各界婦女力爭法律平等同盟會還發表了《致各機關女同志書》〔註 142〕。在該書中，婦女運動者們表達了爲什麼要堅決反對不平等法律的動機，她們認爲「男性統治者，可以訂出這條法律，公然違背黨綱約法，袒護男子，壓迫女子，是用的一顆試探針。」因此，婦女們一定要勇敢地維護自身的權利，否則以後將面臨更多權利的喪失。《致各機關女同志書》最後以「天助自助者，拿出我們底自助精神來！」號召廣大婦女們爲爭取平等的法律權利而鬥爭。與此同時，首都各界婦女力爭法律平等同盟會還通過組織各種請願活動，對國民黨當局施加壓力，成爲最終取得法律平等權的重要舉措。第一次請願發生於 1934 年 11 月 7 日，爲南京市女界向中政會請願，由南京市第一次婦女大會推選的代表二十九人向中政會請願。當中政會決議交法制組審查後，各代表遂決議分頭勸說法制組各委員，並派蕭石光赴滬聯絡滬市婦女團體一致行動。〔註 143〕第二次請願發生在 11 月 14日，主要由南京市婦女代表以及上海婦女協進會、婦女同盟會、中華婦女社來京婦女代表共同向中政會請願。後因中政會要求立法院根據平等原則，復議二三九條決議案，各代表才相繼退出。全國各地準備來京請願的婦女代表最終也以中政會已決議交立法院復議而作罷。〔註 144〕1934 年 11 月 30 日，立法院開八十一次大會，再次討論二三九條，遂修正爲：「有配偶與人通姦者處一年以下有期徒刑，其相姦者亦同」之平等條文。至此，婦女力爭刑法二三九條修正案運動，取得了完全的勝利。

　　爭法律平等的婦女運動者們不僅僅是呈文、請願，還通過《婦女共鳴》發表傅玉符《罷免昏聵的立法委員》、毅《王士傑大碰釘子》、反叛《單科男子通姦罪》、鄭漱六《何以男女在法律上不能平等 ── 請問立法委員》、雲裳《王寵惠可以休矣》、毅《博秉常氏的杞人憂天》等多篇文章對各種謬論展開激烈地批判。

〔註 142〕《首都各界婦女力爭法律平等同盟會宣言》，《婦女共鳴》1934 年第 3 卷 11
　　　　　期，第 47～48 頁。
〔註 143〕《全國婦女力爭刑法二三九條經過》，《婦女共鳴》1935 年第 4 卷 11 期，第
　　　　　21 頁。
〔註 144〕《全國婦女力爭刑法二三九條經過》《婦女共鳴》1935 年第 4 卷 11 期，第 21
　　　　　頁。

其中在《罷免昏聵的立法委員》〔註145〕中，作者憤怒地質問立法委員：

> 明貶婦女人格，且背「遺教」和「約法」，諸公所事何事，不禁爲諸
> 公羞！設此時已實施憲政，我定喚起我二萬萬女同胞，爲爭人格計，
> 以罷免此一部分昏聵之立法委員。

鄭漱六《何以男女在法律上不能平等——請問立法委員》〔註146〕一文明確地表示：她們不相信所謂法學專家的主張，「平等的迷夢，在我們的腦海中終歸是打不破的。」並在針對法律專家們各種所謂的理由一一加以批駁後質問他們：

> 法律專家不必千方百計顧全到男子精神上血統上的安慰，而獨置婦
> 女的痛苦於不顧。這等深奧的學理，我們實在不懂，不知法律專家，
> 還有什麼高見，請一一解釋給我們聽，何以男女在法律上不能平等。

針對王寵惠所謂「有夫之婦與人通姦者科罪，而有婦之夫與人通姦者則否，此固根據生理學上之理由，各國百年前之舊法律，莫不如是」；以及如果實行這一法律「娶妾者固皆刑事犯也，我國娶妾者達百分之三十以上，是則以全國之監獄，盡禁此有婦之夫與人通姦罪者，尚嫌不足矣」。因此建議將該項規定放入民法加以規範而不要施以刑事處罰，待「道德修養」提高了再做打算。〔註147〕雲裳在《王寵惠可以休矣》中稱之爲「這種根本反革命的見地」〔註148〕。

《婦女共鳴》發出「何以男女在法律上不能平等？」的憤怒質問，指責立法院三讀會公然違反立法程序，重新恢復刑法二五六條爲「永遺立法委員之羞」〔註149〕。作爲婦女運動者們的輿論工具和言論喉舌，該刊爲婦女爭取平等的法律權利提供了鬥爭的平臺，展現了婦女運動者們維護自身權利不屈不撓的鬥爭精神。國民黨主流婦女運動者們正是充分利用輿論宣傳，表達其追求男女平等法律權利的訴求：「爲了保持婦女的人格，爲了擁護天經地義的

〔註145〕 傅玉符《罷免昏聵的立法委員》，《婦女共鳴》1934年第3卷11期，「時事述評」，第2頁。

〔註146〕 鄭漱六《何以男女在法律上不能平等》，《婦女共鳴》1934年第3卷11期，第14～16頁。

〔註147〕 鄭漱六《通姦處罰問題——王寵惠博士談片》，《婦女共鳴》1934年第3卷11期，第16頁。

〔註148〕 雲裳《王寵惠可以休矣》，《婦女共鳴》1934年第3卷12期，第48～49頁。

〔註149〕 《全國婦女力爭刑法二三九條經過》，《婦女共鳴》1935年第4卷11期，第39頁。

男女平等的真理，為了保證社會的進步，人類的幸福，我們誓死反對這種不平等的修正案。〔註 150〕婦女運動者們最終以自己不懈地努力贏得了爭取平等的二三九條刑法修正案的圓滿成功。〔註 151〕

2、有關婦女法律平等運動之論爭

對於婦女的這場力爭法律平等運動，輿論界持何種態度，社會又作何種反映？婦女運動者進行了怎樣的論爭？對此下文將加以關注。

婦女力爭法律平等運動雖有同情者，支持者，但「一般輿論尤匪夷所思，黑白混淆，幾若婦女界此次之力爭法律平等，為不應爾，甚或竟有不予登載此項新聞者。」〔註 152〕對此，《婦女共鳴》主編李峙山指出輿論界主要有三種態度：

> 輿論界的態度可大別為三：第一派是不理態度。……此派輿論機關，可以黨的宣傳機關為代表。第二派是嬉笑怒罵冷譏熱嘲的態度。……其原因有二：一是男性對於婦女心理的自然流露，二來是迎合社會人士的低級趣味，希望自己的報紙多銷幾份。……第三派是我們認為適當的態度了。自此運動發生以來，她們不僅盡了監督政府，指導人民的責任，更主持正義，認這種運動為「人權運動」，盡力擴大宣傳，以期收到良好的效果，這才是輿論界應持的態度，……

李峙山還提及南京輿論界對於婦女力爭法律平等的運動頗多反對者，反對者的理由是認為婦女界「與現統治者來爭平等，有如被人亡國的人民和亡其國的統治者爭自由是一樣的可笑。有骨頭就革命，沒有骨頭就忍受。」對此，李峙山認為：

> 這種運動是不能放棄的。輿論界對於我們的譏諷，是把我們婦女們看的太高了。……婦女們不但沒有革命的實力，還有些人對於富於封建思想的男性統治者，尚未弄得清楚。這次運動，一方可以喚醒婦女更作清楚的認識，一方則表示以不合理的壓迫施於婦女，已不如從前那樣容易。〔註 153〕

〔註 150〕《我們為什麼要反對刑法修正案二三九條》，《申報》1934 年 11 月 11 日第 16 版。

〔註 151〕《婦女界爭取法律平等結果圓滿》，《婦女共鳴》1934 年第 3 卷 12 期，第 55 頁。

〔註 152〕社英《對批評婦運之批評》，《婦女共鳴》，1934 年第 3 卷 12 期，第 10～16 頁。

〔註 153〕李峙山《我們為什麼要爭法律平等》，《婦女共鳴》1934 年第 3 卷 11 期，第 3

對於婦女爭取法律平等運動所引起社會的批評，在《從刑法修正案談到進一步的婦運》一文多有論及，文章中說：

> 這一種運動發生之後，社會上發生兩種不同的批評，一種是認爲此種單爭法律平等是無意義的，經濟不平等，法律條文的平等是沒用的，這一派可以《新民報副刊》的幾篇文章作代表（見十一月四五兩日副刊）她們的錯誤是空懸了高遠的目標，而忽視了實際行動。另一派以爲「摩登女子」「花瓶」的女界不配來要求法律的平等，而現刑法條亦不過激起了「摩登女」「花瓶」的怒而起來反對，伊們應該反求諸己，先負起經濟的責任來，然後再爭平等，這一派可以《中國日報》爲代表（見該報七日社論），他的錯誤是忽視了法的本身效力，而單就反對中有所謂「摩登」「花瓶」也者而表示不滿，如果法律之效力單及於抹口紅施脂粉的摩登，花瓶，而不及於該報所擁護的農女工女的話，則此種不平等不但無反對的必要，而且可以「加重其刑」一律殺頭亦可，而事實卻並不然，眞正受害的還是所謂農工女，而「摩登」「花瓶」卻可以逍遙法外。〔註154〕

可見，《新民報》副刊的幾篇文章認爲，「經濟不平等，法律條文的平等是沒用的」，因爲法律上的平等並未能改變女子的依附地位。而《中國日報》更是表示「摩登女子」、「花瓶」的婦女界不配來要求法律的平等，「伊們應該反求諸己，先負起經濟的責任來，然後再爭平等」。對此，該文均一一進行了反駁。

亦有人認爲女界法律平等運動是「狹義的婦女運動」，「從社會意義上著眼，便覺得這種爭法律平等的運動不健全」，並認爲這種狹義的婦女運動「不鼓吹女性去參加反對帝國主義，反對封建勢力的運動，也不反對女子被驅回家庭，更不催動女子多多參加社會事業，卻只想在法律條文中完成男女平等的宏願。」與此同時，該批評者還指出：「女子不能參加社會生產，經濟不能獨立，法律條文縱然平等，實際上也是不能平等」。對此，李峙山表示：作爲婦女運動者，她們一樣反對婦女回家，鼓勵女子參與社會活動，一樣反帝反封建，並且也從未認爲可以單靠法律平等就能實現女性解放和男女眞正平

〔註154〕誼《從刑法修正案談到進一步的婦運》，《婦女共鳴》1934年第3卷11期，第31～32頁。

～5頁。

等。〔註 155〕

更有甚者，正如談社英在《對批評婦運之批評》〔註 156〕一文中所說：
「就有關於討論修改刑法之文字而觀，竟有形形色色之奇妙文章，屢屢觸吾
人之眼簾，若《正論》第三期《從立法院修改刑法所引起的婦女運動談到中
國的婦女解放》文中，所具之論調，即可見社會輿論鄙淺，而曲解總理遺教
及與事實不符之可笑。」《正論》在對整個婦女法律平等運動的報導和評價
中均帶著極端幸災樂禍、嘲諷以至於醜化的態度，如：

> 三讀會裏終究還是多數通過了那單單處罰與人通姦的有夫之婦的條
> 文，變成男女不一律，取消了平等的節目，還只剩下平等的原則。
> 不過這一來，可就引起婦女界的反感了，幾位以爭女權爲社會注目
> 的解放婦女，當然是不肯放過的。這又是一個叫社會認識而獲得許
> 多男女的同情的機會。

而在其後《正報》採訪陳璧君，對於陳璧君「總之本條規定，男女雙方，
應絕對平等，若認爲此種行爲應處罰，則均應處罰，若放任，男女都該放任，
絕不能叫女子負片面義務。」而該報附後的批評乃謂：「我們只覺得婦女界
似乎該當堅決主張夫婦與人通姦，都應放任，這樣，好像希望放任的話。」

《正報》論及婦女解放時，更是表現惡劣：

> 婦女地位的提高，倒徵得很，解放出來的婦女，除了這一次南京婦
> 女界爲刑法問題而掀起的婦女運動中一切婦女，是該當爲吾們所信
> 任而不敢批評的以外，多半是在那裏墮落吧！婦女解放的結果，恐
> 怕只是使一般放浪荒淫的敗類，隨時隨地，尤其是在都市裏，可以
> 得到苟且縱欲的機會吧！下一層的，如舞宮的舞女，摩室的摩女，
> 歌場的歌女，酒家的侍女，果然都算是婦女解放後的女子職業，不
> 過這種名目好聽的職業，在實際上都是靠著色相在那裏吸引一班狂
> 蜂浪蝶，這大家不能不承認罷。……
>
> 所以現狀的所謂婦女解放，只是婦女地位的墮落，而絕不是婦女地
> 位擡高。許多提倡婦女解放，說是爲的要提高婦女地位的男子，盡

〔註 155〕李峙山《請教秦川碧君》，《婦女共鳴》1934 年第 3 卷 11 期，「東鱗西爪」，
　　　　第 38〜39 頁。
〔註 156〕談社英《對批評婦運之批評》，《婦女共鳴》1934 年第 3 卷 12 期，第 10〜16
　　　　頁。

可以是淫邪的，是罪惡的。

對此，談社英認為：「惟此種種罪惡，豈能歸之於解放婦女之本身，以及婦女解放之提倡？所有構成罪惡之原因與機會，完全應由社會負責。」

類似於談社英所說「形形色色之奇妙文章」，雲裳亦謂「稀奇古怪的妙論亦復不少」〔註157〕，並指出，對於這次運動根本上認為「大可不必者」，不外持以下諸理由：

一、現社會組織下男女經濟地位尚未平等，法律條文之平等在事實上毫無用處。

二、這是因為生理上的關係，如男子遠離家庭，女子在懷孕期間應絕欲，以及男女性欲年齡上的參差等。

三、現在人類男女心理上已不平等，「妻以夫貴」的心理尚普通存在於女子自己心目中。有許多智識婦女竟甘為大人物之妾媵。此種心理如不首事改造，法律平等有何用處？

四、這完全是道德問題。希望婦女們注意道德上的修養，各自檢點私行，自不至觸犯刑章，不平等的條文是不關重要的。

對此，雲裳均進行了回應。她認為「最無理由的莫過於已將男子置於在法律上優越地位，而向女子呼籲注意道德上的修養」。針對心理改造論，質問：「處於不平等地位的婦女應該等待社會意識的改造，再在法律上訂定平等的條文嗎？」關於男女生理上的不同，指出「男女都是肉做的」；女子的懷孕及性欲年齡上的差別不應是男子通姦的理由。最後則強調「經濟平等與法律平等亦應相輔而行，求經濟之平等不應忘記了同時求法律上之平等。」〔註158〕

正是女界的不懈努力，最終取得了刑法二三九條修正案的勝利。刑法二三九條修正案採男女平等的原則，讓通姦罪的定罪由「有夫之婦」改為「有配偶」，使男子與女子得以同等定罪，對於婦女不能不說是一大解放，女界為此歡欣鼓舞。李峙山在《新刑法施行了——婦女們注意》一文興奮地向婦女大眾宣佈了這一消息：

〔註157〕雲裳《道德心理生理經濟與法律》，《婦女共鳴》1934年第3卷12期，第17～19頁。

〔註158〕雲裳《道德心理生理經濟與法律》，《婦女共鳴》1934年第3卷12期，第17～19頁。

姊妹們！在以前，你的丈夫與任何人通姦，或嫖妓，或娶姨太太，都不犯罪。自七月一日起，上面的行為都觸犯了刑法第二三九條，你可根據此條法益到法院去起訴，如果證據確實，你的丈夫及與他發生關係的女人，都有被處一年以下有期徒刑的可能。婦女既有此項權利，對於那些不守貞操的男子，可以給他們點厲害了。假使婦女們對於此條運用得好，可以使家庭、社會、國家都受到優良的影響。

與此同時，李峙山還提醒婦女們注意同法的第二四五條及刑事訴訟法第二一三條第7項，希望婦女能通過法律的運用，移風易俗，維護自己的權益。〔註159〕

法律平等權雖然獲得了，但是婦女們是否能有效地運用所獲得的權利，依然並不樂觀。對於新刑法施行後社會婦女們的運用情況，《婦女共鳴》也特別給予了關注。談社英在《利用法律平等之第一聲》〔註160〕中就介紹了《申報》新聞一則，報導的是1935年8月21日，海門婦人楊金氏因丈夫與人通姦，向法院提起告訴之事。這一事件令婦女界感到極大之鼓舞。談社英稱：「楊金氏之舉，實為男界之棒喝，女界之晨鐘，是為新刑法修正後，足資紀念之第一聲矣！」但「新刑法施行後，能利用新刑法二三九條法益的婦女並不多，報紙上記載出來的僅三四起，事實雖不盡相同，而女主角之歸於失敗則同。」原因則主要在於女子對於法律不夠瞭解以及社會各方勢力的不予支持。〔註161〕

綜觀婦女在爭取法律平等運動中的萬般努力，以及社會各界的百般阻撓，可見女性在反對封建傳統勢力，維護自身權利過程中所面臨的困難和所付出的艱辛。而在文字上確認婦女所獲得的法律平等權之後，如何真正讓這一權利為女性所用，對她們而言仍是一個漫長的過程。但不管怎樣，婦女運動者們在面對不公平的法律時能從女性立場出發據理力爭，並通過自身的不懈鬥爭取得了最後的勝利，依然可喜可賀。

〔註159〕峙山《新刑法施行了——婦女們注意》，《婦女共鳴》1935年第4卷7期，第1～2頁。
〔註160〕社英《利用平等法律之第一聲》，《婦女共鳴》1935年第4卷9期，第1～2頁。
〔註161〕珊《新刑法施行後》，《婦女共鳴》1935年第4卷9期，第47－48頁。

三、《婦女共鳴》與南京市反「復娼」運動

　　娼妓作爲女性身份最爲非人的象徵，從近代開始逐漸受到新式知識分子和婦女運動者的關注，尤其是婦女運動者從辛亥革命時期就不斷地針對娼妓的改良進行討論。此後，娼妓問題日益受到社會，尤其是婦女界的關注和批判。可以說，從 20 世紀初開始，主張廢娼或禁娼已經成爲有識之士的共識。人們對於娼妓問題的高度關注，自然是因爲娼妓對現代文明社會而言代表了落後和骯髒，它所給予國家、社會、家庭以至於個人的毒害都爲人所深惡痛絕。對於女性來說，娼妓的存在更是對女性人格的侮辱，人權的無視。因此，廢娼與禁娼運動中，婦女始終是一支不可忽視的力量，婦女團體在廢娼運動過程中更是一面不倒的旗幟。

　　1927 年 4 月，南京國民政府成立，一場轟轟烈烈的廢娼運動，隨著南京國民政府模範首都建設運動的發軔而拉開了序幕。此時的南京政府正處於百廢待興的建設時期，對於首都嚴重的娼妓問題也深惡痛絕，甚至將廢除娼妓上升至國民黨政綱高度加以認識：國民黨政綱「確認男女平等之原則，助進女權之發展」，必須「根本剷除」娼妓制度，這是「實現三民主義的重大要求」，如果不能廢除娼妓就是「革命的中國國民黨的最大恥辱」。正是在這樣的共識之下，南京國民政府準備實行禁娼。1928 年 9 月 1 日南京市正式發佈禁娼令，實行禁娼。明令停止收花捐、各妓女從速自行改業、驅逐出境以及善後措施爲擴大救濟院和平民工廠。〔註 162〕

　　然而，因南京市一味採取罰款和驅趕的治標不治本的禁娼方式，全國娼妓一個也沒減少，不可能根本解決娼妓問題。因此，南京市的禁娼，效果始終非常有限。這種禁娼不力的結果最終引發了「復娼」之議。1929 年江蘇鎮江縣長提議「復娼」在社會引起軒然大波，於是有關娼妓以及禁娼、復娼的大討論從此拉開序幕。誠如《婦女共鳴》所記載：

> 近來本市的社會問題中，鬧得最熱烈，最緊張的，要算是娼禁開放問題了，在市民方面，幾無日不有反對的文字，披露於報紙或雜誌上，市府方面，除了市長局長發表非正式的談話外，並且組織了黨政軍警的娼禁討論會？而婦女團體以此事於婦女運動前途及社會上有莫大的障礙，故猛烈的出而反對之，同時並條呈禁娼之必要，和

〔註 162〕單光鼐《中國娼妓——過去和現在》，北京：法律出版社，1995 年版，第 198
　　～199 頁。

救濟私娼之辦法，以爲政府之參考。〔註163〕

在南京市的反「復娼」運動中，婦女界始終站在鬥爭的最前沿，堅決反對「復娼」，強烈要求「禁娼」。此次反對開娼禁活動，以南京市婦女會救濟會和南京市婦女會籌備會反對解除娼禁上蔣委員長電、呈行政院文、呈市黨部市政府之文電而達到高潮。在各電文中，婦女運動者們嚴正聲明了堅決禁娼的決心，並指出：開娼禁良屬飲鴆止渴，不獨摧殘女性，蹂躪女權，而且違背國民黨各項婦女政策。與此同時，她們還提出了各種針對娼妓的救濟辦法，以確保禁娼的有效進行。隨後，以婦女共鳴社成員爲代表的南京市婦女界通過召開記者招待會的方式表明了禁娼和反對復娼的立場和態度。在《婦女共鳴》1933年第2卷5期「娼妓問題研究專號」《婦女會招待新聞界記事》〔註164〕一文有較爲詳細地記載：

南京市婦女會籌備會，於五月一日下午二時，假世界大飯店招待京市新聞界，到各報館通訊社記者四十餘人，由該委員會唐國楨主席，報告招待旨趣，繼由該會委員劉巨全，李嶠山，分別演說開娼之流弊，及反對理由，末由記者答詞，至四時餘始散，茲誌各委報告詞大意如次。

各報告的主要內容有：唐國楨報告批評政府不僅不全力禁娼反而有開娼之議，並擬四項救濟辦法督促政府執行；劉巨全就繁榮市面和禁絕私娼的開娼理由逐一駁斥；李嶠山指責政府禁娼辦法實爲開娼，並指出所謂禁娼導致私娼增多以及爲了滿足社會人員性欲問題都是無理之說。這些報告都明確地表達了婦女運動者們反對開娼禁之無理提議的堅決態度和維護婦女基本人權的性別立場。

婦女運動者的強烈抗議和各種輿論攻勢，使南京市的開娼之議最後不了了之。隨著抗日戰爭的全面爆發，娼妓問題一時間從社會輿論視野中消失。但是作爲一段歷史，婦女運動者們在這場運動中所表現的堅定、果敢、有理有據的鬥爭精神直到今天依然值得我們銘記。

作爲婦女共鳴社的機關刊物，《婦女共鳴》從1929年創刊到1935年六年的時間裏，始終對娼妓問題予以較多的關注。針對各種「復娼」提議，該刊

〔註163〕國楨《對於京市娼禁問題的檢討》，《婦女共鳴》1933年第2卷5期，第13～16頁。
〔註164〕《婦女會招待新聞界記事》，《婦女共鳴》1933年第2卷5期，第43～44頁。

的「娼妓問題研究專號」掀起了娼妓問題的大討論，要不要禁娼和怎樣禁娼成為此次討論的焦點。具體內容上，除禁娼復娼的辯論著墨頗多外，對娼妓產生原因、根治辦法、娼禍之害以及禁娼與婦女運動的關係等各方面均有所論述。以下將從娼妓制度之害與娼禍之烈、娼妓產生原因和禁娼途徑以及「禁娼」與「復娼」之爭三個方面對《婦女共鳴》有關娼妓問題的內容加以討論。

（一）娼妓制度之害與娼禍之烈

1、娼妓制度之害

《婦女共鳴》有關娼妓制度研究的文章主要有：金石音《道德的性道德》、霜葵《中國娼妓源流》、羅素原著黃席群譯《娼妓制度之研究》、沈虹黎《賣淫與社會因果》、乙楓《娼妓問題研究》、朱美予《中國娼妓問題之研究》等。這些文章對娼妓制度的形成及其發展過程進行了較為深入地探討，並結合娼妓制度對於國家、民族、個人以及婦女人權的危害進行了堅決地批判。

金石音從娼妓制度的本質、娼妓產生的根源等方面對娼妓制度進行了批判，她指出：「娼妓制度在原則上本來是一種最不道德的制度，在風俗上是一種最不良的風俗，社會上之所以有娼妓，並非男子因客觀的經濟困難而施以善意的救助，乃是他們因主觀的獸性而利用客觀的弱點的惡意的輕侮。」「婦女被逼為娼，被賣為妓，她的生命權和名譽權，固然完全為人所奪，就是她整個的人格，已經破碎得如粉一般。」因此，她最後憤怒地表示：「無論男女，對於性的自主權是極對的，舊道德下滋榮的娼妓的制度，把婦女的性的自主權剝奪了，乃為兩性道德間，一個最大的不平等。」〔註165〕

梅鴻英則將禁娼運動與婦女運動聯繫在一起，她認為娼妓制度的存在，婦女解放的前途，是永難成功。因為它對於婦女運動，有莫大的影響；對於整個社會，有莫大的害處，對於婦女本身的人格，又有相當的損害。〔註166〕

商生才《實行廢娼》〔註167〕一文則從娼妓制度與女權的關係論證了廢除娼妓制度的絕對必要性。該文指出：

> 在這婦女運動自求解放的時候，「男女平權」，已為世界民族所公認；
> 我們既承認婦女與男子有平權的可能，那末，必須設法廢除有關女

〔註165〕金石音《道德的性道德》，《婦女共鳴》1929 年第 16 期，第 5～17 頁。
〔註166〕梅鴻英《婦女運動與禁娼》，《婦女共鳴》1930 年第 34 期，第 25～28 頁。
〔註167〕商生才《實行廢娼》，《婦女共鳴》1931 年第 43 期，第 8～11 頁。

權進展的一切障礙，障礙女權進展的第一要素，就是娼妓。……站
在二十世紀的今日，潮流急進是刻不容緩的，女子自求解放的聲浪
日見緊張，娼妓的制度便是有礙女權進展的絕大的對象，爲謀女權
進展的起見，娼妓制度決不容他一日的存在，必須實行廢除，才能
免除永久的遺患，有提高女子地位的希望呀！

總之，娼妓一天不廢，社會上就多一天齷齪底現象，且娼妓流毒，甚於
蛇蠍……所以娼妓，不只是婦女們的奇恥大辱；同時是男子們戕身底陷阱！
因此，不論爲社會，爲博愛，爲平等，娼妓是應該「廢」的！〔註168〕「我們
無論從哪一方面來說，娼妓總是要不得的，總是絕不應該存在的！娼妓的存
在，根本上是社會的弱點，根本上就表示男女地位的不平等，而且也是人類
莫大的恥辱！」〔註169〕這些對於娼妓制度的控訴恰恰反映了婦女運動者們廢
除娼妓制度的決心。

2、娼禍之烈

「娼之爲害，故夫人而知之矣，小而言之，使一般青年曠時廢業，傾家
敗產，大而言之，傳染梅毒，貽害子孫，影響民族，種種危害，固不一而足
也。然則娼宜嚴禁杜絕，遑論其公與私之判別耶？」〔註170〕「娼妓是梅毒的
媒介；娼妓是家庭的致命傷；促進奢侈和腐敗。」〔註171〕有關娼妓的危害，
從《婦女共鳴》中的文章內容來看主要集中在以下幾個方面：

危害種族。娼妓因爲濫行性交的緣故，所以發生性病，在醫藥不發達的
中國，由於對於妓女沒有起碼的檢查，患病後也無法有好的治療措施，最終
導致梅毒泛濫，不但妓女和嫖妓者身體從此變成幾近廢人，而且還「遺害了
女，妨礙家庭幸福，危害種族健全，以至於禍國殃民」〔註172〕。爲此社會各
界人士對此多大加鞭撻。唐國楨就曾指出因爲梅毒泛濫，「若任其蔓延，不早
禁絕，則將來人種之頹廢，民族精神之萎靡何堪設想。」〔註173〕

〔註168〕陶果人《對於鎮江縣長提議復娼的感言》，《婦女共鳴》1929年第6期，第31
〜34頁。

〔註169〕乙楓《娼妓問題研究》，《婦女共鳴》1933年第2卷3期，第25〜37頁。

〔註170〕無名《開放娼禁之理由安在？》，《婦女共鳴》1933年第2卷5期，第37頁。

〔註171〕峙山《娼妓問題的研究與首都開禁》，《婦共鳴》1933年第2卷5期，第7〜
12頁。

〔註172〕商生才《實行廢娼》，《婦女共鳴》1931年第43期，第8〜11頁。

〔註173〕唐國楨《如何解決娼妓問題》，《婦女共鳴》1932年第1卷3〜4期合刊，第
17〜21頁。

墮落青年，妨礙事業發展。「凡一個妓女的存在，必有幾個墮落的青年相襯著，妓女一日不取消，墮落者一日要增加，妓女愈多，墮落者愈多，還有養成奢華的惡俗，妨礙生育的發展，離間家庭的和美，損失婦女的人格。」〔註174〕而青年對於社會的責任巨大，「社會是靠青年來改造的，所以青年如果自己不能振作，則直接是自身墮落，而間接的是社會退化，這是何等的不幸！」〔註175〕青壯年沉湎與聲色場所，無心事業，「社會既去了這一部分的主力軍，則社會事業的發展，當然遲鈍，社會進化因之而緩慢了。」〔註176〕

有傷風化及擾亂秩序。「社會之敗類日增，社會之風紀日壞。社會之秩序因而大亂，蓋其源流，十之七八皆此種娼妓之所賜也。」〔註177〕此外，娼妓制度還存在誘惑良家女子，造成社會奢侈的惡風。游手好閒，不務正業，徒事消費，這些都是妓女的罪惡。〔註178〕

破壞女權。「提倡女權，必先養成女子純潔高尚的人格，娼妓的存在，是女界的污點，女權發展，受莫大的打擊。」〔註179〕

（二）娼妓產生原因及廢娼途徑

《婦女共鳴》針對娼妓產生原因以及廢娼途徑的討論頗為熱烈，作者們從不同角度分析娼妓產生的原因，並針對性地提出了不同的廢娼方案。

下面結合《婦女共鳴》的相關內容，就作者們所提供的廢娼途徑從治標、治本兩個方面進行綜合分析。

治標辦法。所謂治標就是在現有社會體制和制度下，就娼妓的杜絕、管理以及安置等問題提供具體的實施方案。第一、給予妓女從良機會，斷絕娼妓來源。具體辦法主要有嚴格妓女登記制度，以調查妓女情況。並通過給予妓女從良的機會；設立訓練所訓練妓女的工作技能；設立妓女工廠，給予妓女自食其力的條件；擴充社會職業，為從良妓女提供就業機會。此外，通過提倡社會教育，對於娼妓之害廣為宣傳，嚴密調查，使妓女在社會教育下感

〔註174〕商生才《實行廢娼》，《婦女共鳴》1931年第43期，第8～11頁。
〔註175〕朱美予《中國娼妓問題之研究》，《婦女共鳴》1933年第2卷10期，第36頁。
〔註176〕唐國楨《如何解決娼妓問題》，《婦女共鳴》1932年第1卷3～4期合刊，第17～21頁。
〔註177〕唐國楨《如何解決娼妓問題》，《婦女共鳴》1932年第1卷3～4期合刊，第17～21頁。
〔註178〕朱美予《中國娼妓問題之研究》，《婦女共鳴》1933年第2卷10期，第36頁。
〔註179〕朱美予《中國娼妓問題之研究》，《婦女共鳴》1933年第2卷10期，第36頁。

化爲善。與此同時，嚴禁人口買賣和逼良爲娼，禁絕娼妓來源。第二、屬行禁娼。通過嚴刑峻法對娼妓經營者、包庇者等娼妓生存環境予以堅決打擊。

唐國楨認爲：

> 解決娼妓問題，第一是要使他有了獨立技能，自食其力。第二是要使他有普通的知識，知道自己是個「人」，覺悟「人」的價值，自願去離開神女生涯，漸漸地改良過來，此所謂治本。至於屬行禁止，及禁賣人口，乃是治標之謂，誠能按步行之，然後再努力於社會經濟組織之改良。使生產社會化。則豈惟娼妓可根絕。即一切由經濟壓迫所產生之不良影響，亦可根絕矣。願秉國鈞者，其勿忽焉。〔註180〕

以文在《對於娼妓開禁問題之我見》〔註181〕一文中則從政治、經濟、法律、教育以及社會共五個方面論述了廢娼的基本辦法：

> 政治上之救濟：國家主導調查人口比例，引導男女生育喜好，實現男女比例協調。

> 經濟上之救濟：建設大規模之婦女工廠，大量使用女工，讓女工擺脫生存困境，提高女子經濟地位，「則賣女惡習，無形消滅，生活困難，自然彌補」。

> 法律上救濟：保障婦女眞正獲得財產繼承權。

> 教育上之救濟：教育普及，性知識必高，流毒自然斂迹。

> 社會上之救濟：廣設衛生機構，義務應診。

談社英則主張嚴懲龜鴇；限期放贖；獎勵告發；重罰包庇。〔註182〕

治本辦法。所謂治本之法，應由道德上法律上經濟上……著手。〔註183〕沈虹黎《賣淫與社會因果》從社會制度層面討論了賣淫這種社會現象存在的原因，在該文中，作者表達了以下幾個主要觀點：首先，賣淫是與男性中心社會俱來的。有了男性中心社會制度，才有賣淫問題的發生。其次，賣淫是一個階級問題，「要解放女性，要拯救女性，就先要等階級的毀滅。」最後，

〔註180〕唐國楨《如何解決娼妓問題》，《婦女共鳴》1932 年第 1 卷 3～4 期合刊，第 17～21 頁。

〔註181〕以文《對於娼妓開禁問題之我見》，《婦女共鳴》1933 年第 2 卷 4 期，第 18～21 頁。

〔註182〕社英《消滅娼妓之根本方法》，《婦女共鳴》1933 年第 2 卷 5 期，第 1～6 頁。

〔註183〕梅鴻英《婦女運動與禁娼》，《婦女共鳴》1930 年第 34 期，第 25～28 頁。

雖然賣淫是男性中心社會制度下必有的問題，但是女性仍然不能坐等，而要通過婦女運動一致起來摧毀壓迫女性的各種畸形制度，以完成社會因果之演變發展。〔註 184〕該文從深層次的社會制度原因揭示了娼妓和賣淫存在的根源，從而提出了要完全解決娼妓問題，不能相信男性社會的施捨，而是必須要女性自己起來改變現存的男性中心的社會制度。

而在乙楓《娼妓問題研究》〔註 185〕一文中，主張採取蘇俄的「禁絕主義」，從國家制度上入手以解決娼妓問題。該文認為：「蘇俄之對付賣淫的目標，不是向著娼妓本身，也不是像別的國家只驅散了事，而是向著賣淫制度的本身，即消滅貧困與失業，並舉行種種設施，以期根本剷除娼妓。」在該文的結論中，作者提出了「娼妓何時方得完全消滅？」的拷問。並以馬克思關於私有財產製終將消亡，共產主義必將來臨的觀點，指出娼妓也將隨著私有制的消亡而走向滅亡。文章指出：

> 娼妓問題與其他社會問題一樣，根本上是經濟問題。自男女地位變更和私有財產製度建立以來，乃發了人肉的買賣。在現代資本主義的社會中，更是一種不可少的制度！
>
> 有人說娼妓這種制度，要世界末日，才能同地球同時消滅。（見婦人與社會二六九頁）這當然是男權的擁護者，承認男尊女卑是絕對的應該的。同時也是社會的擁護者，也就是私有財產的擁護者，承認私有財產是唯一制度，是有永久存在的可能。
>
> ……
>
> 娼妓雖與人類史的序幕而同時告終，但我們不能靜待人類史的序幕告終，以期娼妓的絕迹。我們都是推動歷史的成員之一，我們應該用全力將這序幕翻過去！
>
> 到那時，男女，方有真正平等！
>
> 到那時，娼妓方得完全消滅！

與該文持同樣觀點的還有《婦女共鳴》主編李峙山，她在《娼妓問題的研究與首都開禁》〔註 186〕中提到：

〔註 184〕沈虹黎《賣淫與社會因果》，1932 年第 1 卷 11 期，第 31～36 頁；沈虹黎《賣淫與社會因果》（續），1932 年第 1 卷 12 期，第 23～29 頁。
〔註 185〕乙楓《娼妓問題研究》，《婦女共鳴》1933 年第 2 卷 3 期，第 25～37 頁。
〔註 186〕峙山《娼妓問題的研究與首都開禁》，《婦女共鳴》1933 年第 2 卷 5 期，第 7

因為私有制度還存在，一切一切，都受經濟力的支配，性的問題也
隨著視同商品。又因為經濟權操在男子手裏，男子高興起來，就五
花八門的出花樣來解決性問題。在男女經濟權未達平等地步，或貧
人的問題未得解決前，性的買賣現象，或難於消滅。但可因禁娼而
使娼妓減少。

李峙山認為，因為私有制度的存在以及階級問題未能解決，娼妓將無法
消滅，但是實行禁娼依然可以讓娼妓減少，人們不能坐等私有制度消亡的那
一天到來而不在今天盡到禁娼的責任。

此外，永穌《禁娼問題與整個婦女運動》〔註187〕一文從分析禁娼與婦女
運動的關係出發，對解決娼妓制度的辦法發表了自己的看法。該文認為「娼
妓問題非從治本方面解決不可。縱使在治標上解決，也決不會見效。」而治
本的辦法就是不讓下層社會的婦女因貧困而淪為娼妓，因此她主張「知識分
子的婦女，深入婦女下層去，喚醒他們，使他們參加抗日的鬥爭……使各個
婦女都有工作，都有飯吃，然後，在教育上，衛生上，逐漸地追上男子的水
平線，娼妓自然會消滅於無形。」否則，只是徒勞無功。

由此可見，在 20 世紀 30 年代的南京國民政府禁娼運動中，婦女運動者
們不但表明了堅決禁娼的決心，而且對於怎樣禁娼提出了各種不同的辦法。
值得一提的是，此時的新式女性知識分子們已經意識到男性中心的社會制度
和私有財產製度是娼妓制度的深層根源，並發出了改變現有社會制度和私有
財產製度的呼聲。

（三）禁娼與復娼之爭

《婦女共鳴》以 1929 年第 6 期以《復娼》一文開始，至 1934 年第 3 卷 7
期李峙山《關於娼妓問題之意見一束》結束，先後與「復娼」論者進行了長
達五年之久全方位的論爭。從最初鎮江縣長孔憲鏗以「官娼雖說沒有，而私
娼則發達異常」之原因提議復娼；到南京商會以「娼妓之公開與禁止，關於
市面之繁榮甚巨」，主張建議政府實行開娼，女性運動者們都進行了不屈不饒
的鬥爭。下文結合論辯雙方的言論進行討論，以求再現那一時代「禁娼」與
「復娼」論者之間論爭的歷史場景。

〜12 頁。

〔註187〕永穌《禁娼問題與整個婦女運動》，《婦女共鳴》1933 年第 2 卷 5 期，第 23
〜28 頁。

1、事件起因與「復娼」提議

在《復娼》一文中，對於復娼提議的最初現場進行了描述：

> 在國民政府首都所在省份的首縣縣長竟有堂而皇之的「復娼」提議
> 案提到全省縣長會議席上來，竟有縣長起立贊成，不是由斌縣長起
> 而反對，且將通過；最後復經主席宣佈保留，交第五科科長核議，
> 轉呈廳長核奪，寧非咄咄怪事，人家說黨治下的一切已在全部開行
> 倒車，這種算是一個明白的證據了吧。「對於國民黨二大明確宣佈廢
> 娼的決議，縣長竟可以復議，民政廳長居然還予以支持，「誠不知其
> 心目中尚有黨存在否也。〔註188〕

隨後，在1929年第6期，陶果人《對於鎮江縣長提議復娼的感言》〔註189〕
一文登載了鎮江縣長提議復娼的理由。理由如下：

> 提議安置事變更禁娼辦法。竊維娼妓原為現代社會病之一種。能禁
> 而絕之，自是人類之光榮。無如在現在社會情況下，事業每與願望
> 相違。即如現在江蘇禁娼，其結果官娼雖說沒有，而私娼則發達異
> 常。其所以然者。因娼妓之來源有自，有求之者，有供之者。求有
> 求之因，供有供之因。供求之源不絕，則徒以嚴刑峻法治之，亦必
> 無裨事實。為今之計，與其學英美之空唱高調，侈言禁娼，而遍地
> 私娼，不如採取歐洲大陸之管理娼妓制度。

該提案還提出了仿傚歐洲大陸的娼妓管理制度，從道德、衛生、治安三
個角度對娼妓進行管理。具體內容為：

> 指定娼妓居住之區域：實行登記管理制度，限制娼妓外出自由。
>
> 嚴行檢驗：有病者強制施藥，病一次者記之，再病者乃止其營業。
>
> 於指定之區域：派警察嚴密監視，使不軌之徒，不能藉妓院為藏匿
> 之所。

以此為開端，以《婦女共鳴》為代表的「禁娼」論者開始了與「復娼」
論者的長期論戰。

在此之後，又出現所謂開娼以「繁榮市面」之說成為雙方論戰的又一個

〔註188〕鶼《復娼》，《婦女共鳴》1929年第6期，「時事評論」，第3頁。
〔註189〕陶果人《對於鎮江縣長提議復娼的感言》，《婦女共鳴》1929年第6期，第
31～34頁。

焦點。李崤山所撰《關於娼妓問題之意見一束》〔註190〕一文轉述了這一復娼提議產生的具體情況：

> 南京《新民報》新聞：近日盛傳京市府以市內花柳病盛行，將要求中央諒解，准予開放娼禁，既可減少花柳病，復可促市面繁榮之説。記者特赴市府探詢究竟，據負責人談：「本府自民十八奉令禁娼以來，對於私娼之取締，雷厲風行，雖有一部分商人，藉繁榮市面爲請，要求取締禁令，然本府均未加以允許。其實市面蕭條，係整個社會經濟問題，與禁娼絕無關係。近日報載本府將取消禁令之説，均繫外界一般推測。查京市自禁娼以來，已屆五載，雖無十分成績，但較公娼時代充斥街市之娼妓，究屬減去不少。現本府對禁娼問題，正在加緊工作，籌謀妥善計劃，使市中日漸減少若輩蹤跡。況值此新生活運動期間，決不因少數商人之請求，而出此矛盾舉動」云云。
>
> （又訊）京市繁榮市面委員會，對於京市娼禁一事極爲重視，蓋娼妓之公開與禁止，關於市面之繁榮甚巨，最近，曾擬具提案向市商會提出，主張建議政府，實行開娼，其理由如下：
>
> 一、開娼後可減少梅毒等毒菌；
>
> 二、開娼後，或可使蕭條萎靡之市面，得賴以漸蘇；並以上海漢口等公娼都市爲證。
>
> 聞市商會對此，曾加討論，惟以關係重要，故刻下尚在考慮中云。

正是以上所述「復娼」論者的復娼理由，成爲之後婦女運動者們批駁的靶子。《婦女共鳴》即是此次論戰的主戰場。

2、反對「復娼」者的聲音

針對南京市的「復娼」提議，《婦女共鳴》發表了大量反對「復娼」的文章，從各個角度分析了復娼論者的復娼理由，並予以了嚴厲地指責和批判。該類文章主要有：金石音《毫無理由的復娼論》、維譽《公娼制度可行乎？》、無名《開放娼禁之理由安在？》、所非《賣淫救國論》、《京市婦女會反對解除娼禁之文電》、《婦女會招待新聞界記事》、《致京市婦女救濟會的一封信》、《娼妓問題與中外輿論》、崤山《我對於杭州檢驗妓女之感想》、珊《關

〔註190〕珊《關於娼妓問題之意見一束》，《婦女共鳴》1934 年第 3 卷 7 期，第 34～37 頁。

於娼妓問題之意見一束》等。在這些文章中，李峙山對於復娼理由的批判可
謂代表了婦女運動者的基本立場。她說：

> 私娼問題及花柳病的問題，都不是開娼禁可以解決的。至於繁榮市
> 面更是傷天害理的盲目主張。所以與其開放娼禁而不能解決以上的
> 問題，還是特別嚴禁一點好。〔註191〕

以下將「禁娼」論者駁斥復娼理由的觀點進行匯總，以再現此次論戰的
真實歷史場景。

（1）駁「開公娼以檢驗，免梅毒之傳染」說

針對鎮江縣長認為禁公娼而導致私娼發達異常，最終導致梅毒流行的說
法，陶果人指出：娼妓來源多為生活所迫；因病停止營業的公娼又將淪為私
娼〔註192〕。金石音則首先從花柳病的特點入手分析認為：花柳病往往在染病
一二個月後才會發病，如要完全防範需每天檢查幾次，而這樣做的可能性太
少了。因為娼妓人數太多，檢驗費用浩大，娼妓的時間將大部在檢驗中消耗。
其次，檢妓不檢客，娼妓受檢驗而狎客不受檢驗，那麼總是妓盡無病，仍無
法杜絕病毒之傳佈，結果，一切費用與手續，全等於零。〔註193〕《婦女共鳴》
記者則指出：「開禁以後，任憑你檢驗得怎樣嚴屬，花柳病是沒法子可以肅清
的，若以暗娼無法檢驗，公娼可以檢驗為詞，就請看各大埠的檢驗成績如何。」
〔註194〕「開娼之後，誰又能保證私娼絕迹花柳病之斷根乎？」〔註195〕李峙山
《我對於杭州檢驗妓女之感想》〔註196〕一文亦指出：妓女檢驗而不對嫖娼者
檢驗，男女不平等，檢驗因單方面而失去應有的作用。同時，她還站在男女
平等和階級平等的角度抨擊當局的公娼制度對妓女的管理辦法，指出檢驗僅

〔註191〕珊《關於娼妓問題之意見一束》，《婦女共鳴》1934 年第 3 卷 7 期，第 36
頁。

〔註192〕陶果人《對於鎮江縣長提議復娼的感言》，《婦女共鳴》1929 年第 6 期，第 31
～34 頁。

〔註193〕金石音《毫無理由的復娼論》，《婦女共鳴》1933 年第 2 卷 5 期，娼妓問題研
究專號，第 17～22 頁。

〔註194〕記者《娼妓問題與中外輿論》，《婦女共鳴》1933 年第 2 卷 6 期，「編輯餘話」，
第 74～76 頁。

〔註195〕《致京市婦女救濟會的一封書》，《婦女共鳴》1933 年第 2 卷 5 期，第 45～
46 頁。

〔註196〕峙山《我對於杭州檢驗妓女之感想》，《婦女共鳴》1933 年第 2 卷 12 期，第
30 頁。

僅保證了達官貴人的享樂安全，不合格的妓女停止公娼身份將以私娼身份供下層男子使用，最終毒害的將只有下層社會。最後，該文發出憤怒的感歎：「嗚呼男系資本社會之罪惡！」總之，對於「復娼」論者所說的私娼導致梅毒廣泛傳播之說，「禁娼」論者明確地表示對公娼的檢驗並不能減少梅毒的傳播，更無法從根本上杜絕性病的流傳，最多也只是保證上層社會嫖妓者的安全。

（2）駁「寓禁於縱」說

復娼論者認為既然禁娼五年毫無成績，倒不如使之恢復舊態，讓她們公然營業，如果加以國家的各種監督和限制，則雖縱猶禁，以觀實際效果。對此，婦女運動者們認為，這不過是「欺人自欺」、「愚人自愚」，是復娼論者的一廂情願。以下是她們所闡述的理由：

金石音認為：

> 寓禁於縱，這種政策的欺人，正如寓禁於縱的鴉片公賣一般。禁了公娼就能私娼絕迹了麼？上海的兩租界，並未禁娼，何以同時私娼遍地？南京在未禁以前是否全無私娼；可請問關心娼妓問題的衮衮諸公。劃區營業，只能使妓娼屯營化，決不能減滅娼妓數量，有各國的事例為證，倫敦巴黎，淫業不但得國家的默認與許可，而且進一步的受官廳的組織與保護。但它的結果怎樣？公娼愈多，私娼也愈多，而且私娼因為被禁的緣故，更秘密其營業，更嚴謹其組織，由此可知縱的結局，只能進成更荒淫的風俗，更不可收拾的社會。

〔註 197〕

《婦女共鳴》記者一針見血地指出：「有了公娼，私娼仍舊免不掉，假使說，有了公娼，便可以嚴屬取締私娼，那麼，何如在未開之前就嚴屬取締一下？可見有了公娼之後，私娼萬萬沒有減少的。」〔註 198〕唐國楨則通過列舉不禁娼的北平、漢口，私娼一樣多於公娼，指出「寓禁於縱」不過是「欺人自欺」、「愚人自愚」的話。〔註 199〕總之，婦女運動者們認為，「縱」公娼絕不可能讓私娼減少，更不可能禁絕私娼，那不過是復娼論者的一廂情願。

〔註 197〕金石音《毫無理由的復娼論》，《婦女共鳴》1933 年第 2 卷 5 期，第 17～22頁。

〔註 198〕記者《娼妓問題與中外輿論》，《婦女共鳴》1933 年第 2 卷 6 期，「編輯餘話」，第 74～76 頁。

〔註 199〕國楨《對於京市娼禁問題的檢討》，《婦女共鳴》1933 年第 2 卷 5 期，第 13～16 頁。

（3）駁「復娼」以「繁榮市面」說

對於復娼論者所謂首都之所以蕭條落寞，都是禁娼論從中作祟的說法，婦女運動者們從經濟學的基本原理出發，駁斥了其荒謬性。她們認為「市面蕭條，是整個社會經濟問題，豈是娼妓所能繁榮。」〔註200〕「市區繁榮與否，首在市政的是否完善」，「娼妓的需要是隨著工商雲集之後而來的」；「以娼妓為繁榮市區的工具的，那真是倒果為因。」〔註201〕一位論者在《致京市婦女救濟會的一封信》中更是尖銳地指出：

> 按照經濟原理而論，欲求繁榮市面，勢必增加生產，而消費亦必用之生產消費，庶幾社會財裕，日有增加，市面始能活動繁榮，今以開娼為繁榮市面之原因，殊屬令人疑惑不解。因娼妓嫖客為不生產之浪費者，同時鴇母傭人亦為不生產之消費者，似此消費多而生產少，則市面惟有日形枯竭，而一般墮落及失業者將日漸增多，社會愈趨惡劣，所謂繁榮市面，是不啻飲鴆止渴，吾不知當局者是何居心？〔註202〕

禁娼不力卻反倡開禁，於理不合。而在國難當頭之際，竟然主張開娼禁以繁榮商業，尋求享樂，於情不容。〔註203〕所非在《賣淫救國論》中更是以「花姑娘萬歲！」諷刺當局不抗戰救國而行「開娼」以「繁榮市面」之議，且將有開娼之舉。〔註204〕

除針對「復娼」論者的開娼理由進行逐一辯駁外，《婦女共鳴》還從各個方面表達了娼妓不能存在的理由，如金石音即認為，娼妓的存在違反黨綱、違反法律、違反新道德、違反民族利益。並指出，在主張「復娼」的表面理由背後，真正的「不好說」的是他們「以暢泄欲、以增收入、麻醉群眾」的不可告人的內在理由。〔註205〕維譽的《公娼制度可行乎？》則從法理、人道、民族之健全以及婦女運動幾個方面來論述公娼制度不能存在的理由。對於「復

〔註200〕珊《關於娼妓問題之意見一束》，《婦女共鳴》1934年第3卷7期，第35頁。
〔註201〕金石音《毫無理由的復娼論》，《婦女共鳴》1933年第2卷5期，第17～22頁。
〔註202〕《致京市婦女救濟會的一封信》，《婦女共鳴》1933年第2卷5期，第45～46頁。
〔註203〕無名《開放娼禁之理由安在？》，《婦女共鳴》1933年第2卷5期，第37頁。
〔註204〕所非《賣淫救國論》，《婦女共鳴》1933年第2卷5期，第39頁。
〔註205〕金石音《毫無理由的復娼論》，《婦女共鳴》1933年第2卷5期，第17～22頁。

娼」,《婦女共鳴》記者表達了婦女運動者最後的堅決反對之意以及憤怒、無奈之情。

> 總而言之,南京開娼禁,毫無理由!將來,大概南京有公娼一千名,一名娼妓以十個嫖客論(自然絕不止十個),那麼,南京就有一萬個浪漫的人,一萬人之中,也許就有幾分之傳染了花柳病,父而子,子而孫,自子,至玄曾,一代一代的傳染,好,過些年後,且看南京病態的社會。〔註206〕

(四) 對南京政府的「禁娼」評價

在南京「禁娼」與「復娼」的論爭中,《婦女共鳴》除批駁毫無理由的復娼論以外,還對政府禁娼不力以及在禁娼過程中頻頻出現的「擾民」行為予以了指責。

《首都婦女之娼妓嫌疑》〔註207〕一文就針對南京市禁娼過程中的擾民行為,轉載 1930 年 6 月 2 日《時事新報》的一篇文章,該文主要內容如下:

> 吾人以為南京市政府果欲禁娼,則應較現在更進一步,以求徹底解決,若如現在一面禁娼,一面任私娼流毒,較前尤甚,其流弊所及,致一般住旅館之婦女,皆被認為娼妓,而受侮辱,禁娼結果如此,則吾人甘冒天下之大不諱,而主張弛禁也,若果欲繼續禁娼,吾人以為治標之法,宜定一法律,(禁止警察私自認定娼妓並施以罰款,而應該依法辦理)……而婦女協會,及一般廢娼主義者,乃大聲疾呼,謂為侮辱婦女人格,主張廢娼,現在雖有廢娼之名,而無廢娼之實,其結果不特婦女人格不能維持,即犧牲肉體所獲之金錢,亦須為罰款之準備,且波及一般良家婦女,究之,禁娼以維持婦女人格之目的,不特不能達,反成為侮辱婦女人格之原因,天下至滑稽之事,孰有過於此者乎?故主持婦女協會者,及主張廢娼者三思,尤望南京市政當局有以善其後也。

該文針對禁娼不力反導致普通婦女受辱的事實發表了看法:其一,作者認為對於廢娼者來說,是否要考慮廢娼真的為婦女維護了權利。其二,如果

〔註206〕記者《娼妓問題與中外輿論》,《婦女共鳴》1933 年第 2 卷 6 期,「編輯餘話」,第 74～76 頁。

〔註207〕《首都婦女之娼妓嫌疑》,《婦女共鳴》1930 年第 30 期,「附錄」第 44～46 頁。

要禁娼，則要制訂法律，讓執法過程有法可依，不能隨意擾民，對此政府當局該有應對之策和解決問題的責任。

談社英則在《禁娼竟擾及一般婦女耶》〔註208〕一文中對此事進行了評論。她指出：「各地禁娼有名無實者，比比皆是，非變換名目，即陽奉陰違，然尚為娼妓本身問題，猶無首都因禁娼而擾及一般婦女為可痛。」反映了有關執法部門在禁娼過程中的肆意妄為之舉。

唐國楨在《京市婦女招待新聞界記事》〔註209〕的報告中對南京市當局在禁娼中的所作所為有著全面地介紹。她說：

> 南京禁娼始於民國十七年，係根據二全大會決議，由市政府執行，當時市長為劉紀文，在未頒令以前，婦女協會，曾呈請市政府，將以前所收花捐，創辦一大規模婦女工廠，藉資救濟，蓋南京花捐，每月可收三千八百餘元，以年計之，則有四萬五千六百元，提取一年收入，做工廠基金，相差無幾，其後禁令頒佈後，市政府對此建議，並未採納，因缺乏救濟之故，致脫離火坑之婦女，莫由生活，遂輾轉變為私娼，形成社會之一種嚴重病態，遞演五年之久，歷任市政當局，對此問題，抱不聞不問主義，任其自然變化，有時嚴屬執行禁令，亦不過派警抓拿，罰錢了事，放出以後，仍操舊業，私娼未享受絲毫救濟利益，而政府反添一筆罰金收入。

唐國楨的報告指責政府「禁娼」對娼妓禁而不救，導致娼妓由公娼變私娼，同時在禁娼執法中往往以抓人罰款了事而借機斂財，這些是禁娼沒有成效的主要原因。對于禁娼的效果，連南京市政府當局也不得不承認「查京市自禁娼以來，已屆五載，雖無十分成績，但較公娼時代充斥街市之娼妓，究屬減去不少。」〔註210〕由此可見，南京政府當局對救濟公娼「抱不聞不問主義」，同時在禁娼期間「有廢娼之名，而無廢娼之實」以及在禁娼執法中「派警抓拿，罰錢了事」的諸多表現都表明有關當局的禁娼不力和無心禁娼。

總而言之，《婦女共鳴》在 20 世紀 30 年代南京的反「復娼」鬥爭中可謂功不可沒，它的「娼妓問題研究專號」更是為我們全景式的展現了婦女運動者們為實現禁娼所做出的不可磨滅的貢獻。

〔註208〕社英《禁娼竟擾及一般婦女耶》，《婦女共鳴》1930 年第 30 期，「時事評論」，第 1～3 頁。

〔註209〕《婦女會招待新聞界記事》，《婦女共鳴》1933 年第 2 卷 5 期，第 43～44 頁。

〔註210〕珊《關於娼妓問題之意見一束》，《婦女共鳴》1934 年第 3 卷 7 期，第 36 頁。

第四節 蘇俄——女性解放的理想國

早在五四前的啓蒙運動中，十月革命後社會主義的歷史潮流已開始影響我國的婦女運動，如有一位讀者向《新青年》編輯部寫信，表示：「男女問題非待實行共產主義之後，斷不能圓滿解決」〔註211〕。編輯之一的周作人在覆信時同意了他的觀點。五四時期，一些先進的知識分子開始比較系統地報導蘇俄革命的勝利，大量有關蘇俄婦女的情況介紹也開始陸續傳入中國。蘇俄婦女的解放，對中國的婦女解放運動者有著強烈的吸引力。

作爲國民黨背景的女性刊物，《婦女共鳴》在堅定地保持其反第三國際和共產黨的政治立場的同時，卻似乎矛盾地選擇了對蘇俄婦女解放的關注，並對蘇聯革命勝利後婦女地位的巨大改變表現出由衷地讚美之情。對此，我們完全可以感受到，正是因爲對女性命運的共同關注和對女性解放的共同追求，讓該刊完全以女性刊物的性別身份接納了不同政治背景的蘇俄婦女，並將蘇俄作爲中國女性知識分子對於女性解放追求的理想國加以讚美。這種凸顯於階級身份背後的性別意識，恰恰表達了新式女性知識分子對於自身解放的自主追求。

《婦女共鳴》通過登載譯介或轉載有關蘇俄婦女生活狀況的文章，表達了對解放後的蘇俄婦女的關注，並寄託了中國婦女運動者的嚮往之情。這些文章的內容主要涉及蘇聯革命前後婦女政治、經濟、法律等各方面地位的對比；蘇俄提高婦女地位的各種政策；蘇俄的婦女兒童保護措施等等。代表性文章有：谷冰《蘇俄婦女之地位》，湯怡《蘇俄提高女權之設施》，言者節譯《蘇俄之產婦嬰兒保健事業》，林苑文譯《蘇聯婦女在法律上的權利》等等。此外，也有作者撰文介紹和讚美蘇俄的男女平等以及蘇聯婦女解放運動的偉大成績，此類文章主要有：施珊《蘇聯婦女之一鳴驚人》、《蘇俄男女平等》、古然《蘇聯獎勵生育》、麗沙《蘇俄的戀愛生活》、魯蘇《蘇聯婦女的地位》、長庚《祝蘇聯十九週年革命紀念》、秋寧《蘇聯婦女解放運動的邁進》等。以下通過分析《婦女共鳴》中有關蘇俄婦女的文章，揭示它所寄託的中國婦女解放運動者追求女性解放的理想。

一、從「雌雞不是禽，婦女不是人」〔註212〕到男女完全平等

蘇聯婦女的解放在 20 世紀初的世界是舉世矚目的成就，蘇聯政府和領導

〔註211〕 《張壽朋致記者，周作人答》，《新青年》5 卷 6 號，第 2 頁。
〔註212〕 谷冰《蘇俄婦女之地位》，《婦女共鳴》1931 年第 49 期，「轉載」，第 32 頁。

人基於對馬克思主義和階級解放的信仰，用革命的成功給予了全部人民一個平等的社會。《婦女共鳴》正是通過大量文章向我們傳遞了蘇俄婦女地位發生巨大變化的各種消息。如在 1930 年第 23 期，飛心《蘇俄的婦女》〔註213〕一文，就對蘇俄婦女在革命前後地位的明顯變化做了對比。文中說：

> 原來俄國的舊法律，也就像我們中國的法律一樣，是將他的基礎建築在婦女服從的原則之上的，所有很明白地在法律上規定了「一個妻子是應該絕對地服從著她的丈夫，同時對於她的父母亦須同樣的服從。」……在許多偏僻的地方有好些無聊的諺語，……「雛不是鳥，妻不是人。」……「不鞭打妻子的人是不會和她過安樂的生活的。」一個婦女如果要出外，非經過她的丈夫許可，授給她一張通行證，是不能自由行動的，……
>
> ……
>
> 俄羅斯今日的婦女，統是獨立而不需要依靠任何人的，（她們有平等的就業機會，而且同工同酬。）女子同時在政治，社會，經濟上統沒有障礙了；她們還可以得到政府經濟的幫助。

同樣在另一篇轉載的文章《蘇俄婦女之地位》也對蘇俄婦女的解放進行了描述：

> 俄國婦女在革命以前，備受種種不平等非人道之待遇，而農家婦女尤甚。俄諺謂「雌雞不是禽，婦女不是人」蓋爲最適當之形容矣！自革命而後，女子地位即與男子完全平等，不特在法律上經濟上教育上享有與男子同等之地位，其於建設新國家所負之責任，亦與男子相同，而無或差異。是以蘇俄今日已無所謂婦女運動，有之，則婦女對於國家社會之工作而已。〔註214〕

「在從前的帝俄時代，社會是很黑暗的；政治上腐敗得一塌糊塗。那時還有農奴制度的存在，社會上最低賤的人，莫若農奴了，然而婦女的地位，比農奴還要低賤。」這是《蘇聯婦女解放運動的邁進》〔註215〕一文中所寫的內容。而在十月革命後，當蘇維埃政權建立的那一天，一切都改變了。該文

〔註213〕飛心《蘇俄的婦女》，《婦女共鳴》1930 年第 23 期，「轉載」，第 17～23 頁。
〔註214〕谷冰《蘇俄婦女之地位》，《婦女共鳴》1931 年第 49 期，「轉載」，第 32 頁。
〔註215〕秋寧《蘇聯婦女解放運動的邁進》，《婦女共鳴》1937 年第 6 卷 1 期，「論壇」，第 22～25 頁。

指出：

> 蘇聯政府立刻廢除了陳腐的法律，婦女從悲慘奴隸的地位解放出來
> 了。她們得到和男子一樣的自由平等，獲得了和男子同樣的參政權，
> 任意參加各種社會生活，好像地獄裏登上了天堂。

對於蘇聯婦女地位的巨大變化，當時旅蘇的中國人在演講報告中也有提
及並大加讚美。1936 年第 5 卷 2 期，「婦女消息」欄目登載有《蘇俄男女平
等》一文，來源是「前外交部長陳友仁之女公子，曾寓蘇俄多年，……一月
九日在上海國際美術劇院演說蘇俄婦女之地位，謂事有絕對須明瞭者：

> 蘇俄之經濟機構，完全與資本國不同，固其因以發生之社會制度的
> 機構，亦完全與各國殊異。蘇俄婦女在機會上與男子絕對平等，兩
> 性間一切完全平等。……如婦女才能勝過男子，則即可獲得男子之
> 位置，俸給悉根據才能定之。如婦女辦事才能高出男子，則其俸給
> 亦視爲男子爲高，不因其爲女性而有差異也。……〔註 216〕

此外，《婦女共鳴》1934 年第 3 卷 7 期「東鱗西爪」欄目，有主編李峙山
《蘇聯婦女之一鳴驚人》文，通過《新婦女周刊》一則關於蘇聯婦女的消息
《女性的尖端》中有關女子參與各種職業以及在職業中佔有很大比例時，高
度評價蘇聯社會婦女地位的大幅改進，並視之爲世界婦女運動的突出成果。
李峙山在表達了對蘇聯婦女解放成績的欽佩之餘，進而指出：

> 婦女的思想智慧與男子初無區別。家法社會，封建勢力，硬把婦女
> 與男子分爲支配與被支配兩個階級，久而久之，才有今日之差別現
> 象。蘇聯既確定男女平等之原則在一切設施上，將婦女完全放在平
> 等地位，自然產生上面的平等結果。我深深地相信，無論任何國的
> 婦女，如果將伊們放在與男子完全平等的地位，而且環境，與蘇俄
> 相同，也會得著和蘇聯婦女同樣的驚人的成績。〔註 217〕

蘇俄革命後婦女運動的巨大成績讓中國的婦女運動者們難免歡欣鼓舞，
她們希望通過傳遞這些女性解放的消息告訴世人：男女應該平等，婦女應該
解放；婦女不但應該解放，婦女的解放還可以帶來民族國家的興旺發達。

〔註 216〕《蘇俄男女平等》，《婦女共鳴》1936 年第 5 卷 2 期，「婦女消息」，第 60
　　　　　頁。
〔註 217〕施珊《蘇聯婦女之一鳴驚人》，《婦女共鳴》1934 年第 3 卷 7 期，第 33～34
　　　　　頁。

二、提高女權，保護婦嬰

　　蘇俄婦女的地位因爲革命而獲得了翻天覆地的變化，而這種地位的變化不是憑空而來，是蘇維埃政府通過一系列的國家政策、法律、訓令等措施不斷提高婦女權利而得來的。我們從《婦女共鳴》中所看到的中國婦女運動者們所提出的有關如何提高婦女地位，如何讓婦女從家庭走入社會所設計的改革方案中大都有蘇聯的影子，譬如家事社會化、設立託兒所、家事管理委員會、公共食堂等等。伴隨蘇聯的女權提高，蘇俄政府對兒童問題也給予了同樣的關注。蘇聯政府針對婦嬰制定了大量的保護措施，其中主要包括孕期婦女的保護、產後婦女的休假、兒童不同時期的護理和保育等等。這些有關如何提高女權和保護婦嬰的內容在該刊有關蘇聯的介紹中佔有較大份量。

　　有關蘇聯提高女權的介紹，以 1933 年第 2 卷 1、2、3、4、6 期連載五期的湯怡《蘇俄提高女權之設施》的內容最爲完整。該文從蘇維埃政權與婦女、婦人勞動之保護、勞動組合與婦人、民法及土地法上婦人之權利、婦人與蘇維埃刑法、結婚及親屬法與婦人、母及兒童保護共七個大的方面對蘇俄提高女權的具體內容進行了描述，爲當時處於婦女解放運動中的中國婦女提供了一個可參照的對象。相比蘇聯對於婦女解放運動的重視和推動，當時的國民黨政府對於男女在政治上、經濟上、法律上、教育上一律平等的承諾顯得無比空洞，差別是無法估量的。林苑文譯《蘇聯婦女在法律上的權利》〔註218〕一文則從婦女的社會保險、產假，小產假的帶薪休假規定、兒童公育、公共醫療以及婚姻，同居與子女撫養等方面介紹了蘇聯婦女在法律上所享有的權利。雲裳譯《社會主義下的婦女》〔註219〕，分別於 1934 年第 3 卷 4、5、6期連載，文章從社會主義社會婦女的職業平等、教育平等、經濟平等、老幼有所養、家事社會化、婚姻自由、兒童公育等方面論述了婦女所享有的權利。此外，在有關蘇聯婦女地位介紹的文章中都不同程度地涉及蘇聯婦女如何在政府法律和政策的保護下提高了地位，並最終獲得了解放。這些論述無不表明了政權對於女性解放的巨大促進作用，而在當時的中國，面對南京國民政府的所作所爲或無所作爲，婦女運動者們只有無盡的失望和無助。

　　兒童是國家的未來和希望。對於經歷革命後亟待恢復國民經濟發展和社

〔註218〕林苑文譯《蘇聯婦女在法律上的權利》，《婦女共鳴》1933 年第 2 卷 7 期，第 18～28 頁。

〔註219〕雲裳譯《社會主義下的婦女》，《婦女共鳴》1934 年第 3 卷 4、5、6 期。

會進步的蘇聯來說，對人口發展寄予了很高的期望。因此，保護婦嬰，保育兒童成為蘇聯的重要政策之一，蘇維埃政府為此制定了一系列的法律法規，同時設立了大量的婦嬰護理、醫療以及兒童教養機構。1931 年第 54 期，言者節譯《蘇俄之產婦嬰兒保健事業》〔註 220〕大量介紹了有關蘇聯婦嬰保健的機構：包括免費兒童醫療機構「保嬰事務所」；婦女普通醫療機構的「孕婦檢查所」、「婦女診察所」；產前產後護理機構「母兒寄宿所」；兒童寄託機構「日間護兒所」，以及為這些醫療保健機構培養專門人才的嬰兒與婦產科醫學院。另有 1934 年第 3 卷 1、2、4 期，連續三期登載雲裳翻譯的《蘇俄的嬰兒》〔註 221〕對蘇俄保護婦嬰的各項政策措施、社會相關配套設施以及實際生活狀況等進行了全面的介紹。具體內容包括，婦女產後就業政策；延長義務教育時間；墮胎及節制生育；從孕、產到育的專門負責機構「孕婦診察所」；嬰兒寄託所、幼稚園、學校生活；兒童能力的培養方式；實際生活中對於貧困家庭婦嬰實施救濟甚至完全免費；家事社會化等等。由此可見，正是蘇聯政權大量提高女權和保護婦嬰的措施，才有了蘇俄婦女的徹底解放。

對蘇聯婦女的性別關照承載了中國婦女運動者們女性解放的理想，在一些中國馬克思主義者更多關注蘇聯解放所傳遞的革命思想以及階級鬥爭理論的時候，這些國民黨籍的婦女運動者們卻更多地將女性解放的希望寄託於國民黨政權。她們希望政府設立「兒童公育」的機構——託兒所，希望政府為了祖國的未來而制定保護婦嬰的勞動制度，更希望政府能給予中國婦女以實實在在地男女平等地支持和保障……然而，這一切對於風雨飄搖的南京國民政府來說都只能是緣木求魚。

〔註 220〕言者節譯《蘇俄之產婦嬰兒保健事業》，《婦女共鳴》1931 年第 54 期，「轉載」，第 19～22 頁。

〔註 221〕雲裳譯《蘇俄的嬰兒》，《婦女共鳴》1934 年第 3 卷 1、2、4 期。

第四章　政治與女性解放的言說

　　近代中國，圍繞著性別議題而展開的婦女運動蓬勃興起，而政治力量的介入更是使政治與性別的交融成爲中國婦女運動發展的獨特經驗，從而賦予了中國女性解放不同於西方的獨特含義。在西方，「女性解放」的含義是女性從男權文化統治下的解放，要實現的是女性個體全面、自由的發展。但在中國社會革命的歷史條件下，女性解放具有了與社會解放一樣的含義，包含了意識形態上政治化的意義。正因爲如此，中國的婦女解放運動從最開始就走上了一條與政治革命合流的道路。

　　南京國民政府時期國統區的主流婦女運動，因其對政權的依附性爲我們提供了極好的研究女性解放與時代政治之間的關係的範本。作爲主流婦女運動的代言人，《婦女共鳴》也曾多次申明其不黨不派的獨立的女性性別立場。「無感情，無派別，痛苦者申述之，使社會知其結症之所在。」〔註1〕「做婦女運動，應當沒有派別，腳踏實地的去作婦女本身的工作，才符合爲婦女謀幸福，求解放的初衷。」〔註2〕「不分派別，將全國婦女運動之同志聯合共同組織堅固而有系統之全國婦女運動團體，負起責任。」〔註3〕如此等等。李輝群更是對婦女運動應該獨立於黨派之外發表了自己深刻的見解。她說：

　　　　婦女謀解放只是謀本身的解放，做到男女平等，人權均占的地步爲
　　　　止，所以這種努力的方向是獨立性的，如果婦女附著於那一黨，寄

〔註1〕 社英《說共鳴》，《婦女共鳴》1929 年第 3 期，第 31 頁。
〔註2〕 毅韜《痛苦沉悶與吶喊》，《婦女共鳴》1930 年第 28 期，「時事評論」，第 3
　　　　頁。
〔註3〕 《卷頭語》，《婦女共鳴》1932 年第 1 卷 1 期，第 1～2 頁。

生於那一派來努力，早已失掉他們努力的價值，這種婦女不過是一黨一派的同盟者，決不能為整個婦女謀利益。即使他們在所附屬所寄生的黨派下能為婦女自身謀解放，他們難免為黨派所左右，婦女的解放程度，也必捲入黨派的漩渦，隨著黨派的勢力而消長，其為不獨立，不永久性的灼灼可見，所以依附黨派的婦女，斷不能為整個婦女謀解放，反過來講，只有不黨不派，純粹為婦女自身謀解放而努力的方向，是正當的方向。〔註4〕

　　然而，這僅僅是婦女運動者們對女性解放的「獨立性」與「不黨不派」所寄予的美好初衷，當我們回顧這份女性刊物所走過的歷史，不得不承認她們最初的理想最終被現實所淹沒。她們的政治身份注定其在選擇女性解放與政治革命合流的言說策略的同時，也最終走上了一條二者不斷糾結與彷徨的道路，這是依附於政治話語下的中國近現代女性解放的歷史命運。這份以追求女性解放而「盡共鳴之天職」的女性刊物，為我們展現了女性解放的性別話語在特定歷史時期被政治話語所遮蔽的歷史事實，真實地再現了女性解放與政治革命既合流又衝突的歷史場景。

第一節　女性解放與政治革命的合流

　　1919 年的五·四運動，使國民黨人認識到民眾的力量，意識到若要取得國家政權，就必須獲得民眾的支持與力量。1924 年初，中國國民黨第一次全國代表大會在廣州召開，主要討論國民黨改組問題。在老資格國民黨女黨員何香凝的努力下，國民黨一大通過了由她所提出的「於法律上，經濟上，教育上，社會上確認男女平等之原則，助進女權之發展」〔註5〕的議案，並寫入《中國國民黨第一次全國代表大會宣言》。隨著國民黨一大後中央婦女部成立，中國婦女運動開始成為運動婦女，女性解放正式被納入政治解放的歷史軌道之中。1926 年 1 月召開的國民黨二大通過了《婦女運動決議案》，這是國民黨第一個獨立的婦女運動決議案。決議案首先指出，今後婦女工作的方針在「注意領導婦女群眾參加國民革命外，同時注意婦女本身解放的工作。」其目的是要從改善婦女利益的過程中，吸引婦女對國民革命的同情，從而參

〔註 4〕　李輝群《中國國民革命與婦女》，《婦女共鳴》1929 年第 9 期，第 11～12 頁。
〔註 5〕　中國第二歷史檔案館編《國民黨第一二次全國代表大會會議史料》（上），南京：江蘇古籍出版社 1986 年版，第 24 頁。

與以及支持國民黨的國民革命。為了爭取婦女對國民革命的同情與支持，決議案在法律與行政方面提出了一系列具體的政策方針保護女性權益。〔註6〕

　　國民黨一大宣言和二大《婦女運動決議案》有關婦女運動的相關內容是北伐時期婦女運動的指導方針，國民革命因此有了婦女運動者的支持，而婦女解放也因為政黨的支持獲得了政治的力量，二者開始了政治解放與女性解放最初的成功合作。女性解放因為有了政治的支持而得以實現，政治運動所帶來的成果間接地給予了婦女應有的實惠，「在外國婦女費了許多時日和氣力，才爭得的今天的成績；在中國沒有要我們婦女費多少心血而得到許多可貴的結果」〔註7〕。因此，國民黨籍婦女運動者認為：只有中國國民黨，只有實現三民主義，才能實現真正的男女平等。她們指出：

> 三民主義是解決中國一切社會問題，增進人民福利的唯一救國救民主義，中國國民黨是領導全國人民起來革命，以實現三民主義的唯一的政黨，中國婦女問題是中國「社會問題的一種，婦女運動是國民革命的一環，因此中國婦女應認清現實環境的要求，掃除一切紛岐雜亂的思想，拒絕一切精神物質的引誘，參加國民革命：工作以取抗戰勝利，俾三民主義能及早實現以保障黨綱上法律上男女平等的援助真正實現。〔註8〕

　　這是女性解放與政治革命合流的結果，這也是近代中國以來依附於政治話語之下的女性解放的重要特徵。《婦女共鳴》以主流婦女運動代言人身份表達了體制內婦女運動者的心聲：只有三民主義成功，只有國民革命成功，才能實現真正的男女平等和女性最終的解放。與此同時，該刊對共產黨及其主張的醜化更充分表明了南京國民政府時期主流婦女運動的政治屬性，女性解放與政治革命的合流顯而易見。

一、「三民主義成功，亦即婦女運動的成功矣！」〔註9〕

　　實現三民主義是國民黨的最高理想和追求，國民黨籍的婦女運動者們作

〔註6〕　中國第二歷史檔案館編《國民黨第一二次全國代表大會會議史料》（上），南京：江蘇古籍出版社 1986 年版，第 65～66 頁。
〔註7〕　李輝群《中國國民革命與婦女》，《婦女共鳴》1929 年第 9 期，第 9～13 頁。
〔註8〕　葉嬋貞《今後婦女運動的途徑》，《婦女共鳴》1941 年第 10 卷 3～4 期合刊，第 14 頁。
〔註9〕　談社英《中國婦女運動史概要》，《婦女共鳴》1942 年第 11 卷 1 期，第 6 頁。

為三民主義的追隨者，在爭取女性解放的運動中，對三民主義寄予了無盡的厚望。認識三民主義、實踐三民主義、為三民主義而奮鬥，是國民黨籍婦女運動者們通過《婦女共鳴》傳達的基本精神。

國民黨籍婦女運動者認為，革命婦女認識三民主義，是婦女解放的前提。

> 革命婦女必須認識黨義，換句話說，就是革命婦女，尤其認識三民主義，才能求得婦女真正解放，獲真正平等的自由，否則盲人瞎馬，不特不能達到解放的目的，抑且受害無窮。〔註10〕

國民黨婦運高官傅岩認為：婦女運動與三民主義建設運動是一致的，婦女運動的工作就是三民主義的工作。她指出：

> 現在的婦女運動，應歸併在三民主義的建設運動中；現在所作的婦女運動，是實現三民主義的工作。因為本黨主義實現之後，不僅婦女問題得到圓滿解決，婦女界得到利益，即各階級，各被壓迫的人民，都得到莫大的福利。所以現在的婦女運動，應歸併在三民主義的建設運動中；現在婦女運動的工作，是三民主義建設的工作。〔註11〕

她還認為，以前的婦女運動往往希望組織團體，然後以小團體的活動達到婦女運動的目的，可結果大多以失敗告終。而失敗的原因，是沒有黨的扶助。將婦女問題的解決寄託於三民主義的實現和黨的扶助，認為只有用黨的力量扶助婦女運動，才會事半功倍。

對於三民主義與女性解放的關係，《三民主義與男女平等》〔註12〕一文做了較為全面地論述。作者在回顧婦女在歷史上所承受的無數屈辱後認為：

> 現在我們要粉碎這些鐐銬；打倒這些催眠婦女的工具；達到男女在社會上，政治上，經濟上，教育上，絕對平等的地位，我們唯一的武器，只是要求實現三民主義。因為富於革命性的，科學性的三民主義，就是促進人類不論性別的，絕對平等的主義。」

作者還通過對民族主義、民權主義、民生主義的逐一分析指出：民族主義就是男女的完全自由平等；民權主義就是男女政治上的平等；民生主義就是男女經濟上的平等，因此國民黨一大宣言規定「於法律上，經濟上，社會

〔註10〕錢笑予《革命婦女應有的態度》，《婦女共鳴》1930年第32期，第13～14頁。
〔註11〕傅岩《婦女運動的建設工作》，《婦女共鳴》1929年第4期，第11頁。
〔註12〕邦風《三民主義與男女平等》，《婦女共鳴》1929年第9期，第14頁。

上，教育上，確認男女平等之原則，助進女權之發展。」體現了三民主義完全的男女平等精神。然而，在現實的政策執行中，一些違背三民主義的舊思想不斷重現，為此，女性必須要通過「信仰一種主義，服從一種主義，總是照那種主義向前做去」以打破舊思想。最後，作者呼籲：

> 我們女子現在要解放，還是要自動地站起來，將實行三民主義的責
> 任，放在各人的肩上，用三民主義，來掃除一切反男女平等的障礙，
> 那末，男女平等的新社會，總有實現的一天。

由此可見，國民黨籍的婦女運動者們認為「三民主義是解決中國一切社會問題，增進人民福利的唯一救國救民主義」，因此要想根本解決中國婦女問題這一社會問題，就必須要努力實現三民主義，只有將女性解放與三民主義的實現緊密地聯繫起來，只有實現三民主義，女性解放才能有最後真正實現的一天。總之，「整個婦女運動之歷史，與三民主義革命含義符合，謂婦女運動即三民主義之革命運動，亦無不可。然則三民主義成功，亦即婦女運動的成功矣！」〔註13〕

二、「國民革命成功，就是婦女運動成功。」〔註14〕

正如前面所說，國民黨一大通過了「於法律上，經濟上，教育上，社會上確認男女平等之原則，助進女權之發展」〔註15〕的議案，給予了女性應有的作為人的權利。國民黨二大的《婦女運動決議案》進一步確認了對婦女權益的保護。對於婦女運動者來說，這是國民黨曾經給予女性最實實在在的利益，她們對此給予了高度地讚美和歌頌：

> 因為國民黨統一了中國，在法律上經濟上給了婦女與男子平等的機
> 會，……在事實上，各級黨部政府機關都已開始聘用女職員，商店
> 中雇用女職員者亦見增多，女子教育亦漸見發達。固可以說中國婦
> 女已獲得與男子平等以及為自身謀解放的絕大機會。〔註16〕

國民黨籍婦女運動者們究竟如何認識婦女運動與中國國民黨國民革命之間的關係？傅岩給出了自己的答案。她說：

〔註13〕談社英《中國婦女運動史概要》，《婦女共鳴》1942年第11卷1期，第6頁。
〔註14〕傅岩《雙十節婦女應有的認識》，《婦女共鳴》1929年第14期，第23頁。
〔註15〕中國第二歷史檔案館編《國民黨第一二次全國代表大會會議史料》（上），南京：江蘇古籍出版社，1986年版，第24頁。
〔註16〕傅岩《婦女運動的建設工作》，《婦女共鳴》1929年第4期，第4頁。

民國十三年以前事實上婦女尚是奴隸的地位，法律上還是男子的附屬品，自民國十五年來，因國民黨革命勢力的進展，婦女運動也隨之而進展，到了現在婦女在法律上已與男子得到同樣的地位，在實際上婦女已與男子享同樣的權利。我們觀察幾十年婦女運動史，可知婦女運動沉寂的時候，就是本黨革命失敗的時候，婦女運動發展的時候，就是本黨革命進展的時期。因為本黨系求全中國人民之自由平等，也就是求全中國婦女的自由平等。所以婦女運動，與國民革命絕對不能分立，國民革命成功，就是婦女運動成功。〔註17〕

該刊轉載的陳海澄《現代婦女應有的認識》一文中也表達了同樣的觀點：

有了國民黨，才有婦女的地位，國民黨的基礎鞏固，也就是婦女運動的成功。所以像那外國婦女對待政府的方法和要求，在我們黨治下的婦女，都用不著，剩下來的力量，都應該用在本黨革命的上面，革命如能成功，所有一切的婦女問題，就會依著政策政綱逐步解決，這也是現代一般婦女們所不可不認識的。〔註18〕

該刊主編談社英在《革命與女權》一文中對女權與國民革命的高度依賴性進行了論述。她說：

故女子與革命之關係，至為密切，殆未有革命不提高女子地位解放女子束縛者，亦未有女子之解放束縛，提高地位，不經過革命而有機會者。準是以觀，吾人之讚助革命不當較一般人為努力耶？中國國民黨既為革命之政黨，且已有相當讚助予女子，則女界對之，當有特別感情矣。惟吾人於此覺有兩種願望，以為非如此未免辜負革命思想之提高女子地位，解放女子束縛之主張矣。〔註19〕

李峙山從國民黨的黨義指出其扶助婦女的特性：

國民黨為要求民族自由平等之政黨，抑強扶弱，聯合全世界弱小民族，打倒帝國主義，為總理革命政策之一。婦女為全世界弱小民族中受壓迫最深者，自在本黨扶助之列。蓋總理向本自由平等之主張，以領導全民族革命。婦女距平等之路程太遠，自需特予扶助也。

〔註17〕 傅岩《雙十節婦女應有的認識》，《婦女共鳴》1929 年第 14 期，第 23 頁。
〔註18〕 陳海澄《現代婦女應有的認識》，《婦女共鳴》1930 年第 32 期，「轉載」，第 23 頁。
〔註19〕 社英《革命與女權之關係》，《婦女共鳴》1931 年第 52 期，第 9 頁。

〔註20〕

此外，還有論者指出婦女運動與國民黨革命運動之間相互依存的同盟者
關係：

> 婦女問題，就是國民革命問題的一部分，婦女解放運動不成功，革
> 命運動就不足徹底的成功，革命運動不成功，婦女運動也是不會健
> 全起來的，革命運動與婦女運動的對象是相同的，是站在一條火線
> 上向封建思想帝國主義進攻的。〔註21〕

總之，這種認為政治革命成功也就是婦女問題解決的論調，在《婦女共
鳴》中頻繁出現，無不代表國民黨籍婦女運動者最為一致的看法。在她們的
眼中，國民黨是一個扶助婦女運動，促進女性解放的政黨，婦女運動的成功
與國民革命的成功是相互依存與促進的關係，只有國民革命成功了，婦女運
動才有成功的希望。

三、醜化中國共產黨及其主張

自從 1927 年國民黨清共以後，國民黨與共產黨的對立之勢就已經形成，
甚至在抗戰時期的聯合抗日期間，彼此之間的鬥爭也從未曾間斷過。《婦女共
鳴》作為以國民黨籍婦女運動者為班底的女性刊物，絕大多數時候都表現出
非常鮮明的反共立場。該刊對共產黨及其主張基本持否定的態度，這是其階
級立場所決定的。正是這些有著明顯階級性的話語，為我們呈現出刊物所具
有的政治性特徵。

1929 年第 8 期，金石音《今日婦女努力的方向》〔註22〕對婦女運動的方
向做了全面的論述，其中在針對錯誤方向的批評時卻以不點名的方式指向了
共產黨領導的婦女運動，文中說：

> 在近幾年中，所謂一般有知識的婦女，比較覺悟一點的婦女，忽地
> 加入了一種黨派，有時候該黨派有不利於婦女本身問題的事情，婦
> 女寧肯因黨派的關係，把整個婦女解放丟了後邊，這實在是最不幸
> 的事。更有些婦女，忘記了自身的地位，當前的切身問題不顧，反

〔註20〕峙山《中國國民黨與婦女運動》，《婦女共鳴》1931 年第 51 期，第 6 頁。
〔註21〕青萍《中國社會之趨勢與婦女解放》，《婦女共鳴》1930 年第 23 期，第 6～12
　　　頁。
〔註22〕金石音《今日婦女努力的方向》，《婦女共鳴》1929 年第 8 期，第 3～14 頁。

去幹那渺茫不相關的妄動。殺人放火如果是他們所入的黨派的信
條，他們也會不顧一切，把可憐縲拽重重的同胞拉到斷頭臺上，推
入火坑裏去的。這時期可以名之曰婦女解放運動的黑暗時期，我們
實在不知道他們努力的方向是什麼。

金石音把「殺人放火」誣爲共產黨的信條，認爲一些有覺悟的知識婦女
加入共產黨是「最不幸的事」，甚至以「婦女解放運動的黑暗時期」來比喻共
產黨的婦女運動。可見其階級對立的觀點是多麼的鮮明。她在指責婦女運動
不該因黨派性而忘了女性解放的任務時，卻無法逃避自己的階級性，這不能
不說是女性解放言說的悖論。因爲就在這同一篇文章裏面，作者卻充分地肯
定國民黨政權所給予婦女平等的權利，歌頌國民黨爲全民謀利益的偉大。她
說：

今日中國的政權已經交到了爲全民謀利益的中國國民黨手裏，所謂
全民是指著男女國民，而且在黨綱第十二條里正式規定男女在法律
上政治上經濟上教育上一律平等，……我們的政府，將予婦女努力
解放運動的充分的扶助。

李輝群《中國革命與婦女》〔註 23〕一文對共產黨領導的婦女運動給予了
很惡劣地評價。她認爲面對解放「今日的中國的婦女運動，有兩個很大的危
機：一個是外來的壓迫和欺騙，一個是自身的缺陷的墮落。」而在自身的墮
落中卻以共產黨婦女運動的墮落爲代表。

前年在赤色恐怖下的湘鄂，竟有人呼出「一妻多夫」和「打倒羞恥」
的怪口號來，在軍閥時代，就是自命爲最新的（或是急進派）人們，
恐怕再也夢想不到有這種論調罷。

將共產黨的婦女運動與軍閥時代比，認爲正是這種自身的墮落讓婦女解
放運動得不到社會的同情，以至遭遇打擊，進而以此來攻擊共產黨。

陳逸雲《三八婦女節感言（南京三八節婦女大會感言）》一文竟然在文章
的開頭就直指共產黨對婦女運動的破壞性，她說：

一年前我在南京女中舉行三八國際婦女節，我曾說起中國婦運不振
的原因；一大半是婦運的戰線中突現著共產黨的搗亂，混淆了婦女
工作，同志的意識分散了婦運同志的力量；一大半由於婦女本身的

〔註 23〕李輝群《中國國民革命與婦女》，《婦女共鳴》1929 年第 9 期，第 4～5 頁。

妒忌，與不尊重自己的人格。〔註24〕

直至抗戰前夕，《婦女共鳴》1937 年第 6 卷 2 期「每月評話」的《左傾者應覺悟》〔註25〕一文在一方面對國民黨政府不積極抗日大加包庇，稱之爲「國家救亡策略是有嚴密性，即使任何一人要明白向民眾分析，現在政府於國防策略是怎樣，外交政策是如何，恐怕事實也不容許公開的陳說。」以及「一般政治觀察力不夠的青年，既不瞭解政府埋頭苦幹的苦衷」如此等等。另一方面則對共產黨發動人民抗日如此評價：

> 共產黨乘機煽動，拼命宣傳，也披上一層抗日的外皮，假借抗日美名去引誘民眾，去非難國民黨冶下的政府。因此有些青年不明白共產黨掛羊頭賣狗肉的把戲，大上其當，覺得共產黨是抗日救國，要救國非左傾不可；甚至做了共產黨的先鋒而參加人民陣線的組織，左傾思想變了時髦的流行病。

該文還對共產黨與「西安事變」和第三國際的關係進行了多方評點，認爲共產黨利用「西安事變」來「阻止抗日的計劃」「是漢奸」；而共產黨主張抗日則是「受了第三國際的命令去假借抗日的名稱作誘惑民眾的口號」以擴大自身的勢力並打擊政府。

可見，在這些國民黨的婦女運動領導者眼中，共產黨所領導的婦女運動不僅不能使婦女獲得應有的權利，得到最終的解放，相反還是婦女運動的破壞者和阻礙者；共產黨的抗日主張也不過是爲了自身的利益以對抗政府，甚至有漢奸的嫌疑。我們不能不承認，在面對女性解放的議題時，近現代的婦女運動同盟者們，最終因政治而分道揚鑣。女性解放與政治革命的合流，讓其得到政治力量的助力的同時，也最終失去了自身的獨立性，並面臨在政治漩渦中掙扎的歷史困境。

第二節　女性解放與政黨政治的衝突

1928 年年中以後，隨著國民黨分共情勢的發展，群眾運動的階級分裂益加激烈，「工農及游民無產者，大半已受了共產黨的宣傳，離去了國民黨，小

〔註24〕陳逸雲《三八婦女節感言（南京三八節婦女大會感言）》，《婦女共鳴》1930年第 24 期，第 12～15 頁。

〔註25〕鶴《左傾者應覺悟》，《婦女共鳴》1937 年第 6 卷 2 期，第 4～5 頁。

資產階級更恐懼工農及游民無產者而放棄了國民革命」〔註 26〕，處此情勢之下，「婦運」曖昧不明的階級屬性，本就缺乏眞正的群眾基礎，也談不上一貫的婦運政策及領導中心，故而革命潮流退去之時，婦運便迅速式微。一場轟轟烈烈的革命後，婦運的實踐經驗說明了社會性別處境的調整單單依賴政治理想的宣傳，其改變是難乎其難，男女平等如果只能訴諸於政黨的宣示及主張，那也只不過是助成少數領袖掠奪爭取社會資源，並未深入一般婦女的生活之中。〔註27〕

自從 1928 年南京國民政府宣佈全國統一，進入訓政時期以後，依附於國民黨政治力量的主流婦女運動也與其他民眾運動一樣，開始走向了衰落。國民黨政權通過弱化婦女機構的組織功能以強化對婦女運動的領導，並企圖將婦女運動納入為專制政權服務的軌道。如 1928 年 8 月國民黨第二屆中央執行委員會第五次全體會議通過《民眾運動案》，該提案表現出對於民眾運動實施嚴格控制的明顯傾向，婦女運動也在當然之列。提案內容如下：

> 人民在法律範圍內，有組織團體之自由，但必須受黨部之指導與政
> 府之監督；政府從速制定各種法律，以便實行。〔註28〕

此外，南京國民政府還制訂培養「母性主義」的教育方針，並先後實行了一系列以此爲導向的婦女政策。這些政策除了動員婦女抗戰外，還包含了許多對於婦女傳統性別身份的規範。如獎勵生育；宣揚中國婦女特有的母教、賢母精神；重視家事教育；婦女須兼顧家庭生活與社會活動；強調男女分工等等。對國民黨政權而言，期望婦女扮演的是男人背後扶持的手，負責大後方資源的生產與維持，使在前線抗敵的男人無後顧之憂，並維持國家生產力。而婦女權利的保障，在歷史的洪流中，似乎被淹沒了〔註29〕。

一、弱化婦女組織機構職權

1928 年國民黨第二屆中央執行委員會第四次全體會議通過《改組中央黨部案》，將原來分掌各項民眾運動的農民、工人、青年、婦女各部合併爲「民

〔註26〕馬睿《中國革命之今日和明日》，《革命評論》第 1 期，第 20 頁。
〔註27〕柯惠鈴《性別與政治：近代中國革命運動中的婦女（1900～1920s》，臺灣國立政治大學歷史研究所 2004 年博士論文，第 280 頁。
〔註28〕楊樹標等編《中國國民黨歷次會議宣言決議案匯編》第一分冊，杭州：浙江省中共黨史學會，198？年版，第 233 頁。
〔註29〕洪宜嬪《中國國民黨婦女工作之研究（1924～1949），臺灣國立政治大學歷史研究所 2008 年碩士論文，第 247～248 頁。

眾訓練委員會」。這時婦女運動歸併在民眾運動中，漸失獨立性。民眾訓練委員會於 1928 年 5 月 5 日正式成立，負責民眾運動，並在民眾訓練委員會下設婦女科。由專責的部，變為部下的科，就組織階層上而言，地位落差極大，並與其它民眾運動合併管理。組織層級的下降實際反映了對婦女機構職權的弱化。至於這種變動對婦女運動所造成的影響，時人多有評論。如呂雲章就曾指出：1920 年代轟轟烈烈的婦女運動在 1928 年國民黨黨部改組，婦女部功能削弱後，由冷靜而趨於消滅〔註30〕。談社英則以「不可同日語矣」來評價國民黨政權建立後對於婦女運動的壓制與北伐國民革命期間扶持婦女運動的天壤之別。

> 自民國十三年國民黨改組，各級黨部即先後設有指導婦運機關之青年婦女部與婦女部，專門主持婦女運動。一時各地婦女運動多有生氣，惜乎彼時尚未統一，致不能收普遍之效，然較之十八年取消各級黨部婦女部後之婦運不可同日語矣！〔註31〕

自從國民黨中央婦女部撤銷後，婦女運動的管理機構不斷變換，但地位一直未有大的改變，直到 1945 年 5 月底國民黨第六屆中央執行委員會第一次全體會議召開，將原屬組織部的婦女運動委員會，改隸中央執行委員會。至此，婦女運動委員會的職權提高，等於是一個獨立機構，直接負責全國婦女工作計劃的制定與推行。在行政層級上，幾乎等同於 1924 年的中央婦女部。而此時的國民黨已經進入在大陸的最後統治時期，隨著國內戰爭的爆發，婦女運動事實上已經失去了發展的空間。

二、規範婦女團體，控制婦女運動

國民黨政權還通過制訂一系列針對婦女團體的法規，將婦女運動納入為國民黨政權服務的軌道。1929 年 6 月，負責管理與指導民眾運動的中央訓練部頒佈《婦女團體組織原則》、《婦女團體組織大綱》、《婦女團體組織大綱施行細則》、《婦女訓練暫行綱領》、《婦女團體工作規範》等一系列婦女團體的法規。在《婦女團體組織原則》中明確規定「婦女團體不得於三民主義及法律規定範圍外為政治運動」〔註32〕。這些法規最終導致「婦女運動之進行，

〔註30〕呂雲章《婦女問題文集》，上海：女子書店，1933 年，第 19 頁。
〔註31〕社英《二十一年婦運之新貢獻》，《婦女共鳴》1932 年第 1 卷 1 期，第 3 頁。
〔註32〕《婦女團體組織法則》，《婦女共鳴》1930 年第 22 期，第 35 頁。

均無形停頓」〔註33〕。1932年，各地法定婦女組織名稱變更爲婦女會，並先後頒佈了《婦女會組織大綱》與《婦女會組織大綱施行細則》，同時宣佈廢止之前的《婦女團體組織原則》、《婦女團體組織大綱》。《婦女會組織大綱》相對於之前的《婦女團體組織大綱》更爲嚴格，尤其是「同一地域之內婦女會以一個爲限」的規定，讓政黨體制外的婦女團體都失去了存在的可能。以至於時人指出：「自中央頒佈婦女會組織大綱以後，各地舊有的婦女促進會，協進會……等由婦女協會脫胎的婦女團體，都準備改組爲婦女會了。婦女團體的末路到了，也許會在婦女會改組之下，壽終正寢。」〔註34〕可見，在政黨政治下，婦女運動失去了發展的空間，不得不淪爲服務於政權的工具。

對於婦女團體因各種法規的制訂所導致的婦女團體性質的變味和功能的衰落，《婦女共鳴》多有評論。針對各種婦女團體法規，該刊則以專載的形式加以登載，並做了針對性的研究和評價。

談社英在《今後婦女團體之責任》提到：「年來婦女運動之聲勢，雖似發展，而婦女運動之團體，反日漸消沉」，原因則是：

> 各地組織婦女協會後，婦運之權輿一時均操諸各地協會，以法律規定婦女協會爲婦女界唯一團體之代表，其它一切婦女團體，率多銷聲匿迹，幾乎完全停止活動，故婦女運動之進行，亦均無形停頓。
> 〔註35〕

李峙山也同樣指出：

> 自從國民黨統一中國以來，把婦女運動完全交給各地的婦女協會負責。……婦協的執委，隨著黨派的執委上臺與下野，婦女群眾隨著黨的派別喊擁護與打倒。對於婦女本身的工作，簡直不知從那裏入手。做婦女運動，應當沒有派別，腳踏實地的去作婦女本身的工作，才符合爲婦女謀幸福，求解放的初衷。〔註36〕

在該文中，李峙山不得不承認，對於國民黨所給予婦女的各項名義上的

〔註33〕 社英《今後婦女團體之責任》，《婦女共鳴》1930年第22期，「時事評論」，第1～2頁。

〔註34〕 峙山《貢獻給組織婦女會的同志》，《婦女共鳴》1932年第1卷12期，第6～8頁。

〔註35〕 社英《今後婦女團體之責任》，《婦女共鳴》1930年第22期，「時事評論」，第1～2頁。

〔註36〕 毅韜《痛苦沉悶與吶喊》，《婦女共鳴》1930年第28期，「時事評論」，第3頁。

平等權利婦女們「不知怎樣歡欣慶幸，起而接受這些被剝奪很久的人類應享的權利。那裏想到，事實上卻大謬不然。」

談社英在《婦女會組織之研究》〔註37〕中對於國民黨時期的婦女團體法規進行了全面地論述，同時表達了頗爲強烈地不滿。在該文中，作者首先對比了《婦女團體組織大綱》與《婦女會組織大綱》的要義，指出：「後者規定之範圍似較擴大，而其所加婦女之責任亦較重。」隨後，進一步比較了此前的婦女團體組織大綱與隨後頒行的婦女會組織大綱對於婦女權利與責任各點。有關《婦女團體組織大綱》頒佈後對於婦女運動的影響，談社英認爲：

> 各地婦女團體多實行本以上主旨一律偏重於消極工作從事救濟任務；是故三年以來，婦女運動消沉已極，回視此前蓬蓬勃勃，生氣盎然者，不可以道里計矣。

正因爲「婦女運動消沉已極」的狀況，才有了婦女組織的改組，並頒行《婦女會組織大綱》，變更之前的婦女協會、協進會、協濟會爲婦女會。然而「今之婦女會之規定，責任重而限制嚴，組織婦女會者，殊不易表現良好成績，而有若何利益普遍於婦女界也。」

針對婦女會組織大綱所賦予婦女十項之多的任務，卻又規定「同一地域內之婦女會以一個爲限」，作者認爲「毋乃滑稽」？相比於此前《婦女團體組織大綱》規定的婦女團體數量不受限制，作者對此深感失望，「不圖革命潮流進展又復三年，而婦女運動之機會翻形倒退，……嗚呼。」文章最後，作者對《婦女會組織大綱》給出了自己的評價：

> 總之，吾人對於最近頒佈之婦女會組織大綱，勿論用何種目光觀察，既有第四條（同一地域內之婦女會以一個爲限）之阻礙，其餘縱然優遇，亦多等於無效。矢引似此限制，難免不成少數人利用或把持之現象，否則亦偏於一二種任務之進行而不能普遍。以人類精神才力各有限制，各人如是團體亦復如是，初未能強令一種性質符各種環境之要求。婦女會組織大綱加以限制，則不啻故意阻止其發展。吾人自不能認爲滿意。

李峙山則在《貢獻給組織婦女會的同志》〔註38〕一文中回顧了國民黨婦

〔註37〕社英《婦女會組織之研究》，《婦女共鳴》1932年第1卷11期，第1～4頁。
〔註38〕峙山《貢獻給組織婦女會的同志》，《婦女共鳴》1932年第1卷12期，第6～

女團體自中央婦女部時代以來從興盛走向衰落的發展歷程。從婦女部時代的婦運高潮，到取消婦女部後「一息尚存的婦女團體在支撐門面」，再到婦女團體面臨「壽終正寢的危險」，眞實地呈現了國民黨將婦女團體納入政治管制之中，最終給婦女運動以沉重地打擊的歷史眞相。

可見，自從北伐國民革命成功統一全國後，國民黨爲了維護政權實行壓制民眾運動的政策，婦女運動也因此失去了發展的條件，迅速走向式微。婦女部的撤銷和婦女機構功能的弱化，婦女團體和組織建立的嚴格規範，讓婦女運動陷入了低谷。

有關 1928 年後的婦女運動狀況，國民黨婦女運動領導人之一陳逸雲表達了婦運被迫停止的無奈，她指出：

> 自民眾運動停止後，婦女運動也同時停止了，現在要講婦運，已經很不時髦，可是，婦運的停止，並不是我們婦女自己停止的；自從婦運停止之後，我們女同胞所受的痛苦簡直説不出，整個的中國婦女界，都感覺沉寂到了不得。〔註39〕

因此，陳逸雲強烈呼籲婦女們起來做「婦運的中興運動」。

而在《本刊二周紀念後之使命》〔註40〕一文中，總編輯談社英針對當時的婦運困境深有感慨地說：

> 憶自本刊出世之時，即懷怨憤不平之氣，以憤三全大會只有二三女代表也。不圖時隔兩年，一切進步之二周紀念，而吾女界在男女不平等地位聲中，依舊呈露其不可解之現象，且又有國民會議代表問題發生焉；吾人對此，誠可爲本刊作生不逢辰之慨，然而值此紀念，益覺本刊今後使命之重且大矣。

該文針對國民黨男女一切平等的原則，對執政後的國民黨所給予婦女的有名無實的權利表示了強烈地不滿。「原則之說只爲具文，事實敷陳，予人警惕，已往成績，固昭示吾人屢矣。」此後，《婦女共鳴》在 1932 年第 1 卷 1 期《卷頭語》中再次表達了「婦女界之現狀，於己於人兩方面殊未見其有所進步」〔註41〕的無奈。

---

8 頁。

〔註39〕 雲《我們要做婦運的中興運動》，《婦女共鳴》1929 年第 15 期，第 5～10 頁。

〔註40〕 社英《本刊二周紀念後之使命》，《婦女共鳴》1931 年第 43 期，第 1～2 頁。

〔註41〕 《卷頭語》，《婦女共鳴》1932 年第 1 卷 1 期，第 1 頁。

　　周曙山《中國婦女運動的現階段》〔註 42〕一文用「江河日下」以及「婦女運動只成歷史上的一個名詞而已」，來形容當時婦運衰落的現狀。她說：

> 敢請大家睜開眼睛一看，看看今日的婦女運動和三年前的婦女運動的情形，是否有江河日下之感？單以各省市黨部的女委員來說，在以前一處至少有一位，後來迄今簡直是絕無。尤其是首善之區的南京市，自民國十六年秋改爲特別市的第一次選舉，執委當選中有已故陳煥東女同志，候補當選中有陳逸雲女同志。這到十七年春遵令改組，新委之中，就沒有了女同志——同時因停止民眾運動，而婦女運動的機關如婦女協會等，亦呈苟延殘喘之勢，並且於各級黨部之中又取消了婦女部，終至婦女運動只成歷史上的一個名詞而已。

　　由此可見，自從國民黨統一全國後，就通過一系列政策措施壓制民眾運動，婦女運動也不能幸免。國民黨政權從婦女工作的組織機構、婦女團體的法律法規等各個方面對婦女運動加以嚴格限制，以至於直接導致了婦女運動的衰落，並最終引發了這些體制內婦女運動分子較爲強烈的不滿。對於這些三民主義和國民革命的追隨者而言，當她們在享受前者所帶來的勝利果實時，也注定了最後不得不面對由政治所帶來的彷徨和無助。歌頌與抗爭的矛盾交織，這正是依附於政治勢力下的近現代中國婦女運動的困境。

三、制訂「母性主義」女子教育方針

　　「興女學」寄託了男性知識分子「強國強種」的希望，從男女同校到男女教育平等則是五四時期知識女性發出的婦女解放的呼聲。然而，到了 20 世紀 30 年代前後，教育平等權卻再次被南京國民政府以「培養母性」「優生強種」的「母性主義」教育方針所取代。

　　1928 年 2 月，國民黨第二屆中央執行委員會第四次全體會議宣言提出：「對於女子教育尤須培養博大慈祥之健全母性，實爲救國救民之要圖，優生強種之基礎。」〔註 43〕此後，國民黨在《第一次全國教育會議宣言》中指出「女子因身負幼童保育、教養與良好家庭建設等特殊文化天職」，對於「民

〔註 42〕　周曙山《中國婦女運動的現階段》，《婦女共鳴》1932 年第 9 期，第 11～16 頁。

〔註 43〕　《中國國民黨第二屆中央執行委員會第四次全體會議宣言》（1928 年 2 月 7 日通過），收入楊樹標等編《中國國民黨歷次會議宣言決議案匯編》第一分冊，杭州：浙江省中共黨史學會，198？版，第 213 頁。

族之生存，國家之建設，社會之組織」有特殊貢獻，此女子教育應有特殊的訓練。〔註44〕1929 年第 3 月，國民黨第三次全國代表大會通過《對於政治報告之決議案》，在關於「教育」部分提到：「教育乃國家建設之永久任務，其功能應始於胎教，而終於使個人能爲社會生存之總目的，各獻其健全之能力。因此之故，吾人必須從優生學之基礎上，建設父母教育。」〔註45〕其後，三全大會亦通過《確定教育宗旨及其實施方針案》，在女子教育部分，也指出「須注重陶冶健全之德行，保持母性之特質，並建設良好之家庭生活及社會生活。」〔註46〕1930 年中央執行委員會通過《婦女團體組織原則》，對於婦女團體的成立目的也提到：「在增進知能涵養、德行及養成健全之母性發展。」〔註47〕1931 年 11 月國民黨第四次全國代表大會《依據訓政時期約法關於國民教育之規定確定其實施方針案》有關女子教育的內容是：「尤須確認培養博大慈祥之健全的母性，實爲救國保民之要圖，優生強種之基礎。」〔註48〕1938 年 3 月的臨時全國代表大會的《戰時各級教育實施方案綱要案》的第十四條特別指出：「中小學中之女生，應使之注意女子家事教育，並設法使學校教育，與家庭教育相輔推行。」〔註49〕同年 12 月，爲了貫徹家政教育，國民政府教育部制定了《中等以下學校推行家庭教育辦法》，規定：「全國中等學校、小學、補習學校、民眾學校均應利用星期日及其它假日推行家庭教育。凡負責管理家務及教養兒童的婦女均應加入附近學校所設的家庭教育會。」〔註50〕1941 年 12 月第五屆中央執行委員會第九次全體會議通過了《獎勵母教發揚母德以宏家庭教育培養優秀國民奠定建國基礎案》，該提案內容涉及各種獎勵兒童發展、家庭教育以及母教運動的具體內容。這次會議

〔註44〕《第一次全國教育會議宣言》(1929.5.28)，收入程謫凡，《中國現代女子教育史》，上海：中華書局，1936 年版，第 121 頁。

〔註45〕楊樹標等編《中國國民黨歷次會議宣言決議案匯編》第一分冊，杭州：浙江省中共黨史學會，198？版，第 270 頁。

〔註46〕楊樹標等編《中國國民黨歷次會議宣言決議案匯編》第一分冊，杭州：浙江省中共黨史學會，198？版，第 290 頁。

〔註47〕《婦女團體組織原則》，《婦女共鳴》1930 年第 22 期，第 35 頁。

〔註48〕楊樹標等編《中國國民黨歷次會議宣言決議案匯編》第二分冊，杭州：浙江省中共黨史學會，198？版，第 14 頁。

〔註49〕楊樹標等編《中國國民黨歷次會議宣言決議案匯編》第二分冊，杭州：浙江省中共黨史學會，198？版，第 387 頁。

〔註50〕劉寧元《中國女性史類編》，北京：北京師範大學出版社，1999 年版，第 257 頁。

上還通過了《請政府明令規定凡一家庭所生子女除三人外其餘子女之各級學習教育費應有政府完全負擔以利三民主義人口政策之推行而獎進兒童教育發展案》，該提案明確表達了政府以獎勵生育爲目的的獎進兒童發展措施。〔註51〕1942年1月6日，教育部長陳立夫在《母教之重要》的演講中也宣稱：母教是國民教育的基礎，下一代與民族命運以今日的母教來決定，全國婦女同胞應擔當起母教的重大責任〔註52〕。

以上「培養母性」、「健全母性」、「保持母性」、「獎勵母教」、「發揚母德」的「母性主義」女子教育方針和婦女政策導向充分表明了國民黨在女子教育和家庭教育上的男女差異性定位，並最終注定了南京國民政府時期的主流婦女運動所面臨的現實困境。自詡爲給予女子教育平等權，助進女權之發展的國民黨政權，重新將女性納入傳統的性別發展軌道，這不能不說是女性解放的悲哀。

有關國民黨時期爲了「培養母性」以及強調女性對於家庭責任的婦女教育和婦女政策導向，雷中《我國近代女子教育概況》一文〔註53〕做了非常清楚的闡述。文中提到「民國十七年，大學院就召集了第一次全國教育會議，議決了中華民國學校原則六條，經過這次改革，不過實際情形上，女子教育卻叫了一種特殊訓練，就是所謂「母性的培養」。該文對此時的教育目標做了如下分析：

> 所謂母性主義的女子教育，可說是由前兩期的女子教育制度改造而成的。去各期所短，而取其長處融而爲一，他不象賢妻良母主義樣的偏重家庭，而拋棄了女子在社會上的權利。他也不像第二期，過重於社會權利，而丟棄女子在家庭原有的地位。他是含有社會觀念，而以民族爲中心的一種女子教育制度。

之後文章羅列了各時期國民黨對於女子教育的政策，最後指出：

> 從此女子中等教育，就漸有獨立的傾向了。而今年來，女子教育上派出來嶄嶄新新的旗幟是「母性主義」了。

因此，「培養母性」教育最突出的是女子中等教育，因爲當時一般輿論認

〔註51〕楊樹標等編《中國國民黨歷次會議宣言決議案匯編》第三分冊，杭州：浙江省黨史學會，198?版，第273～274頁。
〔註52〕雷良波等《中國女子教育史》，武漢：武漢出版社，1993年版，第364頁。
〔註53〕雷中《我國近代女子教育之概況》，《婦女共鳴》1937年第6卷6期，「論壇」，第11～19頁。

爲女子中等教育須注重女子特有的職分，養成其處理家政、教養兒童的知識技能。

國民黨政府強調「培養母性」的女子教育方針，引起婦女運動者的強烈不滿，李峙山以《國民黨給予女子的新鎖銬》表達了自己對新的女子教育方針的態度。她說：

> 總之，第三次代表大會新確定的女子教育方針，是在舊有「賢妻良母」的女子教育方針上加一層強有力的保障。……啊！這種教育方針的規定，不是又給女子加上一層新鎖銬嗎？〔註54〕

甚至多年以後，《婦女共鳴》主編呂雲章在回憶對強調培養母性的女子教育政策的態度時，依然措辭激烈：

> 我對於主席團提出之教育案，內有養成博大慈祥的母性一文，換句話說內容是充滿了養成賢妻良母的宗旨，我說妻應當賢夫也應當賢，妻應當良夫也應當良，應當做到男女平等的教育，……男同志對男女平等總是忽視，也就是後來國民黨失敗的主因。〔註55〕

面對國民黨「發揮母性優美之物質，建立家庭良好之基礎」的教育宗旨，婦女運動者發出了《中國婦女走向哪裏去？》〔註56〕的吶喊。

> 隨著最近新教育政策的頒佈，中國婦女來日的去路，顯然被劃定了。
> 那是什麼？從此女子必須步著男女有別的教育——發揮母性優美之物質，建立家庭良好之基礎的教育。

在文中，作者還認爲：正是這種針對女性的特殊教育造就了中國女性的軟弱可欺，也直接導致了在戰爭中被日寇蹂躪。她強烈呼籲政府「不要單純發揮男女有別的教育，要文武並重的教育」，要給予婦女平等的教育權。

國民黨籍婦運領導人劉蘅靜在《女子教育問題》一文中也指出，女學生可以學一些家事，但不應特別注重，並主張向美國學習，將家事科作爲一種職業技能的訓練，列在選修科內，學與不學任憑自願。如果想以此爲業，還可以取得碩士學位〔註57〕。

〔註54〕 毅韜《國民黨給予女子的新鎖銬》，《婦女共鳴》1929年第2期，「時事評論」，第1～2頁。

〔註55〕 呂雲章《呂雲章回憶錄》，臺北：龍文出版社股份有限公司，1990年版，第63頁。

〔註56〕 儀《中國婦女走向那裏去？》，《婦女共鳴》1938年第7卷6期，第4頁。

〔註57〕 劉蘅靜《女子教育問題》，收入陳庭珍《抗戰以來婦女問題言論集》，（《中華

　　國民黨政府「培養母性」的女子教育導向，在社會產生強烈反響，尤其是一些男子對於女子應實行「賢妻良母」教育大加鼓吹和追捧。上海某女中校長公然指出：「我的學校是要造成賢妻良母的，不願做賢妻良母的，不要進我這個學校來，既進了這個學校，就非學做賢妻良母不可。」〔註58〕

　　針對這種「賢妻良母」教育風氣的盛行，《婦女共鳴》1935年第4卷6期「論著」欄目，一篇德憲《請認清所謂「女子教育主義」——讀許安愚：〈中國需要何種女子教育〉》〔註59〕的文章，對「賢妻良母」教育進行了全方位的分析和有力地批判。作者在開篇就鮮明地指出：

> 中國究竟需要何種女子教育，時下正流行地在各方面討論著。而「賢妻良母」教育還正有人在試辦中。當希特勒大聲喊著婦女回到家庭裏去的這個時候，我們對於中國目前的提倡「賢妻良母」教育以及改頭換面的所謂「女子教育主義」教育等，不得不特別注意。誠恐那些似是而非的言論，容易鑽入許多幼稚的婦女腦子裏去。

　　隨後，該文對於許安愚文章中所謂支持「女子教育主義」的各條觀點分別加以駁斥。文中指出：女子是「妻」和「母」，但更是「人」。女子除多了一種生殖能力外，並不缺乏其他「人」的能力。女子離開家庭，進入社會，是歷史發展的必然趨勢，不會因為人為的力量而有所改變。至於那些希望通過「賢妻良母」教育阻礙女子作為「人」的發展的策略，最終只能以失敗告終。

　　這種對女子教育宗旨和內容不平等的規定也反映在留學教育上。《婦女共鳴》1929年第13期的《對於女生留學專額規定後的兩種希望》〔註60〕一文專門針對女性留學專業的限制發表了看法。文章首先指出：

> 國民黨是提倡男女平等的黨，中央是提倡男女平等的中央，那末承認男女在天賦上沒有強大的區別；凡百男子所能做的，婦女也能做，男子所能學的，婦女也能夠學，是沒有疑問了。

民國歷史資料叢編》），南京：青年出版社，1945年版，第101～102頁。

〔註58〕茜《女學生談片——座談會記錄》，《婦女生活》，1935年第1卷4期，第70頁。

〔註59〕德憲《請認清所謂「女子教育主義」——讀許安愚：〈中國需要何種女子教育〉》，《婦女共鳴》1935年第4卷6期，第9～15頁。

〔註60〕自我《對於女生留學專額規定後的兩種希望》，《婦女共鳴》1929年第13期，「時事評論」，第1～3頁。

　　可事實上，國民黨在男女平等的旗幟下卻實行限制女子留學專業的不合理規定。作者爲此提出了疑義，「男子所能學的，婦女也能夠學；爲什麼男女留學生的求學範圍，有兩種不同的限制呢？」該文作者認爲，女生留學專業的限制依然反映了「女主內」的特點，實行的是「男子治外，女子治內」的質的不平等分工，而不是「男女交相治外，男女交相治內」的量的分工。最後作者呼籲：

　　　　希望中央不要把男女留學生的求學範圍，分爲兩種不同的限制。這
　　　　樣不平等的質的分工流弊消滅，平等的量的分工出現，新中國才能
　　　　眞正的實現。

　　可見，國民黨以政治需要爲導向的女子教育方針與婦女政策，使北伐期間轟轟烈烈的婦女解放運動遭到了極大的阻礙。女性在享受國民黨所給予的名義上的「在法律上，經濟上，教育上，社會上確認男女平等之原則，助進女權之發展」時，得到的卻已經是回歸家庭，回覆母性，而不再是走出家庭，進入社會。雖然在面臨國難和民族危機時，女性依然被動員離開家庭，服務社會，但此時帶有女性主體意識的婦運訴求，並非國民黨婦女工作的主要關懷，女性意識的提升與自主性的建立也不再爲國民黨所關注，取而代之的是希望婦女能兼顧家庭與社會，家庭依然是婦女最後的最理想的歸宿。正是女性解放運動與政黨政治的衝突，使這些體制內婦女運動者在性別身份與政治身份之間苦苦掙扎。

　　《婦女共鳴》正是通過這一系列的言說，爲我們揭示了近現代中國婦女運動與運動婦女的歷史眞實。這份女性爲自我言說的女性刊物，雖然擺脫了男性的代言，但依然無法擺脫政治的束縛，女性話語在政治話語的遮蔽下最終難以得到充分的彰顯。

第五章　國族與女性解放的言說

　　「國族（Nation）」即為國家民族，這一概念形成於近代歐洲，與國家概念直接相關。1993 年版的《簡明牛津英語詞典》的解釋是：國族為一個廣義的人的聚集體，通過共同的血緣、語言或歷史被緊密地聯繫在一起，以致形成了由某個人民組成的獨特的種族，通常被組織為獨立的主權國家且佔據一定的領土。20 世紀初，西方「民族國家」理論傳入中國，對衰敗、一盤散沙的中國是一個強烈的震撼，在救亡圖存、民族振興的思想界引起了極大的轟動。對於近現代中國而言，國族即具體為中華民族。郭沫若《羽書集・全面抗戰的再認識》中曾說：「希望大家於保衛國族的神聖誓約之前，擔當起執行全面抗戰的實際。」本章正是從國家民族的視角論述南京國民政府時期主流婦女運動的代言人《婦女共鳴》如何將女性話語置於國族話語之下以謀求女性解放的言說策略。並揭示出這一言說策略下，婦女運動者如何通過參與國家民族事務部分實現女性自主，同時又不得不面臨女性主體身份被國族身份所遮蔽的現實困境。

　　在中國近現代歷史中，女性解放始終被賦予諸多的意義，從「國民之母」到「女國民」，無不表達了女性的性別話語被整合進國族主義話語之中的歷史情境。正如論者所指出的：「維新派主張女子放足並講求實學，有三重主要動機：恢復聖教、富國強種，和減少異族恥笑。」〔註61〕這些都代表著國族的話語訴求。從百日維新到國民革命再到抗日戰爭這一宏大的歷史背景中，作為半殖民地半封建的中國如何取得政治獨立、確立民族認同，始終是全體中

〔註61〕李又寧，張玉法編《中國婦女史論文集》第一輯，臺北：臺灣商務印書館，1992 年版，第 197 頁。

國人民的終極關懷。因此，對於近現代的中國婦女運動而言，女性話語從屬於國族話語，女性解放與民族解放合流，是歷史的必然。

第一節　國族視野下女性解放的言說策略

縱觀中國近現代歷史，女性參與社會、介入歷史規模最大的一次民族解放戰爭當屬抗日戰爭。抗日戰爭不僅使女性知識分子，而且也使眾多底層勞動婦女步入了歷史前臺。戰爭摧毀了日常的生活秩序，也動搖了太平盛世時期堅固的性別秩序和道德觀念，混亂動盪的社會秩序為女性帶來了相對大的自主空間，抗日救國為女性衝破傳統角色規範的束縛打開了一條名正言順、帶著神聖光環的道路。於是，在反抗民族壓迫的過程中，女性群體從潰敗離亂的家庭中開始了勝利大逃亡之旅。女性身份的歷史性轉變，與現代民族國家的現實訴求有關，也與伴隨著這一現代思潮而興起的婦女解放運動有關。在現代中國，女性參戰並不是完全被動、無奈地接受國家民族分派給她們的民族主義者的角色，而是有著諸多女性自主性的現實訴求。曠日持久的戰爭給女性帶來了遠遠超過男性的巨大的災難和痛苦，但是，戰爭也改變了秩序化性別分工，打破了陳腐僵化的性別壁壘，使倍受男權壓迫的女性獲得了在以往和平年代不能想像的社會空間和社會位置，釋放了被壓抑被束縛的人生能量。戰爭對社會資源的全面調動，對民族國家身份的強調，對愛國奉獻精神的召喚，也使女性獲得了國家和民族前所未有的尊重。

《婦女共鳴》正是為我們呈現了一段抗戰時期「女國民」們高呼「救國為女性之天職」、「民族解放就是婦女解放」、「愛國救國，匹婦有責」，並積極參加民族解放戰爭的女性的光輝歷史。

一、抗戰時期「女國民」式的女性解放言說

（一）先盡義務後享權利的「女國民」

「女國民」身份自從它產生之日起，就承載了女性對於國家和民族的責任，從清末民初為資產階級民主革命拋頭顱灑熱血的革命女性，到國民革命時期參加反軍閥鬥爭的女戰士，無不表達了女性對於國族命運的深切關懷。面對陷中華民族於深淵的日本侵略戰爭，中國女性義無反顧地承擔起她們作為「女國民」的歷史責任，並始終堅信只有盡義務才能最終獲得屬於女性的

權利，從而實現男女平等。

1、救國為女性之天職

早在 1931 年「九・一八」事變之前，日本在朝鮮和韓國策動排華，大批殺害我中華僑胞。萬寶山事件的爆發，更是暴露了日本蓄謀已久的侵華野心，戰爭的陰影已經開始籠罩我國東北。這一事件引起了《婦女共鳴》的關注，主編談社英撰寫《女界對於韓人排華案應負之責任》〔註1〕一文發表了自己的看法。她認為「婦女運動非僅為婦女本身權利而發也，其最大之要求與任務，即擔負國民之責任。」她還針對女界漠視此一事件提出批評，號召全國民眾一致起來向日本提出嚴重抗議，並積極救助我遇難僑胞。該文最後指出，「爭國體，助同胞，非國民之主要責任耶？隨著九・一八事變的爆發，「女國民」們認為救國乃國民責無旁貸之天職，女性亦無例外。「吾人處國民立場，婦女立場於此國家存亡所繫之時，尤宜一致起而救國，……況為國犧牲，為國民之天職乎？」〔註2〕「吾女子既同具圓顱同是方趾，國民天職何可後人？」〔註3〕「婦女的解放是應該的，絕無疑義的。不過婦女在國家民族當中，也應該盡國民的責任，尤其是在這國難當中，要盡力地盡國民一份子的義務。」〔註4〕「夫救國非異人任，亦無性別問題，男女共同負責任者，婦女為國民一份子，自亦應負一份子之救國責任。」〔註5〕「救民族，救國家的責任，不僅是「匹夫」的，同時也是「匹婦」的，假如我們只讓男子參加鬥爭，這就是我們放棄了自己應盡的責任。」〔註6〕這些論述無不表達了女性對於國家民族責任當仁不讓的勇氣和決心。

2、只有盡義務才能享受權利

抗戰時期，關於女性義務和權利的討論不絕於耳，面對戰爭，先盡義務再享權利成為「女國民」的共識。「婦女運動非僅為婦女本身權利而發也，

〔註1〕　社英《女界對於韓人排華案應負之責任》，《婦女共鳴》1931 年第 52 期，「時事評論」，第 1～2 頁。
〔註2〕　社英《救國聲中婦女之天職》，《婦女共鳴》1931 年第 56～57 期合刊，「時事評論」，第 1～2 頁。
〔註3〕　文耀《國難中女子應有之覺悟》，1932 年第 1 卷 7～8 期，第 13～15 頁。
〔註4〕　儂博《注意國難中的婦運》，《婦女共鳴》1932 年第 1 卷 1 期，第 31～35 頁。
〔註5〕　社英《國難中今後婦運之要義》，《婦女共鳴》1932 年第 1 卷 3～4 期合刊，第 7 頁。
〔註6〕　梅魂《一九三六年的展望》，《婦女共鳴》1936 年第 5 卷 1 期，「論著」，第 9～13 頁。

其最大之要求與任務，即擔負國民之責任，然後方為權利問題，與男子平均享國民權利耳！」「今日盡國民責任，他日始可享國民權利也。」「我們是國民一份子，我們享受國民權利，就得克盡國民義務！我們應以國民資格，參與一切國事，遇到國難，尤應奮勇地跑上最前線去，與敵廝殺！一雪國恥！」〔註7〕

關於如何認識盡義務與享受權利的關係，《婦女共鳴》1933年第2卷3期「編輯餘話」《婦女應爭盡義務與注意之點》一文特別指出：

> 現在婦女所要求的無非是平等權利，但是在這種國難嚴重的時候，就是有權利，又那裏能容你安享？……現在是什麼時候，現在正是國民盡義務的好機會，再不爭盡義務，真是將來要盡義務也沒有地方去盡。況且婦女所要求的是國民平等地位，能盡平等義務，才是真正達到國民地位，不然不過是社會之蠹蟲，人類之蟊賊罷了。〔註8〕

盡義務才能享權利，只有先盡義務才有享權利的機會，在民族危亡的時刻，盡義務尤顯重要。這就是《婦女共鳴》所代表的「女國民」對於盡義務與享權利的深刻解讀。

（二）「民族解放就是婦女解放」〔註9〕

早在北伐時期，「國民革命」就成為國共兩黨婦女工作的前提。在面對如何處理女性權利與民族革命的關係時，婦女運動者都毫不猶豫的選擇後者。如當時的婦女部長何香凝就曾經批評：

> 一般婦女只知道振興女權，謀女子獨立，殊不知國權已經喪失，女權何由振興？現在民窮財盡，國亡種滅將在目前，不先救國，還想自救，這豈不是緣木求魚？〔註10〕

1926年2月中國國民黨婦女部《告女同志書》說：「民族解放就是婦女解

〔註7〕 《京市婦女救濟會告全國婦女書》，《婦女共鳴》1931年第56～57期合刊，「專載」，第28～29頁。

〔註8〕 《婦女應爭盡義務與注意之點》，《婦女共鳴》1933年第2卷3期，「編輯餘話」，第67～68頁。

〔註9〕 中國國民黨中央婦女部《婦女必須瞭解的問題》，廣州，《民國日報》，1926年8月11日。

〔註10〕 何香凝《國民革命是婦女唯一的生存》，《人民周刊》第3期，收入廣州市民主婦女聯合會編《廣東婦女運動史料》（1924～1927），廣州：廣東婦女運動歷史資料編纂委員會，1950年版，第2～3頁。

放」，以此婦女應首先加入國民革命的戰線上去，再要求與男子同等教育、同享政權、同有財產權。〔註11〕抗日戰爭時期，當面對中華民族的空前危急時，《婦女共鳴》同樣提出了「婦女運動，不是單爲本身謀解放，更是一個復興整個民族的運動」〔註12〕在婦女運動者眼中，當女性面臨兩性鬥爭，階級鬥爭，民族鬥爭的抉擇時，民族鬥爭依然是她們最終的選擇。「我們應該參加那最迫切最需要和最大可能性的一種──民族鬥爭。」〔註13〕因爲民族生死存亡關頭，只有救國才能最大範圍地動員廣大國民，也只有救國，婦女的權利，階級的利益才有未來。

「民族的滅亡，也就是婦女運動的毀滅，所以我們應該積極參加民族獨立的鬥爭，因爲這是我們最後的一個機會。」芸生在《中國婦運的過去，現在和將來》〔註14〕一文中發出了如此的號召。她還說：

> 我們婦女大眾，不能離開國家的危亡而獨存，決不能離開民族的解放而孤立，也就是說，婦女的徹底解放，只有在婦女同胞積極參加民族解放鬥爭，求得中華民族的徹底解放之後，才能達到。所以中國婦女在其爲求自身解放的鬥爭中，更負有民族解放的使命。

對此，芸生的理由如下：

> 婦女問題，是社會問題的一環，它的最終的解決，是和社會問題的解決具有不可分離的關係。在中國目前的婦女運動，應該是而且必須是：整個民族解放運動的一分野。它必須繼承「五四」「五卅」的傳統精神，徹底完成反帝反封建的任務，並且把參加一般的社會改革的鬥爭和婦女運動本身的特殊鬥爭配合起來，只有這樣，中國婦女運動，才能有牠的光輝的將來。〔註15〕

李德全更是將兩性矛盾直接轉移到民族矛盾之上，認爲只有民族解放，

〔註11〕中國國民黨中央婦女部《婦女必須瞭解的問題》，廣州，《民國日報》，1926年8月11日。

〔註12〕傅巖，莊靜記錄《首都婦運同志對本問題之意見》，《婦女共鳴》1936年第5卷3期，第28頁。

〔註13〕金石音《我們應該參加那一種鬥爭》，《婦女共鳴》1935年第4卷12期，第9～14頁。

〔註14〕芸生《中國婦運的過去，現在和將來》，《婦女共鳴》1936年第5卷8期，第11～15頁。

〔註15〕芸生《中國婦運的過去，現在和將來》，《婦女共鳴》1936年第5卷8期，第11～15頁。

女性才能獲得最終的解放。她指出：

> 婦女問題是社會問題的一部分，婦女運動也是社會運動的一環，決
> 不能超脫社會關係單獨解決的，中國現在處於半殖民地的地位，全
> 國中的男子，還得不到完全的自由，婦女哪能有完全的自由，全中
> 國的男子，還不能十足的得到他們所應該有的權利，我們應該要向
> 有錢的人索債，不能找沒錢的人借錢，所以我們婦女的權利以及自
> 由平等，要向真正束縛我們壓榨我們的日本帝國主義爭取回
> 來，……不錯，我們的權利和自由平等，在過去是被男子們剝奪去
> 了，但是全中國在日本帝國主義鐵蹄之下，全中國人民的權利和自
> 由平等，也都叫他剝奪去了，男子們自身已經失去了他們的權利自
> 由和平等，叫他們怎麼還得起這千年來的巨大債務？〔註16〕

張醒儂則認為：「要在粉碎日本法西斯強盜所加予我們民族的鎖鏈的前提
下，才能解放婦女本身的繩索。以此，中國婦女運動將往何處去的問題，應
該配合抗戰建國的需要來決定。」〔註17〕她還指出：

> 在目前，我們充分的認識，中國婦女解放運動，包括民族解放在內，
> 它與民族解放鬥爭，絕對不能脫離：我們也清楚的明確的瞭解，婦
> 女問題不是孤立的，它只是社會問題的一環，在政治、經濟及其它
> 問題未得合理的徹底的解決以前，決不能個別的解決。我們中國婦
> 女，已抓緊這一認識的基點，去努力克盡國民的天職，把日本法西
> 斯強盜所加予我們民族的鎖鏈粉碎後，婦女的解放運動也就得到光
> 榮的成功！

愛國是女性的天職，盡義務才能享權利，「民族解放就是婦女解放」，只
有民族解放成功婦女才能解放，這成了抗日戰爭時期廣大婦女運動者的基本
共識。她們在面對民族生死存亡的危急關頭，清醒地認識到自身的責任和義
務，並勇於承擔與男子一樣的作為國民的責任。《婦女共鳴》作為那個時代主
流婦女運動的代言人，充分表達了女性依附於國族話語之下的性別訴求，這
也是女性在那一時代獨一無二的選擇。

〔註16〕李德全《怎樣紀念「三八」》，《婦女共鳴》1937 年第 6 卷 3 期，第 6～10
頁。
〔註17〕張醒儂《婦女運動的發生及我們今後工作的趨向》，《婦女共鳴》1941 年第 10
卷 5 期，第 22～23 頁。

二、「愛國救國，匹婦有責。」〔註18〕

面對抗日戰爭，廣大女性不僅僅用語言來表達自身對於國家民族的責任，她們更用行動譜寫了一曲愛國救國的歷史篇章。早在1931年九‧一八事變後，國統區婦女就紛紛成立各種愛國救國組織，發表救國宣言，開展救國行動。1937年全面抗戰爆發後，廣大婦女更是以高度的愛國主義精神發出「愛國救國，匹婦有責」的呼喊，並廣泛行動起來，投入到偉大的全民族的抗日戰爭中。

（一）關注戰爭發展，督促政府抗日

1、關注戰爭發展

1931年「九‧一八」事件後，《婦女共鳴》隨後即於1931年10月15日以「反日專刊」的形式出版了第56～57期合刊。該專刊從表達女子救國救亡決心的「時事評論」到分析日本發動侵略戰爭的原因以及我國的應對辦法，再到反日中婦女應做的基本工作和所應做的準備等方面，對抗戰初期的戰爭狀況以及婦女應有的態度進行了全面地論述。此外，專刊還通過「專載」和「救國消息」欄目，第一時間報導了國內婦女界反對日本侵略的宣言和所發起的救國行動〔註19〕，以極強烈的愛國熱情向全國民眾進行抗日宣傳，密切關注日本對我國東北的侵略。與此同時，女界同胞和全國人民一起，紛紛自發行動起來抗日救亡，湧現出了一大批婦女抗日組織和團體。如上海婦女救國大同盟、北平女界抗日救國會、華北婦女救國會、上海婦女界救國會等。對此，《婦女共鳴》通過「婦女消息」欄目進行了報導。中國女性積極地站到了抗日救亡的陣線中，表達了作為國民一份子對於國事的關心和參與。在隨後的幾期，《婦女共鳴》仍以較多篇幅關注東北問題，先後發表了《日本侵略中國及各慘案年表》、《關於東北外禍之杞憂》、《東北血戰一斑》、《東北事變及國聯會議之回顧》、《東北‧大錄之一角》等等文章，並以連載形式刊發《九一八前東北概況》，對於日本侵略中國東北給予了前所未有的關注。

〔註18〕趙清閣《愛國救國，匹婦有責》，《女子月刊》第4卷1期，第1頁。

〔註19〕《京市婦女救濟會告全國婦女書》、《首都提倡國貨會敬告同胞書》、《上海女界發起組織義勇軍宣言》、《國際婦女對日暴行一致認為不滿》、《南京婦女救濟會反日救國運動紀要》、《上海婦女提倡國貨會救國運動》、《婦女救國大同盟十月一日成立》、《京滬女校救國反日彙志》，《婦女共鳴》1931年第56～57期合刊，「專載」、「救國消息」。

　　1937 年「七七事變」後全面抗戰爆發，《婦女共鳴》在面對戰爭中諸多困難的情況下堅持辦刊，並將刊物內容完全集中到對抗日戰爭的全面報導。早在 1936 年 3 月 10 日，婦女共鳴社專門召開「婦女運動與民族復興討論會」，並出版「婦女運動與民族復興」特輯。會議召集者們認爲「現在國難嚴重，全民族淪亡的大問題，橫在我們的面前，因此婦女運動，自不能單爲本身權利奮鬥，其目標和意義，有專爲民族復興運動的必要。」〔註 20〕並決定 1936 年第 5 卷 3 期出版「婦女運動與民族復興」特輯。

　　此後，《婦女共鳴》先後於 1938 年第 7 卷 8 期出版有關於「救濟婦孺」「保育兒童」的「兒童特輯」；1938 年第 7 卷 9～10 期合刊出版慰勞前線將士的「慰勞專刊」；爲了配合蔣介石所提出的「國民精神總動員」令，1938 年第 8 卷 9～10 期合刊被確定爲「國民精神總動員特刊」。

　　總之，抗日戰爭爆發後，關注戰爭和報導戰爭成爲《婦女共鳴》的重要內容，尤其是全面抗戰爆發後，有關抗戰前方和後方的宣傳報導幾乎成爲刊物的全部內容。

　　2、反對妥協投降，主張堅決抗戰。

　　1935 年 12 月日本策動「華北五省自治運動」，全國救亡呼聲一片。《婦女共鳴》1935 年第 4 卷 12 期「時論集珍」欄目通過轉載《政府宜下決心》與《還能忍耐嗎？》兩篇文章，呼籲政府認清形式，早日抗戰。在前一篇文章中，譚惕吾指出「今日人欲亡華北，是直欲亡我國耳。」「無論從何方而言，吾國現在決不能不戰，決不可不戰。」〔註 21〕此後她還發表《爲當前國難向政府諸公進一辭》，該文指出：我國唯有一戰，「戰必勝」、「不戰必辱」〔註 22〕。與此同時，譚惕吾還特別指出：國民黨政府必須清醒地認識到，寄希望於依靠歐美強國庇護或所謂的國際公理保護，以此來逃避戰爭，既爲幻想，「誠我國之奇恥大辱矣」。她還表達了堅決支持政府抗日，請願捨身救國的愛國深情。她說：

　　　　諸公如決心與倭奴戰，吾等願率二萬萬女同胞以任看護輸送籌款及

〔註 20〕傅岩，莊靜記錄：《首都婦運同志對本問題之意見》，《婦女共鳴》1936 年第 5 卷 3 期，第 28 頁。

〔註 21〕譚惕吾《政府宜下決心》，《婦女共鳴》1935 年第 4 卷 12 期，「時論集珍」，第 44～45 頁。

〔註 22〕譚惕吾《爲當前國難向政府諸公進一辭》，《婦女共鳴》1931 年第 56～57 期合刊，第 16 頁。

服務後方之責，共救祖國之亡，愛國爲國民天職，吾等決不願稍後
於人也。〔註23〕

「誓死一戰，雖敗猶榮。」〔註24〕正是表達了中國婦女對於堅決抗戰的
決心。

對於政府所採取的妥協和投降政策，《還能忍耐嗎？》〔註25〕一文認爲：
國家不是政府幾個「做官人」之事，國家是人民的國家，人民有權督促政府，
使同負「救亡圖存」的責任，同做「共赴國難」的工作。並進一步要求政府
「開放輿論」與恢復「民眾運動」，以動員民眾，發掘民眾的偉大力量爲抗戰
所用，並最終達到救亡圖存的目的。

全面抗戰前的國民黨政府不但不積極準備對日戰爭，卻想盡辦法控制國
內輿論，迫害愛國民眾，這引起了民眾強烈的不滿。《民族危急與婦女當前的
任務》一文甚至用「全國人民由失望憤怒達到無可容忍的境地」表達了對國
民黨政權的極度失望。該文如是說：

在敵人的政治、軍事、經濟、文化各方面加速進攻和侵略的情勢之
下，無疑地，中華民族的危亡，以達到最後的關頭了。在這樣危機
萬狀一髮千鈞的時期，我們當局者不僅不去組織人民，集中全國的
力量，領導人民作挽救整個民族淪亡的抗戰，反而極端壓迫人民的
愛國運動，解散人民的救國團體，封閉人民所發行的宣傳愛國思想
和言論的刊物，逮捕和監禁參加救國運動的無辜人民；然同時對於
敵人，卻竭盡委曲求全的能事，最近外交當局仍高唱其「中日親善」
的老調，這種顯然違反民族利益和人民意志的舉措，以使全國人民
由失望憤怒達到無可容忍的境地了！〔註26〕

最爲難能可貴的是，爲了便於社會民眾表達對於抗日的態度，《婦女共
鳴》從 1936 年第 5 卷 7 期開始增設了「讀者的吶喊」欄目，專供讀者發表
自己對於時局的觀點。在這一期的「讀者吶喊」欄目中，《我們再也不能耐

〔註23〕譚惕吾《爲當前國難向政府諸公進一辭》《婦女共鳴》1931 年第 56～57 期合
刊，第 16 頁。
〔註24〕《呈中央及國府請對日宣戰文》，《婦女共鳴》1931 年第 56～57 期合刊，第
35～36 頁。
〔註25〕承烈《還能忍耐嗎？》，《婦女共鳴》1935 年第 4 卷 12 期，「時論集珍」，第
47 頁。
〔註26〕白雲《民族危急與婦女當前的任務》，《婦女共鳴》1936 年第 5 卷 6 期，「論壇」，
第 5～7 頁。

了》一文表達的是青年學生對於政府不抗日難以壓抑的失望和憤怒。〔註27〕所非的《讀二中全會宣言》〔註28〕一文則對國民黨政府和蔣介石面對戰爭的毫不作爲給予了激烈地抨擊。文章指出：

> 一個國家已經到了快要滅亡的地步，而它的國策居然還沒有決定，統治者層居然還不厭其詳，一而再、再而三的召開大會，從容論道，這眞是中外史上絕無僅有的奇觀，然而這奇觀，終於不幸地在目前的中國出現了。

該文除了對國民黨不積極抗日的事實進行抨擊外，還針對國民黨通過開會，制定一系列僅維護本黨利益的政策，至國家民族的危難於不顧表示極度反感。「必須統一始能救國」、「集中於一切救國力量於中央指導之下……故禦侮救國之有需於統一與紀律，實爲無可動搖之鐵則。」眞實地反映了國民黨當局在全面抗戰爆發之前「攘外必先安內」的政策取向。該文最後指出：

> 蔣介石先生十三日在二全大會上說：「現在我們中國生死存亡的大權，可以說是操在我們本黨手上。」是的，中華民國的存亡大權，是操在國民黨的手上。然而國民黨和國民黨人的歷史令譽，也就看其運用這一大權而決定。所以，流芳遺臭，及早抉擇吧！

3、堅決反對內戰，力主一致對外

《婦女共鳴》從 1936 年第 5 卷 6 期開始發表了一系列反對內戰，呼籲政府抗日的文章，表現了這些國民黨體制內婦女運動者在面對國家民族生死存亡關頭，爲維護國家民族利益而置政治身份於不顧的正義和勇敢。1936 年第 5 卷 6 期的「每月評論」，主編金石音發表了《內戰乎？抗日乎？》一文，文中表達了作者堅決反對內戰的態度。她說：「中國今日之不堪有內戰，乃是不容否認的事實。全國人民不堪再有內戰，乃是不容否認的事實。」〔註 29〕。面對國民黨在抗日形勢日益嚴峻的情況下仍然堅持「攘外必先安內」的主張，金石音同樣指出：當一個民族面對存亡之時，民族獨立高於民族統一，民族獨立高於一切。可是國民黨政府卻一意孤行，堅持對內戰爭，最終導致了中

〔註27〕 李少卿等《我們再也不能耐了》，《婦女共鳴》1936 年第 5 卷 7 期，「讀者的吶喊」，第 25 頁。

〔註28〕 所非《讀二中全會宣言》，《婦女共鳴》1936 年第 5 卷 7 期，「每月評話」，第 2～3 頁。

〔註29〕 石音《內戰乎？抗日乎？》，《婦女共鳴》1936 年第 5 卷 6 期，「每月評話」，第 1 頁。

國走向「主權喪盡」的亡國之境。〔註 30〕此後，金石音還在《以牙還牙吧》與《收復失地》兩文中，進一步闡述了中國只有抗戰才能有希望。她指出：

> 過去有人把中日不能一戰的原因諉之於無準備，也有人把這個責任推在國內不統一的頭上。現在離「九・一八」已經五年了，全國各地，更充滿著謳歌統一的欣忭，我們還有什麼理由可以猶疑而徘徊不前呢？〔註 31〕

金石音還呼籲國民黨政府不要再對日本帝國主義抱任何幻想，立下決心，要「趁此綏戰節節勝利的良機，動員全國軍隊，實行以武力收復失地，……起用抗日名將；組織全國民眾；發揚民族意氣。」〔註 32〕以保證戰爭的勝利。

《婦女共鳴》作為一份有著國民黨政治背景的女性刊物，在面對民族危亡時卻有如此不顧政治和階級身份的勇氣，對此我們沒有理由不表示應有的尊重和欽佩。

（二）動員婦女抗戰

1937 年「七七盧溝橋」事變，抗日戰爭全面爆發。《婦女共鳴》連續刊發了《我們對於華北事變的態度》、《華北危殆聲中婦女應負之責任》、《負起守土抗戰之責任》、《知死必勇》四篇「每月評論」，同時還轉載了《申報》增刊的《盧溝橋事件的檢討》一文，關注戰爭爆發。同時，該刊還號召全國民眾起來抗日，動員廣大女性承擔起國民的責任，支持政府抗日。

抗日戰爭需要「全中國人民動員起來，武裝起來，參加抗戰，實行有力出力，有錢出錢，有槍出槍，有知識出知識」〔註 33〕。自日本發動全面侵華戰爭後，日本帝國主義的侵略給中華民族帶來了空前浩劫，婦女在這場浩劫中所遭受的悲慘境遇驚醒了許多安於現狀的婦女。同時蔣介石也於 1937 年 9月發表盧山談話，宣稱「戰端一開，地無分南北，人無分老幼，無論何人皆有守土抗戰之責任」〔註 34〕。由此，「這個中國歷史上空前的全民抗戰大時代，

〔註 30〕石音《民族統一與民族獨立》，《婦女共鳴》1936 年第 5 卷 8 期，「每月評話」，第 1 頁。

〔註 31〕石音《以牙還牙吧，中國》，《婦女共鳴》1936 年第 5 卷 10 期，「每月評話」，第 1 頁。

〔註 32〕石音《收復失地》，《婦女共鳴》1936 年第 5 卷 12 期，「每月評話」，第 1 頁。

〔註 33〕中國人民大學中共黨史系資料室《中共黨史教學參考資料（7）》，北京：中國人民大學出版社，1980 年版，第 43 頁。

〔註 34〕楊樹標著《蔣介石傳》，北京：團結出版社，1989 年版，第 319 頁。

給中國婦女以從未有過的突飛猛進的機會。」〔註35〕

關於婦女抗戰動員問題，《婦女共鳴》給予了較多地關注，其中主要針爲什麼要進行婦女動員、婦女動員的意義、婦女動員的對象、各階層婦女動員的方法等多方面問題進行了探討。有關婦女動員的歷史資料，爲我們提供了一個瞭解抗戰時期女性如何融入戰爭，如何爲民族解放而奮鬥的歷史場景。

1、動員婦女抗戰的原因和意義

在抗戰初期，婦女動員工作做得非常不夠。淑美《婦女總動員問題》〔註36〕一文指出：「眼前參加抗戰工作的，顯然只限於女公務員，知識婦女及學生，一部分職業婦女及女工，這三種婦女的數目，本來就不多，而且又只有一部分，在全部婦女人口中，可以說是微之又微的。」該文同時表示「婦女同胞並未實現總動員」。她說：

> 我們也承認即在目前，婦女同胞們雖然沒有參加實際戰鬥的，但參加後方的抗戰工作，爲數當不在少數。然而，儘管婦女同胞也在擔負其他救亡方面的責任，在質和量上，終嫌不夠，而且太不夠了，直言之，就是婦女同胞並未實行總動員。

正因爲如此，動員婦女抗戰有著十分緊迫的現實意義。作爲全國占半數的廣大女性，蘊藏著無盡的能量，女性參加抗戰將使抗戰勝利建國早日成功、促進社會進步、有利建立健全家庭。〔註37〕「在民族存亡危急之秋，人人有救國的責任，一人落伍，抗戰的力量就要減弱一分……國亡了，家也就難保。」〔註38〕動員婦女參加抗戰工作，「抗戰的力量，就可增加一倍，抗戰勝利的時間，就可縮短一半。」〔註39〕「爲著抗戰迅速的勝利，建國早日的成功，我們應加緊實行婦女總動員。」〔註40〕因此，動員婦女抗戰有著十分的緊迫性

〔註35〕中共中央文獻研究室《鄧穎超文集》，北京：人民出版社，1997年版，第11頁。

〔註36〕淑美《婦女總動員問題》，《婦女共鳴》1938年第7卷6期，第5頁。

〔註37〕陳逸雲《動員婦女參加抗戰工作》，《婦女共鳴》1942年第11卷2期，第14〜18頁。

〔註38〕黃素心《擴大戰時婦女工做到鄉村》，《婦女共鳴》1938年第7卷6期，第7頁。

〔註39〕陳逸雲《動員婦女參加抗戰工作》，《婦女共鳴》1942年第11卷2期，第24頁。

〔註40〕包德明《婦女總動員的要務》，《婦女共鳴》1942年第11卷7〜8期合刊，第5〜6頁。

和必要性，只有充分動員各階層婦女，才能取得抗戰的勝利，我們的民族才有解放的希望，我們受壓迫的女性才有解放的希望。

2、婦女動員的對象與方法

哪些婦女需要動員？怎樣動員婦女？是抗戰時期討論較多的問題。有論者通過分析認爲：占中國婦女最大多數的農村婦女和家庭婦女是完全沒有動員起來的人群，而知識婦女及學生，職業婦女及女工只有一部分得到動員。因此，要通過深入農村調查以喚醒農村婦女民族意識，並將她們組織起來；健全女工及職業婦女組織以提高其知識水平和增進生產和職業技能；發動家庭婦女改革其遊惰的生活習慣並給予抗戰所需的看護等訓練；以及訓練知識婦女使之成爲婦女幹部以領導其他婦女抗戰。最終達到動員各階層婦女的目的。〔註41〕針對如何動員農村婦女的問題，《婦女共鳴》在 1938 年第 7 卷 6 期先後發表了《擴大戰時婦女工作到鄉村》、《農村婦女能做些什麼？》、《怎樣喚起農村裏的婦女？》、《農村訪問與宣傳》等多篇文章。有文章指出，農村婦女沒有參加抗戰，並不是她們的覺悟不夠，更不是她們不愛國，而是因爲她們沒有被動員起來，是因爲婦運工作在過去和現在都做得不夠。〔註 42〕要動員農村婦女，知識婦女要以「服裝的樸素，態度的親和，口齒的明白，言語的通俗」〔註 43〕爲條件，要以自己的知識去灌輸農村婦女們的頭腦，最後作者發出了「到農村去吧！知識的婦女到農村去吧！」〔註 44〕的號召。對於如何動員農村婦女和女工，那種宣傳隊「走馬式」的一過現象，導致最終的效果相對有限。只有眞正深入她們的生活，組織和發動她們，才能最終達到動員起來的目的。〔註45〕《婦女共鳴》1938 年第 7 卷 7 期，以勞動婦女爲主題，通過《抗戰時期的婦女勞動訓練》、《怎樣開展勞動婦女運動？》、《勞動婦女應該站在國防第一線》、《五一勞動節與婦女勞動問題展望》、《中國勞動婦女對於「五一」應有的認識與覺悟》等文章，向廣大勞動婦女宣傳勞動

〔註41〕淑美《婦女總動員問題》，《婦女共鳴》1938 年第 7 卷 6 期，第 5 頁。

〔註42〕黃素心《擴大戰時婦女工做到鄉村》，《婦女共鳴》1938 年第 7 卷 6 期，第 7 頁。

〔註43〕金啓華《怎樣喚起農村裏的婦女》，《婦女共鳴》1938 年第 7 卷 6 期，第 10 頁。

〔註44〕金啓華《怎樣喚起農村裏的婦女》，《婦女共鳴》1938 年第 7 卷 6 期，第 10 頁。

〔註45〕淑英《對宣傳和組織農婦及女工的幾點意見》，《婦女共鳴》1941 年第 10 卷 5 期，第 13～14 頁。

對於抗戰的重要性，指出只有勞動婦女在後方增加生產，充實國力，支持抗戰，才能使抗戰達到最後的勝利。除了動員農村婦女和勞動婦女外，該刊還對知識婦女、母親、女青年、家庭婦女以及太太等各個群體的動員進行了討論。對於知識婦女來說，她們有足夠的能力充當婦女運動領導者的角色，因此，動員知識婦女，「要採取友誼，關心，誠摯，尊重的態度來應付她們不可。雖然這樣，但我們不能夠否認知識婦女在抗戰中所能起的作用——領導其他的婦女協助男子做種種服役的工作。」〔註 46〕動員全中國的母親支持自己的兒子參軍參戰，用鮮血和生命保衛我們危難的祖國。〔註 47〕在《致全國青年的姊妹們》一文，作者呼籲青年婦女們在中國民族生死存亡的最後關頭，應該找一點有利於抗戰的工作，表現一些力量，哪怕在喝咖啡，看電影的時候，跳舞戀愛的時候也偶然談談前方抗戰悲壯的故事，盡一點國民的責任〔註 48〕。以機關、職業團體以及保甲三種方式為組織單位發動家庭婦女參加抗戰，使她們的力量成為解決推進兵役及消費的助力〔註 49〕。對於太太們的婦女群，她們因為各種原因大多數都沒有參與抗戰工作，但作為一種潛在的力量，對她們的爭取是抗戰這個特殊時期所需要的。用俱樂部的方式引導她們進行各種教育，最終達到動員她們參加抗戰建國的目的。〔註 50〕總之，

> 無論知識婦女、勞動婦女，家庭婦女，職業婦女，都得參加國家總動員的義務；或前方或後方自動自覺的行；自力向上、本位向上、工作向上的全面動員起來，貢獻全力在國家民族唯一的前途上。〔註 51〕

3、國民精神總動員與婦女動員

國民精神總動員提出於國民黨第五屆中央第五次全體會議，發動於國民參政會第一屆第二次會議。1939 年 1 月，國民黨召開了五屆五中全會。會上通過了通飭全國舉行「國民抗敵公約」案。該提案指出：

〔註 46〕沙原《知識婦女在抗戰中的作用》，《婦女共鳴》1942 年第 11 卷 5 期，第 11～12 頁。
〔註 47〕王平陵《敬告全國賢明的母親》，《婦女共鳴》1938 年第 7 卷 1 期，第 2 頁。
〔註 48〕王平陵《致全國青年的姊妹們》，《婦女共鳴》1938 年第 7 卷 2 期，第 3 頁。
〔註 49〕山椒《家庭婦女的發動》，《婦女共鳴》1938 年第 8 卷 7～8 期合刊，第 2 頁。
〔註 50〕沈媛璋《怎樣動員太太》，《婦女共鳴》1943 年第 12 卷 11～12 期合刊，第 10 頁。
〔註 51〕丁昌遺《動員婦女工作的基本看法（續）》，《婦女共鳴》1943 年第 12 卷 5～6 期合刊，第 13 頁。

第二期抗戰，業已開始，凡我國人，尤應精誠團結，矢志救國，各
抱抗戰必勝之決心，……應使全國人民舉行「國民抗敵宣誓」，以自
發自動之精神，出爲共信互信之誓約，是於加強必勝信念，增加抗
戰力量。〔註52〕

此次會議，制定了通飭各省黨部、政府及所屬各機關、各學校遵行，並
應先由各級黨部、政府普遍宣傳，然後指導民眾一體舉行。

1939 年 2 月，國民參政會一屆三次會議召開，蔣介石在致開幕詞中講道：
「我以爲強化精神，集中精神，以我們的言論行動，領導全國精神總動員，
應該是本屆大會的工作中心所在。」〔註53〕會議聽取了蔣介石所作政府對國
民精神總動員綱領及其實施辦法的報告。蔣介石代表國民政府在宣讀《國民
精神總動員綱領》時說：

所謂國民精神總動員者，自其字意言之，則在個人爲集中其一切意
識思維智慧與精神力量於一個方向而提高使用之，在國民全體爲集
中一切年齡職業思想生活各各不同之國民的精神力量於一個目標而
共同鼓舞以增進之，整齊調節以發揮之，確定組織之中心，以增強
發揮之效率者也。〔註54〕

綱領中提出了國民精神總動員的三個目標，即「國家至上民族至上」、
「軍事第一勝利第一」、「意志集中力量集中」。〔註55〕

3 月 12 日，蔣介石通電全國，宣佈實行全國國民精神總動員。20 日，報
紙上公佈了《國民精神總動員實施辦法》、《國民公約》及《誓詞》。4 月 17 日，
蔣介石在重慶舉行了國民公約宣誓，並於下午七時發表廣播演說，號召實行
國民精神總動員，養成積極進取的朝氣，打破屈服投降、妥協背叛的陰謀。
並決定，5 月份舉行全國國民精神總動員。它進一步動員了全民族抗戰到底的
精神，增強了全民眾堅持抗戰的意識，振奮了民族的自尊心和自信心。

《婦女共鳴》爲配合蔣介石的「國民精神總動員」政策，將 1938 年第 8

〔註52〕《中國國民黨歷次代表大會及中央全會資料》（下），北京：光明日報出版社，
　　　　1985 年版，第 568～569 頁。
〔註53〕孟廣涵編著《國民參政會紀實》（上卷），重慶：重慶出版社，1985 年版，第
　　　　412 頁。
〔註54〕孟廣涵編著《國民參政會紀實》（上卷），重慶：重慶出版社，1985 年版，第
　　　　446 頁。
〔註55〕孟廣涵編著《國民參政會紀實》（上卷），重慶：重慶出版社，1985 年版，第
　　　　447～448 頁。

卷 9～10 期合刊（實際出版日期為 1939 年 4 月 20 日）定為「國民精神總動員特刊」。在該期特刊中，主要刊發了《擁護國民精神總動員》、《精神總動員與婦女》、《精神動員下的國民責任》等文章。在《國民精神總動員與婦女》〔註56〕一文的論述中指出：在國民精神總動員中，占國家人口半數的婦女必須要加以動員；婦女現有的精神風貌亟待實行精神動員，以與男子共同承擔起抗戰救國的責任；婦女作為家庭的核心人員，她的精神將直接影響到家庭成員的精神面貌。此外，婦女私生活放蕩奢侈、萎靡不振、得過且過、自私自利等惡劣品質均需要進行精神動員。因此，婦女的精神動員是全民總動員重要的一環。要想實現對婦女的精神動員，婦女運動的領導者們和戰時婦女工作者要負起領導責任，通過深入民間、耐心說服、以身作則、運用機構等方式，達到最終將婦女動員起來的目的。

國民精神總動員進一步動員了全民族抗戰到底的精神，增強了全民眾堅持抗戰的意識，振奮了民族的自尊心和自信心。國民精神總動員的發動與開展，客觀上有利於各抗日黨派，抗日團體及各抗日武裝力量的團結；有利於抗日民族統一戰線的鞏固；有利於國共合作，意志集中，力量集中。國民精神總動員，讓女性有了更有利的離開家庭，進入社會的環境。在國民精神總動員的號召下，女性得到了更廣泛地動員，為抗戰建國做出了更大的貢獻。

（三）提倡國貨與節約救國

九·一八事件後抗日戰爭爆發，日本軍隊在我東北三省燒殺擄掠，無惡不作。談社英《全國應一致作救濟東北之月捐》〔註 57〕一文在呼籲國民踴躍捐款支持東北抗日時，對東北人民的艱難處境多有描述：「據正式統計，自一九三一年九月十八日以來，華人為日本軍隊或日本官吏所殺者，已達五八二四八人，其中一二九二六人為平民，而上海十九路軍之損失尚不在內。」東北淪陷區人民在日寇的統治下生活在水深火熱之中，連生命都無法得到基本的保障。文中還論及東北義勇軍為了抗擊日本侵略軍進行了艱苦卓絕的鬥爭，「一年以來，義勇軍之此仆彼繼，已屢寒敵人之膽，而為國家民族爭光榮。」然而，他們卻面臨著缺衣少食，彈藥缺乏的困境。《婦女共鳴》中有關九·一八後東北人民和軍隊困境，倡議全國國民積極儲金救國的宣傳報導，所在多

〔註56〕電藜《國民精神總動員與婦女》，《婦女共鳴》1938 第 8 卷 9～10 期合刊，第 4～5 頁。
〔註57〕記者《全國應一致作救濟東北之月捐運動》，《婦女共鳴》1932 年第 1 卷 12 期，第 59 頁。

有。如 1931 年第 60 期《吾人應起而儲金救國》，1932 年第 1 卷 10 期《婦女救國之實際工作》，1933 年第 2 卷 3 期《婦女尤應努力節約救國》以及該期的「專載」《節約救國會章程》等等，均號召國民為東北抗日救亡運動盡一份自己的責任，為國家和民族節約救國，毀家紓難。在《婦女尤應努力節約救國》中，作者還提出了「節約救國八項辦法」並指出「國人苟能一致節衣縮食，節約餘資，輸助軍事，則以我之眾，豈畏彼哉！」〔註 58〕。此外，在 2 卷 3 期的「雜錄」欄，還專門登載了婦女共鳴社社長陳逸雲「變飾助餉」的事迹，號召「女界宜急起效法」。1932 年 11 月 27 日刊載有「發起中華婦女救濟東北同胞協會」的消息。在呼籲國民節約救國的同時，《婦女共鳴》還對提倡國貨以實現救國進行了討論。這些對於提倡國貨、節約救國、儲金救國的宣傳，既讓社會各界加深了對東北淪陷區人民和軍隊艱苦鬥爭的瞭解，也為東北人民爭取到寶貴的經濟援助。

（四）前方勞軍與後方慰勞

早在綏遠抗戰之時，《婦女共鳴》主編陳逸雲就前往前線勞軍，該刊的 1937 年第 6 卷 4、5、6、7 期在「紀事」欄目連續刊出《塞外勞軍記》。通過這些日記，給我們展現了綏遠抗戰的歷史風貌。抗戰全面爆發後，該刊 1938 年第 7 卷 9～10 期合刊確定為「慰勞專刊」〔註 59〕。在發刊詞中，主編陳逸雲表達了對於前方抗日將士的崇高敬意，希望通過「慰勞專刊」使「前方的將士得到慰籍，得著精神鼓勵，更增加他們抗戰的勇氣，堅決他們抗戰的意志，為國家為民族而犧牲。」她還希望該專刊「成為前方的軍號，前線的戰鼓，鼓勵著後方前方的將士都成為百折不撓的戰鬥員，將萬惡的敵人驅逐出中國的版圖，以達到我們最後的勝利。」在該期內容中，編輯通過大量圖片，表現了抗日將士的英勇，日本軍隊的殘暴，同時也展現了廣大婦女在前方救護、戰地服務以及在後方趕製軍服的場面。此外，以宋美齡為首的女界名人均發表文章，表達對於抗日將士的慰問和鼓勵，可見該刊作為一份女性刊物在女界的地位和影響。

（五）救濟婦孺，保育兒童

激烈殘酷的戰爭，使數以百萬計的戰區婦女兒童飽受苦難。他們或被日

〔註 58〕談社英《婦女尤應努力節約救國》，《婦女共鳴》1933 年第 2 卷 3 期，第 6 頁。

〔註 59〕陳逸雲《發刊詞》，《婦女共鳴》1938 第 7 卷 9～10 期合刊，第 1 頁。

軍凌辱殘害，或流離失所，戰時救濟婦孺和保育兒童的工作成為社會不得不
關注的重要問題。「兒童是未來的中國主人翁，婦女是製造國民的機器」，沒
有婦女和兒童的國家將沒有前途和未來。〔註 60〕針對抗戰時期救濟婦孺問
題，《婦女共鳴》在 1938 年第 7 卷 2 期，分別發表了宋元《救濟戰區婦孺事
業的兩大問題》、唐國楨《怎樣救濟戰時婦孺》以及莊靜《戰時兒童的教養》，
在 7 卷 3 期發表了王文傑同樣以《怎樣救濟戰時婦孺》為題的文章，7 卷 7～
8 期合刊則有黃殿珍《如何救濟淪陷區婦女同胞》。這些文章除了關注戰區婦
女兒童所遭受的悲慘境遇，均提出了對婦孺的救濟問題。由於國家正處於艱苦
的戰爭狀態下，救濟婦孺所需要的財力是最大的困難，因此如何實現救濟成了
討論的中心話題。在這些文章中，最多的主張就是建立戰時工廠，發展後方工
業，採取以工代賑的辦法起到既發展經濟又救濟難民的作用。主張在救濟的同
時要培養他們自食其力的能力，並最終使他們成為支持抗戰的一份子。

正是緣於對戰時兒童問題的關注，《婦女共鳴》1938 年第 7 卷 8 期出版
了「兒童特輯」發表了《應該建立兒童公育的基礎》、《不要忽略兒童訓練》、
《怎樣負起保育兒童的使命》、《為保育難童告全國同胞》、《兒童保育與心理
衛生》、《大家快起來保育戰時的兒童》等多篇文章。兒童對於國家和民族的
重要性如文章所指出，「救亡圖存而忽略兒童，忽略復興基石，是把樓房建
築在沙漠上的。」〔註 61〕該文除了呼籲社會和國家救濟戰時兒童，還對於
如何保育提出了各自的看法，「保是保衛，育是教育」，除了救濟以外一定要
以培養國家未來主人的態度來對待，要使這些被保育的兒童成為優秀的後
代，國家的希望。〔註 62〕

救濟戰時兒童在抗戰進入第二年後引起了人們的重視，「現在第一抗戰時
期已經結束，第二抗戰時期又已開始，不用說戰事是一天一天的緊張，戰區
是一天一天的擴大，難民也就愈益增多了。如不及早設法補救，將來救濟愈
感困難，前途實不堪設想。」〔註 63〕正是在這樣的情況下，1938 年 3 月 10 日
戰時兒童保育會在漢口成立。保育會的正式名稱為「中國婦女慰勞自衛抗戰
將士總會戰時兒童保育會」，一般通稱為「中國戰時兒童保育會」。〔註 64〕因

〔註60〕 王文傑《怎樣救濟戰時婦孺》，《婦女共鳴》1938 年第 7 卷 3 期，第 12～13
頁。

〔註61〕 朱綸《不要忽略兒童訓練》，《婦女共鳴》1938 年第 7 卷 8 期，第 8～9 頁。

〔註62〕 朱綸《不要忽略兒童訓練》，《婦女共鳴》1938 年第 7 卷 8 期，第 8～9 頁。

〔註63〕 唐國楨《怎樣救濟戰時婦孺》，《婦女共鳴》1938 年第 7 卷 2 期，第 5 頁。

〔註64〕 李文宜《戰時兒童保育會的片斷回憶》，吳修平主編《李文宜紀念文集》，北

後來各地成立有分會，此時成立的戰時兒童保育會又稱戰時兒童保育會總會。3月13日，戰時兒童保育會在武昌召開第一次理事會，選出了17名常務理事：宋美齡、李德全、黃卓群、鄧穎超、史良、曹孟君、沈茲九、安娥、孟慶樹、張藹眞、陳紀彝、郭秀儀、唐國楨、舒顏昭、任培道、徐闓瑞、陳逸雲；5名候補常務理事：徐鏡平、劉清揚、莊靜、呂曉道、朱綸。後來在9月中旬召開的常務理事會上，宋美齡、李德全被一致推選爲正、副理事長。「其主要工作原則是：一、保育兒童生命的安全；二、依照抗戰時期的經濟條件，以最經濟的方法保持兒童應有的健康，並以合理的教養鍛鍊中加強他們的健康；三、在教育上，以抗戰爲基本任務，啓發他們的愛國思想，發揚民族意識，並在兒童抗戰的實踐中，使之獲得基礎的知識；四、從集體的保養、教育與訓練中使兒童有集體生活的習慣，有自覺的集體的紀律。〔註65〕1938年5月1日，戰時兒童保育會第一臨時保育院在漢口成立，〔註66〕「隨後在一年時間內普及到四川、成都、廣東、廣西、湖南、江西、安徽、浙江、雲南、貴州、河南、陝西、福建、香港以及陝甘窩邊區等沒有被敵人佔領的地區，並選擇在相對安全的地帶成立了30多個保育院。」〔註67〕

　　總之，抗戰初期成立的戰時兒童保育會，是國共婦女運動者通力合作，同時有各界愛國人士參加的中國婦女界的救亡團體。抗戰八年，婦女界在十分艱苦的條件下救助和保育了近3萬名戰時難童。她們爲抗戰做出了貢獻，爲民族培育了未來。

　　由此可見，在抗日戰爭的民族危難中，中國女性以「女國民」的身份承擔了國民應盡的義務，她們爲國難奔走呼號，爲抗戰走出家庭，爲戰爭捐款捐物，爲國家保育兒童……展現了一代女性愛國救國的光榮歷史。「民族解放就是女性解放」，這正是抗戰時期的女性對於民族解放所寄予的殷切期望。《婦女共鳴》及其創辦者們用自己的筆墨見證了這一歷史場景，並留下了屬於她們自己的深深的足迹。

　　京：群言出版社，2000年版，第248～249頁。

〔註65〕徐鏡平《關於戰時兒童保育會》，《婦女生活》1938年第5卷9期，第16頁。

〔註66〕方秀芝《第一兒童保育會開幕那一天》，《婦女生活》1938年第6卷2期，第17頁。

〔註67〕曹孟君《戰時兒童保育一週年》，《婦女生活》1939年第7卷5期，第5頁。

第二節　國族話語下女性解放的現實困境

在同仇敵愾、全民抗敵的時期，民族主義話語書寫成壓倒一切的統攝性話語，以民族主義立場取代整合個性主義、女性主義話語。民族主義成爲一種霸權主義。事實上，民族主義並不能彌補、縫合它與女性主義之間的裂痕與衝突，在民族主義的話語譜系中男女性別身份的文化差異仍然存在，女性沒有改變被操縱、被支配的地位，澎湃激昂的抗戰並沒有給女性帶來國家與個體的主體性的地位，女性弱勢者的社會地位並沒有改變，女性獨有的苦難與不幸並沒有消除，只是被遮蔽了。

回顧《婦女共鳴》給我們展示的抗戰時期那女性先盡義務再享權利，民族解放才能女性解放的愛國主義歷史篇章，我們依然無法漠視愛國背後女性利益的被忽視。因爲戰爭的需要，國民黨政府在抗戰後開始獎勵生育；因爲抗戰的困難，政府機關女公務員的「米貼」被取消；因爲戰爭的災難導致夫妻離散，家庭破壞，有人主張修改婚姻法，允許戰時婚姻的存在……如此等等，無疑讓我們深感痛心之時，不得不質疑民族革命的勝利是否可以帶給女性真正的解放？在強勢的民族主義話語之下，女性究竟有著怎樣的生存空間？

一、抗戰時期的女性職業困境

抗戰爆發後，已經成長起來的一大批中國職業婦女紛紛投入抗日救亡運動，從而擴大了抗戰初期婦女職業活動範圍。然而不久，國統區出現了一股提倡「婦女回家」的逆流，公開宣揚婦女不應該從事職業活動，而應該回到家庭做賢妻良母。到抗戰後期，伴隨著「婦女回家」的呼聲，婦女面臨了抗戰以來前所未有的職業困境。1941 年 1 月，國民黨中央組織部召開全國婦女運動幹部會議，竟然提出了「婦女回家」的主張，要婦女「加入國民黨並生育更多的孩子」，還制定了「獎勵生育」等四條要旨〔註68〕。正是這些婦女政策成爲鼓勵社會上歧視和裁撤女職員的幫兇，也是「婦女回家」論的官方依據。

爲了捍衛婦女職業權，一批先進婦女紛紛發表文章進行反擊，於是在抗戰初期「婦女回家」論喧囂過後近十年之久，1940～1942 年間再次形成了一

〔註68〕 朱家驊《如何做婦女運動》，收入陳庭珍《抗戰以來婦女問題言論集》，（《中華民國歷史資料叢編》），南京：青年出版社，1945 年版，第 16 頁。

場關於「婦女要否回家」的論戰。然而，面對民族解放戰爭的需要，婦女們在與這股社會惡勢力鬥爭的同時仍在為戰爭盡國民的責任。因為婦女的解放是與階級、民族的解放聯繫在一起的，單純任何一方面不解放，都無法使婦女獲得解放。而當時中國正處於抗日戰爭時期，中華民族的解放具有壓倒一切的重要性。應該說，這的確是當時中國婦女解放的必由之路。然而，歷史最終告訴女性，民族解放戰爭的勝利帶給女性的僅僅是民族的解放，女性解放依然有很長的路要走。

《婦女共鳴》對於抗戰時期的「婦女回家」所導致的女性職業困境給予了積極地關注和討論，表達了主流婦女運動者們為爭取女性解放而堅持不懈的鬥爭精神。

《婦女共鳴》1940 年第 10 卷 1 期「生活見聞」欄目刊發了《回廚房去口號下的福建婦女》〔註 69〕的文章，該文主要對福建省裁撤女職員，停招女學生以逼迫婦女回到廚房和家庭的逆流進行了抨擊，同時讚揚了廈門大學的女學生反對「婦女回家」逆流，爭取女性自身權利的鬥爭精神。文章中介紹了有關福建省政府在抗戰時期公然以各種藉口裁撤女職員的事實，並對福建省主席主張婦女回家做賢妻良母做了報導：

> 我們的省主席便趁機宣讀了他的「理想國」，在這「理想國」裏，每一個女子都是燒得一手好菜，縫得一手好衣服，會插花，會照拂孩子，丈夫出去宴會時要坐待至午夜十二時，要有一張嬌柔可愛的臉龐，最要緊的恐怕還是挨了打罵不會反抗的好性情。

可見，這種完全將女性置於家庭和依附地位的封建「賢妻良母」思想，在婦女運動經歷了幾十年後卻依然有著頑強的生命力。

此後，《婦女共鳴》針對婦女職業問題，先後刊發了《婦女職業範圍是否應該受限制》、《各機關不得藉故禁用女職員；郵局女職員可以結婚》、《對改訂公務員戰時生活補助辦法內食米貸金之我見》、《關於女公務員同盟會》、《談戰時公務員米貼問題》等多篇文章。

《婦女職業範圍是否應該受限制》〔註 70〕一文指出：「職業是按照各人的興趣來決定的，不應該有性別之分，更無問題之發生，然而事實上現在的

〔註69〕蕭田《回廚房去口號下的福建婦女》，《婦女共鳴》1940 年第 10 卷 1 期，第 22～23 頁。

〔註70〕瞰聆《婦女職業範圍是否應該受限制》，《婦女共鳴》1941 年第 10 卷 5 期，第 8～9 頁。

婦女職業已成了嚴重問題。」文章反對中國也仿傚德國法西斯一樣要求婦女回到家庭和廚房，認爲婦女完全可以根據各自的情況和各個家庭的狀況決定是否進入社會從事職業，而政府和單位也不能以各種理由限制婦女的職業。《從拒用女職員說到婦女職業的輔導問題》〔註71〕則針對公開拒用女職員、限制女職員人數、不用已婚的女職員、裁退在業已婚女職員，主張婦女回到廚房的呼聲等現狀，從如何看待女性就業、如何爲女性就業提供社會保障、如何提供婦女自身的職業素質等各個方面提出了自己的建議。該文還通過介紹蘇聯針對婦女和兒童的財政投入和各種設施的建設指出：要想婦女完全從家庭解放出來，更好地從事職業，政府對婦女相關事業的投入和關注是重要的前提，婦女從事職業需要國家、社會以及女性自身各方面的努力和支持。關於公務員米貼的問題，《對改訂公務員戰時生活補助辦法內食米貸金之我見》〔註72〕從三民主義角度分析其不合理性；《談戰時公務員米貼問題》一文則指出了這一政策給社會可能造成的負面影響，譬如聲明離婚；離婚；同居不結婚；已婚匿報；女子趕回家裏去；待遇不平。〔註73〕

面對婦女所遭受的不公平待遇，國民黨的女性參政員利用參政會通過提案方式爲女性爭取自身的權利。1942 年 3 月，國民黨召開了第二屆國民參政會，這屆參政會共有十五名女性參政員。這些女性參政員除了個人對國家社會的提案外，在會前由陳逸雲發起女參政員聚餐會，集中一個提案「婦女職業問題」。對於婦女在抗戰中被各職業部門大量裁員的現實，女參政員們認爲，不但「使婦女無參加抗戰工作機會，更與動員全國人力不符」〔註74〕。因此，她們決定向大會提出請政府不能禁用女職員，並決定由史良，陳逸雲負責提案起草，吳貽芳爲提案領銜。該會關於婦女問題提案有三個，詢問案有兩個。關於婦女職業的提案有：請政府明令個機關不得藉故禁用女職員以符男女職業機會均等之原則案；請政府明令警官學校及警政訓練班招收女生以符男女教育職業機會均等之原則案。而詢問案則有：伍智梅女士詢問內政

〔註71〕陸旂《從拒用女職員說到婦女職業的輔導問題》，《婦女共鳴》1941 年第 10 卷 5 期，第 10～15 頁。

〔註72〕楊淑秀《對改訂公務員戰時生活補助辦法內食米貸金之我見》，《婦女共鳴》1943 年第 11 卷 9～10 期合刊，第 13～14 頁。

〔註73〕漆承一《談戰時公務員米貼問題》，《婦女共鳴》1943 年第 12 卷 4 期，「讀者信箱」，第 51 頁。

〔註74〕記者《第二屆參政會二次大會討論婦女問題旁聽記》，《婦女共鳴》1942 年第 11 卷 1 期，第 22～25 頁。

部任用女職員是最近各機關日見減少？陳逸雲詢問郵政局禁用已婚女職員事，在第二屆第一次大會時已提出詢問，而爲時一載尚未見其撤銷。會議對於女性參政員的提案和詢問案都進行了回覆，兩個提案最終都得以通過，而詢問案則命郵局負責人與陳逸雲磋商改善。〔註 75〕對此，《婦女共鳴》均做了全面跟蹤和報導。

由此可見，當女性不顧一切地致力於民族解放事業的同時，所面臨的卻是社會各方企圖將婦女趕回家庭，讓婦女回歸傳統社會性別規範的現實。「民族解放就是婦女解放」豈不是女性掩耳盜鈴式的自欺？

二、抗戰時期國統區的戰時婚姻問題

抗日戰爭帶給中國人民深重的災難，家破人亡，妻離子散，而女性在其中所承受的痛苦更甚於男性。她們在遭受戰爭苦難，爲民族解放承受犧牲之時，卻還要面對婚姻家庭的不公。抗戰時期由於長期戰爭，許多家庭遭到了破壞，夫妻離散，夫死妻亡，造成了內有怨女，外有曠夫的現象。於是種種利己主義的論調應運而生，一些封建思想逆流也趁機大肆喧囂。其中有主張妻子在淪陷區的，丈夫可以另行結婚。甚至有人提出，因爲抗戰數年以來，大量男子傷亡，以人口數量分配論，主張一夫多妻，如此等等。不容否認的是，戰時婚姻的混亂讓苦難的女人和兒童在戰爭之外受到了更進一步的傷害。

針對這種公然主張一夫多妻的封建主義反動思想，《婦女共鳴》發表了《現階段的婚姻問題》、《我國婚姻制度過去現在及未來》、《青年男女婚姻問題》、《保障合法的婚姻關係》等文章對婚姻家庭問題進行了深入地討論，對戰時主張一夫多妻的謬論予了以了堅決地抨擊。有論者明確指出「光陰決不會倒流，決不會復古」，兩性關係從原始時期的亂婚到現代社會的一夫一妻制是歷史發展的必然，不會因任何人爲的因素而改變。〔註 76〕

潘素的《現階段的婚姻》〔註 77〕一文論述了戰時婚姻問題產生的原因，同時對各種主張一夫多妻的戰時婚姻的觀點從婚姻發展史、女性的基本人權、新性道德以及馬爾薩斯人口論等幾個方面進行了批駁。她指出：「至於妻子在淪陷區者，其妻子所受之痛苦可想而知，如再公然主張男子在後方另娶，

〔註 75〕記者《第二屆參政會二次大會討論婦女問題旁聽記》，《婦女共鳴》1942 年第 11 卷 1 期，第 22～25 頁。
〔註 76〕潘素《現階段的婚姻問題》，《婦女共鳴》1942 年第 11 卷 3 期，第 3～5 頁。
〔註 77〕潘素《現階段的婚姻問題》，《婦女共鳴》1942 年第 11 卷 3 期，第 3～5 頁。

則給其妻子之打擊難以形容。」同時，作者還奉勸青年男女，「忍一時之苦痛，以身許國，國家勝利的那天，即吾人回到家鄉敘天倫之樂的一天。勿以一時的苟安，而貽家庭子孫以無限悲劇。」最後，文章認為：

> 兩性關係不是私人關係，牠是構成國家的基石，牠關係後代子孫的生命，只要保持專一持久的夫妻關係，縱然男子少到不可思議，人口也不會滅絕。

劉蘅靜《保障合法的婚姻關係》〔註78〕一文對《中央日報》上朱坦白《挽救人口低減與戰後婚姻糾紛》的文中所提到的修改刑法第二三九條，以保障抗戰時期的非法婚姻關係的說法進行了批駁。針對朱文主張修改現行刑法二三九條，以保障抗戰時期的非法婚姻關係，從而免除抗戰以後的婚姻糾紛，並且可以增加人口的說法，作者指出：「我們不能因為有婚姻糾紛而取消法律對正當婚姻的保障，也正如不能因為財產有了糾紛就取消保障財產權的法律一樣。」至於朱文以「自現行刑法施行後，事實上並不能阻止一般人的納妾。」為理由來證明修改的必要，作者針鋒相對地指出：「其實現行刑法施行以來，也並不能使人都不做強盜，都不殺人。照朱先生的意見推論，則全部刑法都可以取消了。」而所謂允許戰時婚姻存在以增加人口的說法，劉蘅靜認為，新的非法婚姻的存在，新增兒女會導致原有兒女無法撫養，以至於兒童死亡率提高，實際上並無法起到增加人口的作用。至於因戰爭導致男女不能有正常的家庭生活並不是容忍非法婚姻的理由，前線戰士誰能有正常的男女之愛。針對朱坦白支持戰時非法婚姻關係，劉蘅靜還特別指出：

> 婚姻制度是否值得維持，是一個大問題，……如果不打算根本取消婚姻制度，則維持正常婚姻關係的法律非嚴格執行不可，目前婚姻制度的動搖，正是不嚴格執行保障正當婚姻關係的法律之故。如果主張法律不必保障正當的婚姻關係，那就不如根本取消了婚姻制度，而實行無限制的自由戀愛，更為合理。何必一面承認婚姻制度，一面又取消維護正當婚姻關係的法律？這豈不矛盾之極嗎？

總之，婦女運動者們從女性自身利益、婚姻制度的形成以及社會發展規律等各個方面出發，以充分地理由批判了一些男性所主張的戰時非法婚姻關係，表現了女性維護自身權利的主體意識和性別立場。而《中央日報》作為

〔註78〕劉蘅靜《保障合法的婚姻關係》，《婦女共鳴》1942 年第 11 卷 4 期，第 2～4 頁。

國民黨政權的代言人，竟公然發表主張戰時婚姻的文章，其態度顯而易見。如此作為，不能不讓那些為民族解放奔走的愛國婦女們感到無比的悲哀。

抗戰時期的歷史告訴我們，中國女性解放的道路並不因為民族戰爭的勝利而立刻變得平坦。當女性在為民族解放事業而奔走呼號之時，來自於國家政權的干預以及封建父權制的淫威隨時會捲土重來，成為女性解放的障礙。直至今天，我們依然不得不承認：國族利益永遠無法替代女性自身的權利；女性是否解放，從來不是以國家的獨立和富強作為衡量標準。南京國民政府時期的主流婦女運動雖然寄望以「民族解放就是婦女解放」的言說策略謀求女性解放，但從屬於國族話語之下的女性話語最終只能走向被淹沒的歷史命運。可見，女性話語只有以獨立的姿態超越於國族話語之外，才能擁有自己的一席之地。

第六章　結　語

　　本書運用史料分析法和社會性別理論，對《婦女共鳴》這一創刊於 1929
年，終刊於 1944 年，基本橫跨整個抗日戰爭，有著國民黨背景的女性刊物進
行較爲系統地研究。在近現代中國，性別、政治、國族話語的錯綜交彙始終
是婦女解放運動的主旋律。以下結合本書的研究內容對此加以重申，作爲本
書簡短的結語。

一、爲女性言說

　　近代中國的女性解放論述始於男性知識分子，直到 20 世紀女子教育逐漸
發展後，知識婦女才加入這場論戰。我們只要回顧從晚清到五四時期的這段
歷史就可以清晰地看到女性從集體失語到逐漸發聲的最初歷史過程。在 20 世
紀初的民初女子參政運動中，最早成長起來的近代女性知識分子發出了參政
的政治訴求。雖然最終因爲男性知識分子的阻礙而歸於失敗，但這種性別化
的女性解放言說標誌著新式女性知識分子開始以獨立的身份走到了歷史前
臺。隨著歷史的不斷向前發展，從五四後期開始，愈來愈多的女性知識分子
開始主導有關女性解放的論述。她們通過參與各種社會革命和政治革命，以
女性身份表達著屬於自身的性別話語，男性話語中言說的「他者」終於開始
自己發聲。到抗戰前後，婦女運動已經主要由女性擔綱，女性解放的訴求開
始更多地表現出獨立性和性別化的特點，知識分子男性開始由最初的主導者
逐漸退出女性解放的論壇。至此，近代女子教育興起後成長起來的女性知識
分子群體，開始以嶄新的姿態擔負起追求自我解放的歷史使命。

　　《婦女共鳴》的創辦者就是這樣一群以追求女性解放爲己任的新式女性

知識分子，她們希望通過一份真正屬於女性自己的刊物，表達屬於女性自身的性別訴求。在刊物最初的封面畫上，一個被繩索束縛著雙手和雙腳的女子正緊握長刀以劈開束縛自己身體的繩索。這一充滿著深刻寓意的畫像，形象地表達了女性對自我解放的追求。《婦女共鳴》正是婦女運動者們用來解放女性的長刀，她們要讓這一女性刊物成為女性解放的號角，集結廣大女性為自身的解放而鬥爭。「啟發婦女思想倡導婦女運動」、「喚起婦女群」、「督促當局實行男女平等之政綱」、「政府有關婦女設施之批評」，這些辦刊宗旨無不表明了《婦女共鳴》創辦者們為女性言說的鮮明的女性主義立場。

　　在近十六年的發展歷程中，《婦女共鳴》除對婦運理論進行全面的探討外，還積極參與了一系列爭取女性權利的婦女運動。婦運理論的探討涉及婦女運動的各個方面，包括婦女解放的現狀分析、婦女問題的根源、婦女解放的途徑等，真正起到了「啟發婦女思想」「喚起婦女群」的作用。她以「婦女界之喉舌」的身份積極投身於婦女運動的實踐，先後對南京國民政府時期婦女爭取國民會議代表選舉權運動、力爭民法的女子財產繼承權和刑法二三九條修正案的法律平等權運動、南京市婦女界的反「復娼」運動給予有力地輿論支持，做出了重要的貢獻。在該刊中，我們既能看到 20 世紀 30～40 年代的女性知識分子們執著追求自我解放的鬥爭風範，也能一覽曾經高呼婦女解放的男性為了自身利益毅然背叛最初結盟的女性的現實嘴臉。主張「婦女回家」的多為男性，而且是「『五四』時代破門應援婦女的男青年」；以各種「莫須有」的理由反對婦女團體以團體身份獲得代表選舉權的是以男性為代表的國民黨政權；反對女子獲得平等的財產繼承權是已經單獨享有財產繼承權的男性；主張「通姦罪」對女性的單方面定罪是為了維護男性家族的純正血統；提議南京市「復娼」的更是代表政權的男性政府官員……如此等等，無不為《婦女共鳴》所一一揭示。《婦女共鳴》用自己的言說告訴我們：「男子們來援助婦女，有幾個不懷著自私心呢？」〔註1〕可謂一語道破天機。不管是援助女性還是背叛女性，最原始的動機都是男性的「自私心」。在女性爭取自身平等權利時，正是那些為了維護自身利益的男性大唱反調。《婦女共鳴》在創刊之初就明確地告訴我們：「女子的事，還是要女子自己來做。」〔註2〕女性也

〔註1〕　峙山《婦女應該回到家庭去嗎？》，《婦女共鳴》1934 年第 3 卷 10 期，第 12頁。
〔註2〕　毅韜《新民法與婦女的關係——給婦女協會一個緊急的建議》，《婦女共鳴》

只有女性自己才是女性解放的真正代言人。

二、婦女運動與運動婦女

　　近代中國婦女運動的一個重要特徵就是女性解放與政治解放、民族解放結盟。晚清以來的女性解放論述常以國家民族的利益為前提，以男性為代表的政治力量動員婦女參與革命甚或要求她們捐棄「一己之私」的女性訴求都離不開這一國族主題。晚清康梁等維新人士「廢纏足」、「興女學」，是應強國強種的要求而生。清末民初的「國民之母」與「女國民」承載的是國家富強和建立民族國家的國族訴求。時至北伐時期，國共兩黨雖然均致力於婦女運動，但其婦女工作均以「國民革命」為前提。直至抗戰期間，國共兩黨均大規模地動員婦女，其理由也是救亡圖存。整體而言，從 19 世紀 20 年代起，婦女運動便籠罩在政治動員的氛圍中，女性解放的性別訴求便退居次要地位。興起於近代的中國女性解放運動，其最初的啟蒙和最後的歸宿都始終未曾擺脫被言說的命運。誠如呂芳上所感慨：婦女運動一旦變成「運動婦女」，以婦女自身為一個社會獨立自主人格的「人」的要求，便不易再被重視，這難道就是婦運的「兩難」、婦女解放與政治群眾運動的弔詭嗎？〔註3〕

　　《婦女共鳴》的創辦者們，這些在青年時代即致力於女性解放運動的新式女性知識分子，她們均身不由己的經歷了從婦女運動的實踐者成為「運動婦女」的發展歷程。這些婦女運動者自身的國民黨政治身份更是凸顯了她們成為運動婦女的現實困境。她們通過將女性解放與政治解放、民族解放的合謀達到了拓展公共空間以參與政權與彰顯自身的目的，但她們又不得不面對女性話語被政治和民族話語所遮蔽的無奈。當她們高呼「三民主義成功，亦即婦女運動的成功矣！」〔註4〕「國民革命成功，就是婦女運動成功。」〔註5〕「民族解放就是婦女解放」〔註6〕時，卻不得不面對諸多現實的無奈。南京國民政府「培養母性」的「超賢妻良母主義」；抗戰期間呼籲增加人口的重要性，

　　　1929 年第 3 期，第 3～6 頁。
〔註3〕　陳三井主編《近代中國婦女運動史》，臺北：現代中國出版社，2000 年版，第
　　　254 頁。
〔註4〕　談社英《中國婦女運動史概要》，《婦女共鳴》1942 年第 11 卷 1 期，第 6 頁。
〔註5〕　傅岩《雙十節婦女應有的認識》，《婦女共鳴》1929 年第 14 期，第 23 頁。
〔註6〕　中國國民黨中央婦女部《婦女必須瞭解的問題》，廣州：《民國日報》，1926
　　　年 8 月 11 日。

甚至鼓勵公務員家庭多多生育，作爲人民的表率；抗戰後期主張「婦女回家」，取消女公務員「米貼」；甚至有人爲了男性的利益主張所謂「戰時婚姻」的合法性。所有這些，讓成爲運動婦女的婦女運動者們走入了兩難的困境。《婦女共鳴》正是通過這一系列的言說，爲我們揭示了近現代中國婦女運動與運動婦女的歷史眞實，也爲我們展現了中國女性解放所經歷的言說困境。婦女運動與運動婦女，這是對《婦女共鳴》在性別、政治以至國族視野下言說女性解放的最形象地表達。

三、餘　思

　　全面研究《婦女共鳴》這一女性刊物，揭示其創辦者們如何在性別、政治與國族的不同背景下言說女性解放是本書的寫作主旨。回顧整個研究過程有以下幾個方面的收穫：第一、歷史研究應該以事實爲依據，不能讓意識形態的評價標準影響學術研究。《婦女共鳴》的國民黨政治背景正是其作爲一份「最有影響的女性刊物」卻不能被關注的原因。這是歷史的缺失，也是學術研究的缺失。第二、女性解放不應該只是以國家政策和法律條文作爲衡量標準，政治解放和民族解放僅僅是女性解放的起點，決不是終點。南京國民政府時期的主流婦女運動因爲政治身份的束縛和民族戰爭的掩蓋，最終走向了自我言說被淹沒的命運。反思當代，在一切法律條文下男女平等的今天，女性眞的徹底解放了嗎？答案仍然是否定的。第三，一份女性爲自己言說的女性刊物，必定不同於男性代言的女性刊物，其鮮明的女性主義立場更是後者所無法比擬的。因此對《婦女共鳴》的研究，能爲我們展現最眞實的女性訴求，這也正是本選題研究的價值所在。

　　深感遺憾的是，同樣是由於意識形態的原因，對於《婦女共鳴》的眾多編輯和作者，因資料缺乏，無法一一進行深入研究。除幾個主要人物外，多數作者僅從可見的一些論著和文章中獲取零星信息，而有些重要作者甚至因資料缺乏連基本信息也付之闕如。這使本書試圖通過作者進一步深入研究刊物的最初想法不得不放棄。另外，在書中除運用史料分析這一基本研究方法外，與當代各種婦運理論的結合相對有限，這份遺憾也只有留待以後的不斷努力了。

參考文獻

文獻資料

1. 《婦女共鳴》(線裝書局 2006 年影印版) 1929 第 1 期～1944 第 13 卷 6 期，共計 20 冊。

主要論著

1. 彭慧，民族抗戰與婦女的任務〔M〕，漢口：大眾出版社刊行，1938。
2. 劉王立明，中國婦女運動〔M〕，上海：商務印書館，1934。
3. 楊之華，婦女運動與國民革命〔M〕，上海：亞東圖書館，1938。
4. 郭德潔，婦女運動在廣西〔M〕，上海：民國周刊社，1939。
5. 談社英，婦運四十年〔M〕，臺北：1952 年自印。
6. 錢俊瑞，抗戰時的婦女工作〔M〕，上海：生活書店，1937。
7. 邵力子，抗戰與宣傳〔M〕，獨立出版社，1938。
8. 杜君慧，婦女問題講話〔M〕，新知書店，1945 年再版。
9. 陳衡哲，新生活與婦女解放〔M〕，正中書局，1934。
10. 陳碧雲，婦女問題論文集〔M〕，中華基督教女青年會全國協會，1935。
11. 劉衡靜，女子教育問題，陳庭珍《抗戰以來婦女問題言論集》〔A〕，中華民國歷史資料叢編〔Z〕，青年出版社，1945。
12. 談社英，中國婦女運動通史〔M〕，婦女共鳴社發行，1936 年，收入《民國叢書》第 2 編（18），上海：上海書店，1989。
13. 金仲華著，婦女問題談藪〔M〕，上海：女子書店出版，1933。
14. 楊樹標等編，中國國民黨歷次會議宣言決議案彙編〔Z〕，（1～4）分冊，

浙江省中共黨史學會編印本，198？。

15. 陳三井，近代中國婦女運動史〔M〕，臺北：近代中國出版社，2000。

16. 陳鵬仁主編，林養志編《中國國民黨黨務發展史料‧婦女工作‧附錄》（《中國現代史史料叢編，第20集》）〔C〕臺北：國民黨黨史會出版：近代中國發行，1996。

17. 徐敏，女性主義的中國道路——五四女性思潮中的周作人女性思想〔M〕，北京：中國社會科學出版社，2006。

18. 中國全國婦女聯合會、婦女運動歷史研究室編，中國婦女運動歷史資料（1921～1927）〔M〕，北京：中國婦女出版社，1991。

19. 中國全國婦女聯合會、婦女運動歷史研究室編，中國婦女運動歷史資料（1927～1937）〔M〕，北京：中國婦女出版社，1991。

20. 中國全國婦女聯合會、婦女運動歷史研究室編，中國婦女運動歷史資料（1937～1945）〔M〕，北京：中國婦女出版社，1991。

21. 中華全國婦女聯合會、婦女運動歷史研究室編，中國婦女運動史〔M〕，北京：春秋出版社，1989。

22. 中國婦女幹部管理學院編，中國婦女運動文獻資料彙編（1918～1949）〔M〕，北京：中國婦女出版社，1987。

23. 任芬，中國婦女運動史〔M〕，北京：婦女兒童出版社，1989。

24. 劉寧元、姜緯堂，中國女性史類編〔M〕，北京：北京師範大學出版社，1999。

25. 劉人鵬，近代中國的女權論述〔M〕，臺北：學生書局，2000。

26. 呂芳上，無聲之聲I：近代中國的婦女與國家1600～1950〔C〕；無聲之聲II：近代中國的婦女與社會1600～1950〔C〕；無聲之聲III：近代中國的婦女與文化1600～1950〔C〕，臺北：中央研究院近代史研究所出版，2003。

27. 編纂委員會，上海婦女志〔M〕，上海：上海社會科學院出版社，2000。

28. 周敘琪，1910～1920年代都會新婦女生活風貌——以〈婦女雜誌〉為分析實例〔M〕，臺北：國立臺灣大學出版社，1996。

29. 高大倫編譯，小野和子，中國女性史——從太平天國到現在〔M〕，鄭州：三秦出版社，1987。

30. 中華全國婦女聯合會，中國婦女運動史：新民主主義時期〔M〕，北京：春秋出版社，1989。

31. 史良，史良自述〔M〕，北京：中國文史出版社，1987。

32. 孟廣涵，國民參政會紀實〔M〕，重慶：重慶出版社，1985。

33. 孟廣涵，國民參政會紀實續編〔M〕，重慶：重慶出版社，1987。

34. 李小江，歷史、史學與性別〔M〕，南京：江蘇人民出版社，2002。

35. 中華全國婦女聯合會、婦女運動歷史研究室編，五四時期婦女問題文選〔M〕，上海：生活・讀書・新知三聯書店，1981。

36. 高大倫、范勇編譯，中國女性史（1851～1958）〔M〕，成都：四川大學出版社，1987。

37. 陳三井，近代中國變局下的上海〔M〕，東大圖書公司，1996。

38. 上海市婦女聯合會編，上海婦女運動史（1919～1949）〔M〕，上海：上海人民出版社，1990。

39. 齊衛平、朱秀敏，抗戰時期上海文化〔M〕，上海：上海人民出版社，2001。

40. 羅蘇文，女性與近代中國社會〔M〕，上海人民出版社，1996。

41. 呂美頤、鄭永福，中國婦女運動史（1840～1921）〔M〕，鄭州：河南人民出版社，1990。

42. 梅生編，中國婦女問題討論集〔M〕，1～6冊，收入《民國叢書》第一編（18），上海：上海書店，1989，。

43. 全國婦聯婦女運動歷史研究室，從「一二九」運動看女性的人生價值〔M〕，北京：中國婦女出版社，1988。

44. 臧健、董乃強，近百年中國婦女論著總目提要〔M〕，北方婦女兒童出版社，1996。

45. 李又寧、張玉法，中國婦女史論文集〔M〕，臺灣：商務印書館，1981。

46. 〔法〕西蒙娜・德・波伏娃，第二性〔M〕，北京：中國書籍出版社，1997。

47. 魏國英，女性學概論〔M〕，北京：北京大學出版社2000。

48. 郭箴一，中國婦女問題〔M〕，上海：商務印書館，1937。

49. 陳東原，中國婦女生活史〔M〕，上海：商務印書館，1937。

50. 中華全國婦女聯合會編，中國婦女運動史〔M〕，北京：春秋出版社，1989。

51. 喬素玲，教育與女性——近代中國女子教育與知識女性覺醒（1840～1921）〔M〕，天津：天津古籍出版社，2005。

52. 李銀河，婦女：最漫長的革命〔M〕，北京：三聯書店1997。

53. 鄭永福、呂美頤，近代中國婦女生活〔M〕，鄭州：河南人民出版社，1993。

54. 張琛，籬外的春天——中國女性與近現代文明的演進〔M〕，北京：譯文出版社，2005。

55. 王政、陳雁，百年中國女權思潮研究〔M〕，上海：復旦大學出版社，2005。

56. 王緋，空前之迹——1851～1930：中國婦女思想與文學發展史論〔M〕，上海：上海文藝出版社，2004。

57. 夏曉虹，晚清女性與近代中國〔M〕，北京：北京大學出版社2004。

58. 薛君度、劉志琴，近代中國社會生活與觀念變遷〔M〕，北京：中國社會

科學出版社，2001。

59. 陳旭麓，近代中國社會的新陳代謝〔M〕，上海：上海人民出版社 1992。

60. 王政、杜芳琴，社會性別研究選譯〔M〕，北京：三聯書店，1998。

61. 陳文聯，沖決男權傳統的羅網——五四時期婦女解放思潮研究〔M〕，長沙：中南大學出版社，2003。

62. 費約翰，喚醒中國——國民革命中的政治、文化與階級〔M〕，上海：三聯書店，2004。

63. 周俊旗、任丹，民國初年的動蕩——轉型時期的中國社會〔M〕，天津：天津人民出版社 1996。

64. 趙鳳喈，中國婦女在法律上之地位〔M〕附補篇，臺北：稻鄉出版社，1993。

65. 中華全國婦女聯合會、婦女運動歷史研究室編，五四時期婦女問題文選〔M〕，上海：三聯書店，1981。

66. 劉巨才，中國近代婦女運動史〔M〕，北京：中國婦女出版社，1989。

67. 王家儉，民初的女子參政運動〔C〕，中華文化復興運動推行委員會主編，中國近代現代史論集第 19 編，民初政治（1），臺北：臺灣商務印書館，1986。

相關論文

1. 柯惠玲，性別與政治——近代中國革命運動中的婦女（1910s～1920s）〔D〕，臺北：國立政治大學歷史研究所博士論文，2004。

2. 洪宜嫃，中國國民黨婦女工作之研究（1924～1949）〔D〕，臺北：臺灣國立政治大學歷史研究所碩士論文，2008。

3. 許慧琦，「娜拉」在中國：新女性形象的塑造及其演變（1900s～1930s）〔D〕，臺北：臺灣國立政治大學歷史研究所博士論文，2001。

4. 於明靜，抗戰時期的女性與國家——以《婦女生活》雜誌爲分析實例〔D〕，上海：華東師範大學碩士論文，2006。

5. 莫慶紅，略論婦女運動在抗日戰爭時期的地位和特點〔D〕，湘潭：湘潭大學碩士論文，2002。

6. 張文秀，論 1931 年國民會議代表的選舉與產生〔D〕，長春：吉林大學碩士論文，2009。

7. 李謝莉，中國近現代婦女報刊研究〔D〕，成都：四川大學文學與新聞學院碩士論文，2003。

8. 張超，民國娼妓研究〔D〕，武漢大學博士論文，2005。

9. 周昭宣，中國近代婦女報刊的興起及意義〔J〕，河北師範大學學報·（社科版）1997，（1）。

10. 劉曙輝，啓蒙與被啓蒙：〈婦女雜誌〉中的女性，山西師大學報（社會科學版）2007，（3）。

11. 國家主義・男性特徵・女性話語——二十世紀初中國知識女性群體的女權思想研究〔J〕，貴州民族學院學報（哲學社會科學版），2009，（1）。

12. 張彤，近現代中國婦女解放運動中的男權陷阱〔J〕，海南大學學報人文社會科學版，2007，（3）。

13. 王曉丹，論中國近代婦女運動的非女性化特徵〔J〕，四川行政學院學報，2002，（3）。

14. 孫蘭英，論中國近代婦女運動的「男性特色」〔J〕，史學月刊，1996，（3）。

15. 陳文聯，20世紀初知識女性的女權思想〔J〕，北京：船山學刊，2001，（2）。

16. 楊慧，抗戰初期的國統區婦女運動〔J〕，山西高等學校社會科學學報〔J〕，2003，（10）。

17. 何黎萍，20世紀三四十年代國民黨統治區的女子教育特徵〔J〕，四川師範大學學報（社會科學版），2005，32（2）。

18. 丁衛平，國統區婦女救國會和婦女抗日救亡運動〔J〕，吉林大學社科學報，1993，（6）。

19. 周慧傑，國統區和淪陷區婦女運動在抗戰中的作用〔J〕，北方論叢，1997，（6）。

20. 呂芳上，抗戰時期的中國婦運工作〔J〕，東海大學歷史學報，1977，（1）。

21. 暢引婷，中國近代知識女性自我解放意識的覺醒〔J〕，婦女研究論叢，1998，（3）。

22. 張素薇，「五四」前後的知識女性〔J〕，長春工業大學學報，2005，17（2）。

23. 郭海文，女子在抗日戰爭中的地位與作用〔J〕，中華女子學院學報，2005，（4）。

24. 劉慧英，「婦女主義」：五四時代的產物——五四時期章錫琛主持的《婦女雜誌》〔J〕，南開學報（哲學社會科學版），2007，（6）。

25. 劉慧英，從《新青年》到《婦女雜誌》——五四時期男性知識分子所關注的婦女問題〔J〕，中國文化研究，2008年春之卷。

26. 程郁，二十世紀初中國提倡女子就業思潮與賢妻良母主義的形成〔J〕，史林，2005，（6）。

27. 李祚明，國民黨中央黨部機關演變述略〔J〕，民國檔案，1986，（02）。

28. 丁衛平，國統區婦女救國會和婦女抗日救亡運動〔J〕，吉林大學社會科學學報，1993，（06）。

29. 劉清揚，回憶新運婦女指導委員會訓練組〔J〕，武漢文史資料，2005，（8）。

30. 陳文聯，近代中國廢娼思想的歷史考察〔J〕，中南大學學報（社會科學版），

10（5）。

31. 郭昭昭，抗戰期間國民參政會中女參政員群體的考察〔J〕，安徽大學學報（哲社版），2006，30（6）。

32. 晁海燕，抗戰時期國統區婦女文化出版事業〔J〕，新聞知識，1995，（10）。

33. 楊慧，論國統區婦女界抗日救亡統一戰線〔J〕，東南大學學報（哲學社會科學版），2001，3（2A）。

34. 丁衛平，國統區婦女救國會和婦女抗日救亡運動〔J〕，吉林大學社會科學學報，1993，（6）。

35. 趙清閣，愛國救國，匹婦有責〔J〕，女子月刊，4（1）。

36. 何黎萍，論中國近代女權思想的形成〔J〕，中國人民大學學報，1997，（03）。

37. 鄭全紅，論民國時期女子的財產繼承權〔J〕，社會科學輯刊，2005，（2）。

38. 沈智，辛亥革命時期的女知識分子〔J〕，上海社會科學院學術季刊，1991，（4），。

39. 邱松慶，略論五四時期婦女運動蓬勃發展的原因〔J〕，廈門大學學報，1988（2）。

40. 唐汝瑾，試論辛亥革命時期的婦女運動〔J〕，上海師範大學學報，1988，（3）。

41. 劉麗威，淺議中國近代關於賢妻良母主義的論爭〔J〕，婦女研究論叢，2001，（3）。

42. 鄭全紅，論民國時期女子的財產繼承權〔J〕，社會科學輯刊，2005，（2）。

43. 呂美頤，鄭永福，20 世紀二三十年代女性職業簡論〔J〕，鄭州大學學報，2002，35（6）。

44. 何黎萍，抗戰以前國統區婦女職業狀況研究〔J〕，婦女研究，2002，（6）。

45. 張蓮波，民國初年的婦女參政〔J〕，史學月刊，1988，（2）。

46. 宋瑞芝，近代婦女教育的興起與婦女的覺醒〔J〕，河北學刊，1995，（5）。

47. 陳文聯，西學東漸與中國近代女權思想的形成〔J〕，中南大學學報，2003（6）。

48. 何黎萍，中國婦女爭取財產權和繼承權的鬥爭歷程〔J〕，北京社會科學，1998，（4）。

附錄：《婦女共鳴》重要文章一覽表

出版年	卷　　期	篇　　　名	作　者	欄　目
1929	第一期	人格救國（祝詞）	默君	
1929	第一期	發刊詞	鄭毓秀	
1929	第一期	我們這次失敗了	毅	時事評論
1929	第一期	某機關拒用女職員	欣	時事評論
1929	第一期	司法院解釋男女平權	愚	時事評論
1929	第一期	中國婦女運動的新時期	雲裳	補白
1929	第一期	起草民法應注意之點	社英	補白
1929	第一期	婦女運動之我見	滔	補白
1929	第一期	本刊第三期徵文《今後的婦女運動》		
1929	第二期	三全會給予女子的新鐐銬	毅韜	時事評論
1929	第二期	婦女努力和平運動的可能性	雲裳	時事評論
1929	第二期	我們的主張	本社同人	
1929	第二期	敬告全國婦女	傅巖	
1929	第二期	社會習慣上的男女不平等	社英	
1929	第二期	婦女解放觀	黃秋	
1929	第二期	女子應有的新覺悟	毅韜	
1929	第二期	各國婦女運動概況	沈雷春	

1929	第二期	婦女對於新聞界之希望	社英	
1929	第二期	男女平權法令之解釋		專載
1929	第三期	胡展堂對於男女平等民法之談判	毅韜	時事評論
1929	第三期	新民法與婦女的關係	毅韜	
1929	第三期	我對於婦女承繼財產權的意見	笑影	
1929	第三期	今後的婦女運動	金石音	徵文當選
1929	第三期	今後婦女運動應注意之點	滔	徵文當選
1929	第三期	說共鳴	社英	
1929	第三期	注意下層婦女運動	女理髮匠	
1929	第三期	我對於「取消不平等之離婚贍養費」的意見	笑因	
1929	第三期	本刊的話		
1929	第四期	婦女承繼遺產權與解放運動	雲裳	時事評論
1929	第四期	女子承繼權發生效力時期	社英	時事評論
1929	第四期	婦女運動的建設工作	傅岩	
1929	第四期	今日婦女在政治上的地位	滔	
1929	第四期	對於最高法院關於女子承繼權之解釋的我見	楊立	轉載
1929	第五期	女子繼承權解釋之解釋	社	時事評論
1929	第五期	承繼遺產權獲得以後	雲裳	
1929	第六期	重婚與納妾	社	時事評論
1929	第六期	復娼	鶴	時事評論
1929	第六期	女子享有承繼權之先決問題	社英	
1929	第六期	對於鎮江縣長提議復娼的感言	陶果人	
1929	第七期	我們的出路——團結	金石音	
1929	第七期	如何促起婦女注意政治之興味	社英	
1929	第八期	女作家用不著人家捧場	自我	時事評論

1929	第八期	今日婦女努力的方向	金石音	
1929	第九期	關於女性代詞她的意見		
1929	第九期	中國國民革命與婦女	李輝群	
1929	第九期	三民主義與男女平等	邦鳳	
1929	第九期	美國婦女的財富；俄國婦女當選中央執行委員數目之可驚		世界婦女
1929	第九期	男女教育平等的一個障礙	山	時事評論
1929	第十期	司法院保障已婚女子繼承財產權	毅	時事評論
1929	第十期	婦女參政在中國不發達的原因	鄒楷	
1929	第十期	女界對俄事應有之準備	社英	
1929	第十期	怎樣防止戀愛下的多妻狀態	金石音	徵文當選
1929	第十一期	希望革命的首都公安局不要消極的保護女子	自我	時事評論
1929	第十一期	現代女子應負何種責任之問題	社英	
1929	第十一期	參政運動是婦女解放的先鋒	金石音	
1929	第十一期	蘇俄與美國離婚案之比較	傅岩譯	
1929	第十一期	中國女子的地位問題	馬寅初	**轉載**
1929	第十二期	已嫁女子承繼財產權何容復議	社英	時事評論
1929	第十二期	參政運動是婦女解放的先鋒	金石音	
1929	第十三期	對於女生留學專額規定後的兩種希望	自我	時事評論
1929	第十三期	沒有辦法（？）的婦女運動	自我	時事評論
1929	第十三期	今後婦女的職業與責任	金石音	
1929	第十三期	新女性的責任	李輝群	
1929	第十三期	婚姻中之重婚與離婚問題	社英	
1929	第十四期	矛盾的判決書	敬	時事短評

1929	第十四期	參政運動的新意義	毅韜	
1929	第十四期	今後婦女的職業與責任	金石音	
1929	第十四期	貞操問題與婦女	社英	
1929	第十四期	女黨員（三幕劇）	傅岩	
1929	第十四期	怎樣提高女子的政治地位		本刊徵文
1929	第十五期	男女平等服制亟應規定	社	時事評論
1929	第十五期	此所謂對於已嫁女子繼承權之意見	社	時事評論
1929	第十五期	我們要做婦運的中興運動	雲	
1929	第十五期	已嫁女子承繼財產權施行細則		附錄
1929	第十五期	陳調元之已嫁女子承繼財產意見		附錄
1929	第十六期	宣傳女子繼承權之必要	社英	
1929	第十六期	女校檢信感言	容	
1929	第十六期	道德的性道德	金石音	
1929	第十六期	日本婦女的改革市政意見	許宗儀	
1929	第十六期	從男女同學說到婦女解放	蔣曉光	
1929	第十七期	男女繼承權下之兄妹感情	社英	時事評論
1929	第十七期	平等法律下之婦女權利	社	時事評論
1929	第十八期	女界對於繼承權應有之認識	社英	時事評論
1929	第十八期	婦女運動的先決問題	雲	
1929	第十八期	實施女子教育是社會改造的基本原則	青萍	
1929	第十八期	提高婦女地位的最要條件	朱皓	
1929	第十八期	怎樣提高女子的政治地位	涵瀟	
1929	第十八期	晉省獎勵多生女子		婦女消息
1929	第十八期	本刊徵求學校代銷處啓事		
1930	第十九期	十九年婦女運動之新希望	社英	時事評論
1930	第十九期	如何提高婦女地位	毅韜	
1930	第十九期	中國參政運動之我見	浮萍	

1930	第十九期	本刊徵求學校代銷處啟事		
1930	第二十期	立法監察兩院應多容納女委員	社英	時事評論
1930	第二十期	我對於妓女團體之希望	毅	時事評論
1930	第二十期	婦女解放與職業化	克平	
1930	第二十期	婦女解放運動裏的婚姻問題	慈	
1930	第二十一期	婦女運動需注意宣傳工作	容	時事評論
1930	第二十一期	怎樣可以提高女子的政治地位	克平	
1930	第二十一期	賢妻良母教育是否應完全打倒	淥影	
1930	第二十二期	今後婦女團體之責任	社英	時事評論
1930	第二十二期	女子繼承權之認識	金石音	
1930	第二十二期	婦女運動要素的連環性	鄒楷	
1930	第二十二期	婦女團體組織原則		
1930	第二十三期	重婚緩刑之疑問	社	時事評論
1930	第二十三期	婦女界的一種好趨勢	瑞	時事評論
1930	第二十三期	中國社會之趨勢與婦女解放	青萍	
1930	第二十三期	男女平等之實際問題	夏純	
1930	第二十三期	蘇俄的婦女	飛心	
1930	第二十四期	本刊一周紀念之回顧	社英	時事評論
1930	第二十四期	喪禮中之女子地位之疑義	社英	時事評論
1930	第二十四期	婦女運動基礎工作之基礎	金石音	
1930	第二十四期	新婦女的幾個問題	曼婉	
1930	第二十五期	婦運中之蓄婢問題	社英	
1930	第二十五期	婦女解放與財產繼承權	亞隱	
1930	第二十五期	國聯搜集我國販賣婦孺新資料		
1930	第二十六期	女界應注意當前之兩大問題	社英	
1930	第二十六期	述女性政治工作現狀	社英	

1930	第二十六期	婦女解放與男子	志一	
1930	第二十六期	政治工作人員兩性比較之統計		專載
1930	第二十七期	婦女運動之幾個階段	悌西	
1930	第二十七期	女子獲得承繼遺產權後應有的覺悟	蔡金琰	
1930	第二十八期	痛苦沉悶與吶喊	毅韜	
1930	第二十八期	我對於民法中親屬承繼權兩編的意見	毅韜	
1930	第二十八期	婦女運動之幾個階段（續）	悌西	
1930	第二十八期	婦女運動和社會事業	楷	
1930	第二十九期	女子職業性質之研究	社英	
1930	第二十九期	讀制止納妾蓄婢提案興言	社英	
1930	第二十九期	目前婦女運動中的緊要工作	志一	
1930	第二十九期	女同胞的思想到這邊來	金石音	
1930	第二十九期	新婦人社會的設計	陳天予	
1930	第二十九期	納妾蓄婢不得為預備黨員		婦女消息
1930	第三十期	廢娼竟擾及一般婦女耶？	社英	
1930	第三十期	提倡國貨為婦女重要之責任	社英	
1930	第三十期	個人主義與結婚率	悌西	
1930	第三十期	中國婦女運動之史的觀察	蔣曉光	
1930	第三十期	首都婦女之娼妓嫌疑		附錄
1930	第三十一期	忠告服務機關的女職員	犖群	
1930	第三十一期	民法親屬繼承編之先決各點		
1930	第三十二期	觀英美婦女政治地位之反省	社英	時事評論
1930	第三十二期	法政學院派送留學生與女界之前途	自我	時事評論
1930	第三十二期	中國婦女與職業問題	張逸菲	
1930	第三十二期	革命婦女應有的態度	錢笑予	

1930	第三十二期	婚姻問題之歷史觀	鄒紫波	
1930	第三十二期	現代婦女應有的認識	陳海澄	轉載
1930	第三十二期	婦女解放的焦點	蔡紓	
1930	第三十二期	民法親屬繼承編之先決各點（續）		專載
1930	第三十二期	天津救娼辦法		婦女消息
1930	第三十三期	男女同理家政評議	社英	
1930	第三十三期	我國女子教育過去未來之觀察	朱秉國	
1930	第三十三期	首都婦女的生活	劉佩文	
1930	第三十三期	中小學課程中增設家政一科（轉載）	丘景尼	
1930	第三十三期	民法繼承親屬編先決各點審查意見		專載
1930	第三十三期	婦女團體組織大綱（附施行細則）		專載
1930	第三十三期	雲南教育廳擴置女子師範教育計劃大綱		專載
1930	第三十四期	男女姓名平等問題	社英	時事評論
1930	第三十四期	建設新社會——從男女關係之確認起	金石音	
1930	第三十四期	我國女子教育過去未來之觀察	朱秉國	
1930	第三十四期	婦女運動與禁娼	梅鴻英	
1930	第三十四期	民法繼承親屬兩編先決各點審查意見書		專載
1930	第三十四期	婦女團體組織法規之運用		婦女消息
1930	第三十四期	日本女子要求參政勝利		婦女消息
1930	第三十五期	女子不宜服務兵役	社英	時事評論
1930	第三十五期	知識婦女界之家庭責任談	社英	時事評論
1930	第三十五期	從合作運動說到中國婦女	王憲熙	
1930	第三十六期	婦女地位過去與將來	鄒子波	
1930	第三十六期	女子富於革命性之證據	雪蘭	

1930	第三十六期	婦女運動與家庭	哥士尼作 悌西譯述	
1930	第三十七期	重婚問題與社會之責任	社英	時事評論
1930	第三十七期	婦運當重視婦女自殺	社英	時事評論
1930	第三十七期	婦女平民教育的商榷	葉克平	
1930	第三十七期	節制生育問題	悌西	
1930	第三十七期	提倡國貨	梅影	編輯餘話
1930	第三十八期	目前婦女應注意之兩法律問題：繼承與重婚	金石音	
1930	第三十八期	救濟離婚問題之方案	蔡智傳	
1930	第三十八期	浙江省實行不准納妾蓄婢者入黨		
1931	第三十九期	吾人慎毋忽視兩大會議	社英	時事評論
1931	第三十九期	女界應明瞭夫妻財產製之利弊	社英	時事評論
1931	第三十九期	婦女運動的新希望	陳婉慈	
1931	第三十九期	讀民法親屬編後之疑問	金石音	
1931	第三十九期	怎樣依照新法規組合婦女團體	毅	
1931	第三十九期	中國娼妓源流	霜葵	
1931	第三十九期	民法親屬編		專載
1931	第四十期	今後婦運之蘄向	社英	時事評論
1931	第四十期	離婚問題之厲害觀	社英	時事評論
1931	第四十期	女權和政權	陳婉慈	
1931	第四十期	娼妓制度之研究	羅素原著 黃席群譯	
1931	第四十期	婚姻問題中的三個小問題	珊	
1931	第四十期	國民會議代表選舉法		專載
1931	第四十期	民法親屬編全文（續）		專載

1931	第四十期	徵求各地女子參加職業之統計	婦女共鳴社編輯部啓	
1931	第四十一期	女界不可放棄國民會議代表權	社英	時事評論
1931	第四十一期	男女數量之疑問	社英	時事評論
1931	第四十一期	二十年婦運之一大工作——廢妾	金石音	
1931	第四十一期	陳逸雲之婦女論	西	
1931	第四十一期	關於「董案」之研究	王憲熙	
1931	第四十一期	國民會議代表選舉施行法		專載
1931	第四十一期	各省市國民會議代表分配數額		專載
1931	第四十一期	民法親屬編全文（續）		專載
1931	第四十一期	女界與國民會議代表		婦女消息
1931	第四十一期	日本婦女之公民權		婦女消息
1931	第四十二期	婦女參加國民大會之途徑	社英	時事評論
1931	第四十二期	觀日本婦女運動之借鑒	社英	時事評論
1931	第四十二期	國民會議絕對應容納婦女	莫祥之	
1931	第四十二期	女子對於職業應有之覺悟	王憲熙	
1931	第四十二期	民法繼承編		專載
1931	第四十二期	親屬繼承編施行法		專載
1931	第四十二期	粵女界力爭國議代表權		婦女消息
1931	第四十三期	婦女對於國民會議應有之預備	毅韜	
1931	第四十三期	實行廢娼	商生才	
1931	第四十三期	粵女界積極要求參加國議		婦女消息
1931	第四十三期	津婦女文化促進會之國議運動		婦女消息
1931	第四十四期	本刊二周紀念後之使命	社英	時事評論
1931	第四十四期	女界亟宜討論國民會議提案	社英	時事評論
1931	第四十四期	這樣才是國民會議	金石音	

1931	第四十四期	從國民會議代表權說起	青萍	
1931	第四十四期	從三八節談到中國女子的地位和責任	宋淑雲	
1931	第四十四期	摩登婦女之分析	成翠	
1931	第四十四期	請問拒用女職員者	金石音	
1931	第四十四期	要求國議聲中之不平鳴	選	
1931	第四十四期	我還能需要什麼呢？	餘	
1931	第四十四期	京婦女界請願參加國民會議		婦女消息
1931	第四十五期	提案範圍之研究	社英	時事評論
1931	第四十五期	國民會議之今昔	社英	時事評論
1931	第四十五期	對於婦女訓練實施的設計	峙山	
1931	第四十五期	國民會議與婦女	陳逸雲	
1931	第四十五期	法律上的平等觀	青萍	
1931	第四十五期	婦女運動連環性的分析觀	成翠	
1931	第四十五期	讀了「國民會議與婦女代表問題」以後	青萍	
1931	第四十五期	京市婦女代表請願近聞		婦女消息
1931	第四十五期	南京市婦女對國民會議提案討論委員會誌要		婦女消息
1931	第四十五期	青島職業女子統計		婦女消息
1931	第四十六～四十七期合刊	女界所希望於國民會議者	社英	時事評論
1931	第四十六～四十七期合刊	國民會議中女界應有之步驟	社英	時事評論
1931	第四十六～四十七期合刊	敬告出席國民會議之女代表	峙山	
1931	第四十六～四十七期合刊	今後婦女努力競選之根本問題	陳逸雲	
1931	第四十六～四十七期合刊	國民會議與婦女參政運動	國楨	
1931	第四十六～四十七期合刊	婦女團體力爭國民會議代表權的意義	喻維華	
1931	第四十六～四十七期合刊	我們爲什麼要力爭國民會議代表權及其使命	譚漢俠	
1931	第四十六～四十七期合刊	我們參加國議運動之回顧	莫祥之	

1931	第四十六～四十七期合刊	婦女參加國民會議之使命	錢燕書	
1931	第四十六～四十七期合刊	國民會議中女代表之地位	犖群	
1931	第四十六～四十七期合刊	國民會議與男女平等	青萍	
1931	第四十六～四十七期合刊	國民會議組織法		專載
1931	第四十六～四十七期合刊	婦女列席代表姓名一覽		專載
1931	第四十六～四十七期合刊	國民會議招待處招待一覽		專載
1931	第四十六～四十七期合刊	國民會議代表姓名一覽		專載
1931	第四十六～四十七期合刊	國民會議秘書處職員一覽		專載
1931	第四十六～四十七期合刊	各地婦女代表團談話會誌要		請願消息
1931	第四十六～四十七期合刊	婦女代表招待首都新聞界紀略		請願消息
1931	第四十六～四十七期合刊	婦女代表請願團之通電		請願消息
1931	第四十六～四十七期合刊	各地婦女代表團總請願消息各地婦女代表團酬酢盛況		請願消息
1931	第四十六～四十七期合刊	請願文件彙誌		請願消息
1931	第四十六～四十七期合刊	選舉列席代表紀要		請願消息
1931	第四十六～四十七期合刊	修正民法親屬編案	本社	提案
1931	第四十六～四十七期合刊	擬請政府本男女不平等原則實際提高女子政治地位案	本社	提案
1931	第四十六～四十七期合刊	強迫家長屬行子女平等教育案	本社	提案
1931	第四十六～四十七期合刊	擬請政府嚴厲禁止書籍報章提倡有傷風化之文字犯者應作刑事犯論案	本社	提案
1931	第四十六～四十七期合刊	擬請國府通令各省市對社會局於有工廠處普設工兒寄託所案	本社	提案
1931	第四十六～四十七期合刊	編輯餘話		
1931	第四十八期	女界參加國議感言	社英	時事評論
1931	第四十八期	婦女運動之唯一條件	社英	時事評論
1931	第四十八期	新流行同居之弊害	金石音	

1931	第四十八期	對於婦女訓練實施的設計（續）	毅韜	
1931	第四十八期	婦女團體代表告全國同胞書		專載
1931	第四十八期	女界推選列席國議代表之經過		婦女消息
1931	第四十八期	國民會議出席女代表之略歷		婦女消息
1931	第四十八期	國議中婦女提案一覽		婦女消息
1931	第四十八期	京市婦女團體歡迎國議女代表誌盛		婦女消息
1931	第四十九期	女界提案執行問題	社英	時事評論
1931	第四十九期	吾人於婦運宜注意預備	社英	時事評論
1931	第四十九期	從國民會議說到今後婦運方針	峙山	
1931	第四十九期	新流行同居之弊害（續）	金石音	
1931	第四十九期	女職員之任用與婦女解放	熙宇	
1931	第四十九期	新國家的責任在新婦女身上	成翠	
1931	第四十九期	婦女問題瑣談（續）	毛鴻綏	
1931	第四十九期	蘇俄婦女之地位	谷冰	轉載
1931	第五十期	讀報有感於婦運	社英	時事評論
1931	第五十期	婦女界要求國府執行議案		婦女消息
1931	第五十期	本社第五次社員會議紀略		婦女消息
1931	第五十期	金石音畢業之光榮		婦女消息
1931	第五十一期	吾人應注意四全大會	社英	時事評論
1931	第五十一期	中國國民黨與婦女運動	峙山	
1931	第五十一期	性教育實施之必要及其方法（續）	晦光	
1931	第五十一期	逸雲同志遊美詩以之藉作紀念	社英	文藝
1931	第五十一期	答社英同志送別即步原韻	逸雲	文藝
1931	第五十二期	女界對於韓人排華案應負之責任	社英	時事評論

1931	第五十二期	命也不用革了？	自我	時事評論
1931	第五十二期	婦女應注意日人慘殺華人的事情	山	時事評論
1931	第五十二期	婦女應組織參政團體	毅韜	
1931	第五十二期	革命與女權之關係	社英	
1931	第五十二期	因爲這次高等考試來說幾句關於婦女運動的話	成翠	
1931	第五十二期	四全大會重要議題		專載
1931	第五十二期	四全大會代表選舉法		專載
1931	第五十二期	四全大會各地黨部代表名額		專載
1931	第五十二期	京女界致各地婦女團體書		婦女消息
1931	第五十二期	中國婦女經濟合作社成立會紀略		婦女消息
1931	第五十二期	陳逸雲赴美		婦女消息
1931	第五十三期	四全大會女同志提案之標準	社英	時事評論
1931	第五十三期	女界救濟被水災黎之芻見	社英	時事評論
1931	第五十三期	婦女解放的基本條件	陳婉慈	
1931	第五十三期	呼鳴婦女之發展	金石音	
1931	第五十三期	婦女解放論之經濟背景的概況	蔡金瑛	
1931	第五十四期	高等攷試女子失敗觀察	社英	時事評論
1931	第五十四期	整理各地婦女團體的我見	峙山	
1931	第五十四期	救災更宜防疫	犖群	
1931	第五十四期	平等眞諦	李梅侶	
1931	第五十四期	京市五屆民校男女學生統計		
1931	第五十四期	蘇俄之產婦嬰兒保健事業	言者節譯	轉載
1931	第五十四期	日本教育界之女權運動		婦女消息
1931	第五十四期	上海女界組織婦女救災委員會		婦女消息

1931	第五十四期	婦女經濟合作社籌備消費部		婦女消息
1931	第五十四期	滬婦女救濟會理監事圈定		
1931	第五十四期	提倡國貨之連索		雜錄
1931	第五十五期	婦女應負救濟水災之責任	社英	時事評論
1931	第五十五期	中國最有能力之夫人逝世感言	欣	時事評論
1931	第五十五期	婦運中之識字運動	社英	
1931	第五十五期	中國男女「姓」的問題	幼夫譯	
1931	第五十五期	四全大會組織法		專載
1931	第五十五期	四月四日規定爲兒童節		專載
1931	第五十六～五十七期合刊：反日專刊	救國聲中婦女之天職	社英	時事評論
1931	第五十六～五十七期合刊：反日專刊	痛語（一）	社英	時事評論
1931	第五十六～五十七期合刊：反日專刊	日本暴行之由來與對付方法之商榷	文耀	
1931	第五十六～五十七期合刊：反日專刊	爲當前國難向政府諸公進一辭	譚惕吾	
1931	第五十六～五十七期合刊：反日專刊	反日聲中婦女應做的基本工作	陶寄天	
1931	第五十六～五十七期合刊：反日專刊	這是我女同胞應當準備的	成翠	
1931	第五十六～五十七期合刊：反日專刊	提倡國貨爲反日救國之良策	犖群	
1931	第五十六～五十七期合刊：反日專刊	救亡誓言	章淵若	
1931	第五十六～五十七期合刊：反日專刊	京市婦女救濟會告全國婦女書		專載
1931	第五十六～五十七期合刊：反日專刊	首都提倡國貨會敬告同胞書		專載
1931	第五十六～五十七期合刊：反日專刊	上海女界發起組織義勇軍宣言		專載
1931	第五十六～五十七期合刊	全國代表大會中之女代表	記者	編輯餘話

	刊:反日專刊	人數問題		
1931	第五十八期	救國責任惟婦女負之	社英	時事評論
1931	第五十八期	痛語（二）	社英	時事評論
1931	第五十八期	抗日救國與民眾運動	唐國植	
1931	第五十八期	對於中國女子教育之管見	志一	
1931	第五十八期	男女平等的經濟基礎	晦光	
1931	第五十八期	男女姓氏問題的討論	峙山	
1931	第五十八期	四全大會各地代表		專載
1931	第五十九期	每況愈下之婦女地位	社英	時事評論
1931	第五十九期	痛語（三）	社英	時事評論
1931	第五十九期	國難中婦女應負的兩大特殊責任	峙山	
1931	第五十九期	對於中國女子教育之管見（續）	志一	
1931	第五十九期	男女平等的經濟基礎（續）	晦光	
1931	第五十九期	日本侵略中國及各慘案年表	逸墨	專載
1931	第五十九期	京市婦女抗日救國義勇團消息彙誌		婦女消息
1931	第五十九期	北平女界抗日救國會成立大會		婦女消息
1931	第六十期	吾人應起而儲金救國	社英	時事評論
1931	第六十期	教育應注意滿蒙計劃	社英	
1931	第六十期	中日懸案之研究	蔡金瑛	
1931	第六十期	關於東北外禍之杞憂	文耀	
1931	第六十期	女子與軍事訓練	王孝英	
1931	第六十期	男女平等的經濟基礎（續）	晦光	
1932	第一卷一期	卷頭語		
1932	第一卷一期	二十一年婦運之新貢獻	社英	
1932	第一卷一期	我對國民黨女黨員之希望	峙山	
1932	第一卷一期	九一八前之東北概況	文耀	
1932	第一卷一期	駁蕭伯納的「智慧婦女向社會主義之指南」	程瑞林節譯	

1932	第一卷一期	注意國難中的婦運	儂博	
1932	第一卷一期	女性中心說的研究	葉克平	
1932	第一卷一期	現代婦女與勞動	陳穀哉	
1932	第一卷一期	東北事變及國聯會議之回顧	記者	
1932	第一卷一期	二十年婦運撮要	記者	
1932	第一卷一期	一年來婦女團體的總檢查	記者	編輯餘話
1932	第一卷二期	婦女運動之途徑	社英	
1932	第一卷二期	今後婦女運動的新傾向	唐國楨	
1932	第一卷二期	九一八前之東北概況（續）	文耀	
1932	第一卷二期	革命過渡時期的土耳其婦女	胡星伯	
1932	第一卷二期	提倡新賢妻良母主義	梅鴻英	
1932	第一卷三～四期合刊	國難中今後婦運之要義	社英	
1932	第一卷三～四期合刊	中國社會之演變與婚姻沿革之檢討	沈黎虹	
1932	第一卷三～四期合刊	如何解決娼妓問題	唐國楨	
1932	第一卷三～四期合刊	出賣上海的獨立自由市計劃（轉載）	武育幹	
1932	第一卷三～四期合刊	九一八前東北概況（續）	文耀	
1932	第一卷三～四期合刊	日本女子教育概況和個人感想	成翠	
1932	第一卷三～四期合刊	東北大錄之一角		
1932	第一卷三～四期合刊	中國婦女協會宣言		專載
1932	第一卷三～四期合刊	上海女權運動同盟會告國聯調查團書		專載
1932	第一卷三～四期合刊	對於本刊婦運之意見	張少徵	
1932	第一卷三～四期合刊	廢止內戰大同盟	記者	
1932	第一卷三～四期合刊	招致國難之原因在此	記者	
1932	第一卷五～六期合刊	日前婦女救國一要點	社英	
1932	第一卷五～六期合刊	婦女當注意取得公民資格	社英	
1932	第一卷五～六期合刊	多妻者都是孝子	記者	
1932	第一卷七～八期合刊	婦女運動之要素	社英	

1932	第一卷七～八期合刊	修改刑法聲中之一點貢獻	施毓貞	
1932	第一卷七～八期合刊	女界亟應注意修正刑法問題	犖群	
1932	第一卷七～八期合刊	婦女運動之商榷	國楨	
1932	第一卷七～八期合刊	國難中女子應有之覺悟	文耀	
1932	第一卷九期	國民參政會之婦女資格問題	社英	
1932	第一卷九期	爲立法諸公進一言	記者	
1932	第一卷九期	寫於九一八之晨	雲裳	
1932	第一卷九期	中國婦女運動的階段	周曙山	
1932	第一卷九期	今後婦運途徑之商榷	明秋	
1932	第一卷十期	婦女救國之實際工作	社英	
1932	第一卷十期	司法界解釋法律之疑點	記者	
1932	第一卷十期	爲未來之婦女會進一言	施毓貞	
1932	第一卷十期	婦女會組織大綱		專載
1932	第一卷十期	首都婦女慰勞會飲助東北義軍並匪區災黎		附錄
1932	第一卷十一期	婦女會組織之研究	社英	
1932	第一卷十一期	各國婦女在繼承法上地位之比較	金石音	
1932	第一卷十一期	適於現社會的三種婦女	李峙山	
1932	第一卷十一期	提倡婦女職業之我見	周曙山	
1932	第一卷十一期	賣淫與社會因果	沈虹黎	
1932	第一卷十二期	男女平等教育之責任	社英	
1932	第一卷十二期	貢獻給組織婦女會的同志	峙山	
1932	第一卷十二期	近代大思想家之婦女觀	金石音	
1932	第一卷十二期	有繼承權以後女子的義務	雪蘭	
1932	第一卷十二期	女子高等教育之統計	自我	
1932	第一卷十二期	婦女會組織大綱施行細則		專載
1932	第一卷十二期	全國應一致作救濟東北之日捐運動	記者	編輯餘話
1933	第二卷一期	國民參政會與臨時參議會之關係	社英	

1933	第二卷一期	近代大思想家之婦女觀（續）	金石音	
1933	第二卷一期	蘇俄提高女權之設施（轉載）	湯怡	
1933	第二卷一期	職業訓練實施綱要	裘慎毛覺	
1933	第二卷一期	男子們的心理	沙彪譯	
1933	第二卷一期	國難中之精神建設	張默君演講	專載
1933	第二卷一期	二十一年之婦女運動	記者	編輯餘話
1933	第二卷一期	解放婢女與婦女人格	記者	編輯餘話
1933	第二卷二期	從事職業為婦女唯一之出路	社英	
1933	第二卷二期	娼妓問題研究	乙楓	
1933	第二卷二期	蘇俄提高女權之設施（轉載）續	湯怡	
1933	第二卷三期	婦女尤應努力節約救國	社英	
1933	第二卷三期	婦女會工作計劃之商討	李峙山	
1933	第二卷三期	國民參政會組織法內容		專載
1933	第二卷三期	日僞密約陰謀方案		專載
1933	第二卷三期	陳逸雲女士變飾助餉		
1933	第二卷三期	婦女應爭盡義務與注意之點	記者	編輯餘話
1933	第二卷四期	憲法與婦女	社英	
1933	第二卷四期	對於修改刑法的管見	金石音	
1933	第二卷四期	對於娼妓開禁問題之我見	以文	
1933	第二卷四期	籌設鄉村婦女職業學校芻議	江思	
1933	第二卷四期	男女平等事實上的研究	李宗王睿	
1933	第二卷四期	嫁後婦女的職業問題	蔡悟	
1933	第二卷五期	消滅娼妓之根本方法	社英	
1933	第二卷五期	娼妓問題的研究與首都開禁	峙山	

1933	第二卷五期	對於京市娼禁問題的檢討	國楨	
1933	第二卷五期	毫無理由的復娼論	金石音	
1933	第二卷五期	禁娼問題與整個婦女運動	永龢	
1933	第二卷五期	中國目前的娼妓狀況及其救濟方法	黃麗輝	
1933	第二卷五期	公娼制度可行乎？	維譽	
1933	第二卷五期	開放娼禁之理由安在？	無名	
1933	第二卷五期	賣淫救國論	所非	
1933	第二卷五期	京市婦女會反對解除娼禁之文電		專載
1933	第二卷五期	婦女會招待新聞界記事		專載
1933	第二卷六期	婦女應極端注意憲法問題	社英	
1933	第二卷六期	貢獻於南京市婦女會諸理事之前	峙山	
1933	第二卷六期	憲法草案中之婦女	永敉	
1933	第二卷六期	人口過剩與節制生育的是非論	沈黎虹	
1933	第二卷六期	國內關於婦女之定期刊物一覽表	王皎我	雜錄
1933	第二卷六期	娼妓問題與中外輿論	記者	編輯餘話
1933	第二卷七期	建設婦女中心思想之商榷	社英	
1933	第二卷七期	蘇聯婦女在法律上的權利	林苑文譯	
1933	第二卷七期	從事實上來說到廢妾的必然性	馮默存	
1933	第二卷七期	提倡國貨與婦女之責任	理	
1933	第二卷七期	本社呈立法院文並修改刑法意見書		專載
1933	第二卷七期	南京市婦女會紀要		雜錄
1933	第二卷七期	平等的理想	記者	編輯餘話
1933	第二卷八期	如何建設婦女中心思想之研究	社英	
1933	第二卷八期	修改民法親屬編之建議	鄧季惺	
1933	第二卷八期	女界近事評議	峙山	

1933	第二卷八期	經濟衰落與婦女職業	蔡金瑛譯	
1933	第二卷八期	中國婦女運動與民族革命	雲裳	
1933	第二卷八期	婦女參政觀念的觀察	記者	編輯餘話
1933	第二卷九期	目前婦運唯一之途徑	社英	
1933	第二卷九期	婦女運動應從家事協作運動入手	峙山	
1933	第二卷十期	吾人亟應注意法益	社英	
1933	第二卷十期	中國娼妓問題之研究	朱美予	
1933	第二卷十一期	婦運應從安定時局入手	社英	
1933	第二卷十一期	事實證明之男女成績比較觀	記者	編輯餘話
1933	第二卷十二期	婦女運動三年計劃	社英	
1933	第二卷十二期	我對於杭州檢驗妓女之感想	山	
1933	第二卷十二期	煙臺婦女生活狀況	孟津	
1933	第二卷十二期	婚姻問題的嚴重形態的分析	陸各豐	
1933	第二卷十二期	中國婦女政治地位之述略		專載
1934	第三卷一期	中國婦女應無負於民族	李峙山	
1934	第三卷一期	讀刑法修正初稿	季惺	
1934	第三卷一期	提倡國貨之根本問題	社英	
1934	第三卷一期	蘇俄的嬰兒	雲裳譯	
1934	第三卷一期	貢獻給婦女運動者	E.S.	
1934	第三卷一期	現社會女性之意識的醒覺	沈黎虹	
1934	第三卷二期	婦女運動當以文化運動為前提	社英	
1934	第三卷二期	再談談家事協作問題	峙山	
1934	第三卷三期	五年來婦運之回顧	社英	
1934	第三卷四期	美國婦女參政的經過及其趨勢	賓名顯	
1934	第三卷四期	婦女職業與育兒問題	靜漪	
1934	第三卷四期	蘇俄的嬰兒	雲裳譯	
1934	第三卷五期	社會主義下的婦女	雲裳譯	

1934	第三卷五期	從服用國貨說到復興民族	張鳴多	專載
1934	第三卷六期	怎樣做農婦運動	靜漪	
1934	第三卷六期	社會主義下的婦女	雲裳譯	
1934	第三卷六期	對於婦女態度欠正確的救國日報	毅	東鱗西爪
1934	第三卷七期	蘇聯婦女之一鳴驚人	施珊	東鱗西爪
1934	第三卷七期	關於娼妓問題之意見一束	珊	東鱗西爪
1934	第三卷七期	婦女界四大慘劇	毅	東鱗西爪
1934	第三卷八期	婦女運動與民族復興運動	友	
1934	第三卷八期	質東南日報並答也嘗君	施珊	東鱗西爪
1934	第三卷八期	提倡守望門寡的南昌輿論界	無	東鱗西爪
1934	第三卷九期	託兒所實施問題之我見	峙山	
1934	第三卷九期	家庭生活協作計劃	峙山	
1934	第三卷九期	京市一周間戶口變動與禁娼	珊	東鱗西爪
1934	第三卷十期	婦女應該回到家庭去嗎？	峙山	
1934	第三卷十一期	輿論界對於婦女力爭法律平等應持的態度	山	時事評述
1934	第三卷十一期	罷免昏聵的立法委員	傅玉符	時事評述
1934	第三卷十一期	我們爲什麼要爭法律平等	李峙山	
1934	第三卷十一期	何以男女在法律上不能平等 —— 請問立法委員	鄭漱六	
1934	第三卷十一期	通姦處罰問題 —— 王寵惠博士談片		
1934	第三卷十一期	中國婦女自殺原因之檢討	雲裳	
1934	第三卷十一期	從刑法修正案談到進一步的婦運	誼	
1934	第三卷十一期	不平等刑法給我們的教訓	友	
1934	第三卷十一期	陳璧君先生起作中流砥柱	珊	東鱗西爪
1934	第三卷十一期	王士傑大碰釘子	毅	東鱗西爪
1934	第三卷十一期	請教秦川碧君	李峙山	東鱗西爪
1934	第三卷十一期	要求單科男子通姦罪	反叛	東鱗西爪

1934	第三卷十一期	柏薇園隨筆	雲裳	
1934	第三卷十一期	首都各界婦女力爭法律平等同盟會宣言		專載
1934	第三卷十一期	首都各界婦女力爭法律平等同盟會致各機關女同志書		專載
1934	第三卷十一期	刑法摘要		專載
1934	第三卷十一期	首都婦女力爭法律平等運動	丁育三	一月婦女
1934	第三卷十一期	納妾蓄婢者應剝奪選權		一月婦女
1934	第三卷十二期	婦女力爭刑法二三九條勝利	李峙山	時事評述
1934	第三卷十二期	一年來婦運之回顧	李峙山	
1934	第三卷十二期	對於批評婦運之批評	社英	
1934	第三卷十二期	現在底中國婦女運動	詠	
1934	第三卷十二期	關於南京第一託兒所	峙山	
1934	第三卷十二期	一年來婦女運動大事記	記者	
1934	第三卷十二期	女公務員人數統計	記者	補白
1934	第三卷十二期	婦女界爭取法律平等結果圓滿	周巍峙	婦女要聞
1935	第四卷一期	對於四屆女立法委員之希望	珊	時事評述
1935	第四卷一期	二十四年之婦運工作計劃	李峙山	
1935	《第四卷一期	農村婦女問題	誼	
1935	第四卷一期	民法親屬編不平等各條文研究	鄧季惺	參考材料
1935	第四卷一期	全國婦女界力爭刑法二三九條經過	記者	婦運史料
1935	第四卷一期	張柏苓先生車中漫談	山	
1935	第四卷一期	女立委名額是有限制的嗎？	怡	東鱗西爪
1935	第四卷一期	納妾者注意	愚	東鱗西爪
1935	第四卷一期	四屆女立法委員仍二人	周巍峙	婦女消息
1935	第四卷一期	京滬婦女向五中全會提出要求	周巍峙	婦女消息

1935	第四卷一期	各地女子職業之進展	周巍峙	婦女消息
1935	第四卷一期	有關婦女之兩項法令解釋	周巍峙	婦女消息
1935	第四卷二期	時代思潮與婦女運動	雲裳	
1935	第四卷二期	二十四年敬告新婦女	岩	
1935	第四卷二期	中國婦女運動通史	社英	
1935	第四卷二期	娜拉在中國遭受打擊	編者	婦女消息
1935	第四卷二期	南京第一託兒所將成立	編者	婦女消息
1935	第四卷二期	司法院關於女子法益之兩項解釋	編者	婦女消息
1935	第四卷三期	本刊六週年紀念之回顧與前瞻	李峙山	
1935	第四卷三期	中國婦女運動的現勢及其前途	梅魂	
1935	第四卷三期	娜拉的時代	梅魂	
1935	第四卷三期	徵文：男女在生活上怎樣平等		補白
1935	第四卷三期	最高法院去年婚姻案件統計		補白
1935	第四卷三期	配偶通姦罰則已補救辦法	周巍峙	婦女消息
1935	第四卷四期	如何開動農村婦女運動	誼	
1935	第四卷四期	立法院通過刑法施行法草案		婦女消息
1935	第四卷四期	蓄婢納妾係腐惡行為		婦女消息
1935	第四卷四期	蘇聯工業中的婦女		婦女消息
1935	第四卷五期	婦運往那裏走	洪君	論著
1935	第四卷五期	目前婦運工作的第一步	梅魂	論著
1935	第四卷五期	婦女在過去生產上的貢獻及將來的出路	劉國英	論著
1935	第四卷五期	廣州禁止養婢		婦女消息
1935	第四卷五期	立法院將補充女性立委		婦女消息
1935	第四卷五期	上海勞動託兒所近況		婦女消息
1935	第四卷六期	不算回嘴	峙山	短評
1935	第四卷六期	請認清所謂「女子教育主義」	德憲	論著

1935	第四卷六期	目前婦運工作的第一步	梅魂	論著
1935	第四卷六期	南北兩市長的衛道功績	梅魂	雜話
1935	第四卷六期	南京第一託兒所的橫斷面	珊	雜話
1935	第四卷七期	新刑法施行了	峙山	時事述評
1935	第四卷七期	婦女生活月刊出版		婦女消息
1935	第四卷七期	司法部通過夫妻財產製契約登記法草案		婦女消息
1935	第四卷八期	社會對於婦運錯誤觀念之研究	社英	論著
1935	第四卷八期	婦運的具體表現	梅魂	論著
1935	第四卷八期	本刊據用「她」字啓事		補白
1935	第四卷八期	婦女回家庭運動之檢討	戴莎	論著
1935	第四卷八期	性的極端商品化	珊	閒話
1935	第四卷八期	妓女預約券		婦女消息
1935	第四卷九期	利用平等法律之第一聲	社英	短評
1935	第四卷九期	新刑法施行後	珊	閒話
1935	第四卷九期	答宇晴君——婦女回家庭與賢妻良母的探討	峙山	閒話
1935	第四卷九期	南京救娼辦法內容	周巍峙	婦女消息
1935	第四卷九期	各地婦女運動近況	周巍峙	婦女消息
1935	第四卷九期	「賢良」問題專號徵文啓事		補白
1935	第四卷十期	關於拒用「她」字並質「讀書生活」	吉竹曼	論辯
1935	第四卷十期	杭市籌設娼妓療病院	周巍峙編	婦女消息
1935	第四卷十期	蘇聯離婚必兩造同意	周巍峙編	婦女消息
1935	第四卷十一期：賢良問題專號	婦女刊物的如此消長	石音	短評
1935	第四卷十一期：賢良問題專號	我們爲什麼出這個專號	編者	寫在前面
1935	第四卷十一期：賢良問題專號	新賢良主義的基本概念	蜀龍	第一輯
1935	第四卷十一期：賢良問題專號	賢夫賢妻的必要條件	峙山	第一輯

1935	第四卷十一期：賢良問題專號	新時代的賢夫賢妻	淡雲	第一輯
1935	第四卷十一期：賢良問題專號	爲什麼應該作賢夫賢妻	葉輝	第一輯
1935	第四卷十一期：賢良問題專號	賢妻良母的標準條件	社英	第一輯
1935	第四卷十一期：賢良問題專號	從嫖妓說到賢夫良父	房龍	第一輯
1935	第四卷十一期：賢良問題專號	賢良與女性生產	鳳兮	第一輯
1935	第四卷十一期：賢良問題專號	「賢妻良母」的認識	集熙	第二輯
1935	第四卷十一期：賢良問題專號	賢夫賢妻存在愛的領域中	誼	第二輯
1935	第四卷十一期：賢良問題專號	賢妻良母是怎樣作的	鳳兮	少女生活講座
1935	第四卷十一期：賢良問題專號	粵省禁娼辦法	周巍峙編	婦女消息
1935	第四卷十一期：賢良問題專號	江蘇強迫妓女識字	周巍峙編	婦女消息
1935	第四卷十二期	一年來婦運之回顧與前瞻	峙山	論著
1935	第四卷十二期	我們應該參加哪一種鬥爭	金石音	論著
1935	第四卷十二期	男女對於家庭的共同責任	葉輝	論著
1935	第四卷十二期	賢妻良母的評議	友	論著
1935	第四卷十二期	政府宜即下決心	譚惕吾	時論集珍
1935	第四卷十二期	還能忍耐嗎？	承烈	時論集珍
1935	第四卷十二期	一年來婦女的動向	編者	婦女消息
1935	第四卷十二期	滬婦女界呈請全會禁娼	周巍峙	婦女消息
1935	第四卷十二期	蔣夫人推行首都婦女新運	周巍峙	婦女消息
1936	第五卷一期	學運平議	峙山	時論
1936	第五卷一期	婦女救國運動	枚	時論
1936	第五卷一期	一九三六年的展望	梅魂	論著
1936	第五卷一期	婦女到社會去的論據及其目標	梅魂	論著
1936	第五卷一期	二十五年之新願望	社英	論著

1936	第五卷一期	一九三六的新婦女	鳳	雜感
1936	第五卷一期	中央頒發婦運指導方針	周巍峙	一月間婦女
1936	第五卷一期	徵求民族問題專號稿件	周巍峙	一月間婦女
1936	第五卷二期	國民黨與民眾運動	峙山	短評
1936	第五卷二期	婦女救國應認清目標	社英	短評
1936	第五卷二期	論現行法上之妾制	金石音	論著
1936	第五卷二期	讀了「從賢妻良母到賢夫良父」以後——參看本年一月份婦女生活	蜀龍	論辯
1936	第五卷二期	賢良問題之再論辯	峙山	論辯
1936	第五卷二期	蘇俄男女平等	周巍峙	婦女消息
1936	第五卷二期	本刊四卷十一期賢良問題專號要目		補白
1936	第五卷三期	七週年紀念之感想	社英	時言
1936	第五卷三期	本刊七週年紀念感言	孝英	婦女消息
1936	第五卷三期	兩種婦女刊物停止郵寄	蜀龍	時言
1936	第五卷三期	論解放奴婢（上）	莊靜	論著
1936	第五卷三期	中國娜拉們往何處去	蜀龍	論著
1936	第五卷三期：「婦女運動與民族復興」特輯	首都婦運同志對本問題之意見	傅岩莊靜記錄	
1936	第五卷三期：「婦女運動與民族復興」特輯	從民族危機說到婦女在復興運動中之地位	賈書英	
1936	第五卷三期：「婦女運動與民族復興」特輯	婦女應怎樣去參加民族的戰爭	俞松汶	
1936	第五卷三期	新運綜合婦女指導委員會工作	巍峙編	另外一欄
1936	第五卷三期	山額夫人抵滬	巍峙編	另外一欄
1936	第五卷四期	非常時期的婦運路線	碧雲	論壇
1936	第五卷四期	競選國民大會代表問題之檢討	社英	
1936	第五卷四期	職業婦女的厄運及其解脫	怡眞	
1936	第五卷四期	爲嫁後姓名請教陳衡哲女士	雲兒	

1936	第五卷五期	蘇聯獎勵生育	古然	每月評話
1936	第五卷五期	蘇俄的戀愛生活	麗沙	
1936	第五卷五期	童年時代的日本婦女	丁蘭煙	
1936	第五卷五期	論解放奴婢（下）	靜莊	
1936	第五卷六期	內戰乎？抗日乎？	石音	每月評話
1936	第五卷六期	爭取代表名額以前	石音	每月評話
1936	第五卷六期	民族危急與婦女當前的任務	白雲	論壇
1936	第五卷六期	婦女與婦女刊物	沈徵英	
1936	第五卷六期	婦女勞動問題及其補救方法	姜長鳴	
1936	第五卷六期	蘇聯婦女的地位	魯蘇	
1936	第五卷六期	婦女團體爭國大代表		婦女消息
1936	第五卷六期	蘇聯獎勵生育法草竣		婦女消息
1936	第五卷七期	讀二中全會宣言	所非	每月評話
1936	第五卷七期	論時代所需要的婦女	碧雲	
1936	第五卷七期	現中國知識分子的陣野	所非	
1936	第五卷七期	我們再也不能耐了	李少卿等	
1936	第五卷七期	陳逸雲爲競選奔走		婦女消息
1936	第五卷七期	中央組織婦女服務團		婦女消息
1936	第五卷七期	新運婦指會之方針		婦女消息
1936	第五卷八期	民族統一與民族獨立	石音	每月評話
1936	第五卷八期	目前中國婦女團體的剖視	新骨	論壇
1936	第五卷八期	婦女競選應側重「運動」	峙山	
1936	第五卷八期	中國婦運的過去，現在和將來	芸生	
1936	第五卷九期	「九一八」五週年	石音	每月評話
1936	第五卷九期	舊妻與新夫	所非	每月評話
1936	第五卷九期	禁女教員燙髮塗脂	古然	每月評話
1936	第五卷九期	從選舉現狀說到婦女應有的努力	恨恨	論壇
1936	第五卷九期	法西斯主義與婦女	白雲	

1936	第五卷九期	一九三六年的女子教育	宛青	
1936	第五卷九期	英國婦運史略（續）	聞釧譯	史料
1936	第五卷十期	以牙還牙吧，中國	石音	每月評話
1936	第五卷十期	心勞日拙的婦女天職論	所非	每月評話
1936	第五卷十期	京滬報界的宣言	秋草	每月評話
1936	第五卷十期	德國婦女參政史中的一些教訓	新骨	
1936	第五卷十期	婦女新運會徵隊員		婦女消息
1936	第五卷十期	梁漱溟論女人	金豈	雜感
1936	第五卷十一期	以全國力量支持綏遠的抗戰	曉雲	論壇
1936	第五卷十一期	爭權利和盡義務	若海	
1936	第五卷十一期	祝蘇聯十九週年革命紀念	長庚	文藝
1936	第五卷十一期	奮鬥的母親	牛春野	文藝
1936	第五卷十二期	收復失地	石音	每月評話
1936	第五卷十二期	史良亡命	所非	每月評話
1936	第五卷十二期	好榜樣	秋草	每月評話
1936	第五卷十二期	眞假愛國	古然	每月評話
1936	第五卷十二期	婦女們應該怎麼做？	陳逸雲	論壇
1936	第五卷十二期	一年來的中國婦運	曉雲	
1936	第五卷十二期	當前需要的婦運組織和婦女領袖	朱高秀	
1936	第五卷十二期	英王爭婚姻自由的分析	丙平	
1936	第五卷十二期	布爾什維克主義與家庭	克寧譯	
1937	第六卷一期	一九三七年之新願望	社英	每月評話
1937	第六卷一期	中國婦運一年大事追憶記	莊靜	
1937	第六卷一期	全國婦女對於綏遠抗戰應有的認識和任務	採薇	
1937	第六卷一期	婦女運動與婦女教育	蓮花	
1937	第六卷一期	蘇聯婦女解放運動的邁進	秋寧	
1937	第六卷一期	五十年前美國女權先進者	紅葉	史料
1937	第六卷一期	訪問美國者臣市長記	雲	紀事

1937	第六卷二期	吾人對於如日東升之警悟	社英	每月評話
1937	第六卷二期	女界應注意修改國大代表選舉法	社	每月評話
1937	第六卷二期	左傾者應覺悟	鶴	每月評話
1937	第六卷二期	媒妁婚姻制立史的一瞥	姜長鳴	論壇
1937	第六卷二期	妾	蓮花	論壇
1937	第六卷二期	婢的研究	燕雲	論壇
1937	第六卷二期	英國婦運史略	聞釗	史料
1937	第六卷二期	前進者的吶喊	誼	實生活
1937	第六卷三期	經濟提攜	逸雲	每月評話
1937	第八卷二期	「三八」婦女節之檢閱	不名	論壇
1937	第六卷三期	現階段的婦運怎麼幹？	李峙山	論壇
1937	第六卷三期	從女子的地位到婦女解放運動	石風	論壇
1937	第六卷三期	愛國女傑尙達克傳	雨竹	史料
1937	第六卷四期	對石原女士來華之感想	莊靜	每月評話
1937	第六卷四期	蘇聯婦女與兒童	王立文	論壇
1937	第六卷四期	婦女們負起歷史的任務	范應霞	論壇
1937	第六卷五期	中國婦女勞動問題	蔡爾彬	論壇
1937	第六卷五期	國際婦女運動	范映霞譯	論壇
1937	第六卷五期	首都貧民婦女生活	進揚	實生活
1937	第六卷五期	塞外勞軍記	陳逸雲	紀事
1937	第六卷六期	分析救國抗日的四種人	莊靜	每月評話
1937	第六卷六期	德國婦女退出職業界之觀感	社英	每月評話
1937	第六卷六期	婦女教育是復興民族的先決條件	英	論壇
1937	第六卷六期	我國近代女子教育之概況	雷中	論壇
1937	第六卷六期	婦女教育	吳品華	漫談
1937	第六卷七期	我們對於華北事變的態度	練	每月評話
1937	第六卷七期	華北危殆聲中婦女應負之責任	社英	每月評話

1937	第六卷七期	負起守土抗戰的責任	逸雲	每月評話
1937	第六卷七期	盧溝橋事件的檢討	公敢	論壇
1937	第六卷七期	婦女職業教育	錢一葦	論壇
1937	第六卷七期	婦女職業	方雷	論壇
1937	第六卷七期	歐洲婦女職業生活		專載
1937	第六卷七期	蘇聯勞動的女英雄		漫談
1938	第七卷一期	敬告全國賢明的母親	王平陵	
1938	第七卷一期	泛論抗戰中的婦女問題	陳逸雲	
1938	第七卷一期	現階段的抗戰與婦女今後的工作	唐國楨	
1938	第七卷一期	一九三八年中國婦運的展望	張籟英	
1938	第七卷二期	致全國青年的姊妹們	王平陵	
1938	第七卷二期	救濟戰區婦孺事業的兩大問題	宋元	
1938	第七卷二期	怎樣救濟戰時婦孺	唐國楨	
1938	第七卷三期	國際反侵略宣傳周後婦女應有之努力	陳逸雲	
1938	第七卷四期	「三八」節與鄉村工作	文娜	
1938	第七卷四期	紀念「三八」與女工的組織問題	宋元	
1938	第七卷四期	怎樣救濟戰區的婦孺	王文傑	
1938	第七卷五期	戰時的婦女與教育	胡秋原	
1938	第七卷五期	戰時婦女教育的內容與實施	淑美	
1938	第七卷五期	戰時婦女教育的剖視	李坤儀	
1938	第七卷五期	戰時婦女教育的幾個問題	吟秋	
1938	第七卷六期	國民黨偉大的改進	綸	
1938	第七卷六期	全國代表大會給予婦女們的失望	山椒	
1938	第七卷六期	婦女們應注意國民參政會	山椒	
1938	第七卷六期	中國婦女走向那裏去？	儀	
1938	第七卷六期	婦女總動員問題	淑美	

1938	第七卷六期	大時代的兒女們——中國婦女終於不能參加實際的鬥爭嗎？	王平陵	
1938	第七卷六期	擴大戰時婦女工做到鄉村	黃素心	
1938	第七卷六期	農村婦女能做些什麼？	吟秋	
1938	第七卷六期	怎樣喚起農村裏的婦女？	金啓華	
1938	第七卷六期	農村訪問與宣傳	梁瑩	
1938	第七卷七期	抗戰時期的婦女勞動訓練		
1938	第七卷七期	怎樣開展勞動婦女運動？	元	
1938	第七卷八期	爲什麼婦女要求參加國民參政會	山椒	
1938	第七卷八期：兒童特輯	應該建立兒童公育的基礎	馬毅	
1938	第七卷八期：兒童特輯	不要忽略兒童訓練	朱綸	
1938	第七卷八期：兒童特輯	怎樣負起保育兒童的使命	葉毓英	
1938	第七卷八期：兒童特輯	爲保育難童告全國同胞	程西蘭	
1938	第七卷八期：兒童特輯	兒童保育與心理衛生	周尙	
1938	第七卷八期：兒童特輯	大家快起來保育戰時的兒童	恩凱	
1938	第七卷九～十期合刊：慰勞專刊	發刊詞	陳逸雲	
1938	第七卷九～十期合刊：慰勞專刊	致全國將士書	將宋美齡	
1938	第七卷九～十期合刊：慰勞專刊	你們的血不是白流的	李郭德潔	
1938	第七卷九～十期合刊：慰勞專刊	抗戰期中婦女應盡的責任	吳黃卓群	
1938	第七卷九～十期合刊：慰勞專刊	致前線將士書	郭秀儀	
1938	第七卷九～十期合刊：慰勞專刊	前方苦戰後方慰勞	馮玉祥	
1938	第七卷九～十期合刊：慰勞專刊	致我們的誠懇慰問	唐國楨	
1938	第七卷九～十期合刊：慰勞專刊	編輯後記	陳逸雲	
1938	第八卷一～二期合刊	推行兵役法和婦女的責任	朱綸	

1938	第八卷一～二期合刊	中國婦女的出路	黃素心	
1938	第八卷一～二期合刊	抗戰中的婦女與家庭	柴鑄新	
1938	第八卷一～二期合刊	如何救濟淪陷區婦女同胞	黃殿珍	
1938	第八卷三～四期合刊	民族復興節	陳逸雲	
1938	第八卷三～四期合刊	抗戰前提的檢討	將宋美齡	
1938	第八卷三～四期合刊	被忽視的農村婦女問題	邱盛鐸	
1938	第八卷三～四期合刊	婦女工作範圍不能擴大之原因	黃潔	
1938	第八卷五～六期合刊	抗戰建國與婦女問題	蔣宋美齡講	
1938	第八卷五～六期合刊	怎樣在戰區內進行婦運工作	黃葉心	
1938	第八卷五～六期合刊	努力抗戰建設現代國家	襄藻	
1938	第八卷五～六期合刊	現階段的婦女工作	黃殿珍	
1938	第八卷七～八期合刊	家庭婦女的發動		短評
1938	第八卷七～八期合刊	婦女到戰場去		短評
1938	第八卷七～八期合刊	抗戰新階段的婦女運動	郭德潔女士講	
1938	第八卷七～八期合刊	戰時婦女參政運動	文娜	
1938	第八卷七～八期合刊	努力養成一種新的工作作風	黃素心	
1938	第八卷七～八期合刊	婦女參政運動		
1938	第八卷七～八期合刊	到淪陷區去工作	趙洪文國講詞	
1938	第八卷七～八期合刊	婦女在游擊區內之重要性		
1938	第八卷九～十期合刊：國民精神總動員特刊	擁護國民精神總動員	黃素心	
1938	第八卷九～十期合刊：國民精神總動員特刊	精神總動員與婦女	電夒	
1938	第八卷九～十期合刊：國民精神總動員特刊	在婦女抗建協會精神總動員座談會上	蟬貞記	
1938	第八卷九～十期合刊：國民精神總動員特刊	在精神總動員下的國民責任	梅方智	

1938	第八卷九～十期合刊：國民精神總動員特刊	婦女節紀念會致詞	蔣宋美齡	特載
1938	第九卷五～六期合刊	保育工作之後顧與前瞻	韋燕章	
1939	第九卷五～六期合刊	如何開展抗戰第三年的婦運工作	陳永華	
1939	第九卷五～六期合刊	悼念本刊發起人李峙山先生	陳逸雲	
1939	第九卷五～六期合刊	鄉村服務生活的片段	呂永華	
1939	第九卷七～八期合刊	憲政與婦女	逸雲	
1939	第九卷七～八期合刊	目前婦運中心工作	叔爰	
1939	第九卷七～八期合刊	全民動員裏的一個漏洞	彭昭儀	
1940	第九卷九期	婦女工作的檢討	徐鍾佩	
1940	第九卷九期	婦女運動之正確路線	徐凱瑞	
1940	第九卷九期	戰時婦女與憲政問題	呂曉道	
1940	第十卷一期	婦女往何處去	唐卓群	
1940	第十卷一期	婦女工作的新展望——迎第四抗戰年代	粟建坙	
1940	第十卷一期	我對於姓氏問題的意見	劉蘅靜	
1940	第十卷一期	關於子女姓氏問題	紀清漪	
1940	第十卷一期	回廚房去口號下的福建婦女	蕭田	
1941	第十卷二期	對於獎勵生育之基本問題	逸雲	
1941	第十卷二期	中國婦女運動的進步	馮菊波	
1941	第十卷二期	湖南婦女幹部的造成——湖南省地方行政幹部訓練團婦女組訓練紀實	徐霞裳	
1941	第十卷三～四期合刊	誰負家庭教育的責任	劉蘅靜	
1941	第十卷三～四期合刊	增加人口是知識婦女的責任嗎？	紀清漪	
1941	第十卷三～四期合刊	今後婦女運動的途徑	葉蟬貞	
1941	第十卷三～四期合刊	從全國婦運幹部工作討論會說到今後的婦運工作	龍之鵬	
1941	第十卷三～四期合刊	寫在全國婦運幹部工作討論會閉幕前夕	杜隆元	

1941	第十卷五期	婦女職業範圍是否應該受限制	瞰聆	
1941	第十卷五期	從拒用女職員說到婦女職業的輔導問題	陸旗	
1941	第十卷五期	組織婦女生產合作社之理論與實際	高能成	
1941	第十卷五期	對宣傳和組織農婦及女工的幾點意見	淑英	
1941	第十卷五期	新縣制下婦女的任務	沈清泉	
1941	第十卷五期	婦女運動的發生及我們今後工作的趨向	張醒儂	
1941	第十卷五期	德國的三K婦女運動	登第	
1941	第十卷六～七期合刊	爲了服務隊的工作：向婦女指導委員會進一言	溫獨清	
1941	第十卷六～七期合刊	論當前婦女運動的本質	毛樹清	
1942	第十一卷一期	尙未實現的中央婦女部	瑛	
1942	第十一卷一期	中國婦女運動史概要	談社英	
1942	第十一卷一期	抗戰與婦女	劉蘅靜	
1942	第十一卷一期	論今後的婦女運動方針	李郭德潔	
1942	第十一卷一期	婦女問題與兒童公育	弘農	
1942	第十一卷一期	對九中全會的希望	杜隆元	
1942	第十一卷一期	第二屆參政會二次大會討論婦女問題旁聽記	記者	
1942	第十一卷二期	談婦女職業	劉蘅靜	
1942	第十一卷二期	婦女職業問題的癥結	弘農	
1942	第十一卷二期	動員婦女參加抗戰工作	陳逸雲	
1942	第十一卷二期	各機關不得藉故禁用女職員；郵局女職員可以結婚		
1942	第十一卷三期	現階段的婚姻問題	潘素	
1942	第十一卷三期	我國婚姻制度過去現在及未來	高能誠	
1942	第十一卷四期	保障合法的關係	劉蘅靜	
1942	第十一卷五期	婦女教育機會平等？	雲	

1942	第十一卷五期	加緊戰時婦女工作	瑛	
1942	第十一卷五期	知識婦女在抗戰中的作用	沙原	
1942	第十一卷六期	現代我國婦女應有之認識	吳鐵城	
1942	第十一卷六期	新縣制與婦女參政	全雲寰	
1942	第十一卷六期	今後中國婦女運動的路向	劍瑩	
1943	第十一卷七～八期合刊	婦女地位低落之原因 ——本社與中山學社聯合舉行婦女問題座談會記錄	劉淩宛 吳秀瑛	
1943	第十一卷九～十期合刊	三民主義要婦女回家庭去嗎？	葉青	
1943	第十一卷九～十期合刊	知識婦女對婚姻應持之態度	余鐵英	
1943	第十一卷九～十期合刊	一年來本黨婦運工作之回顧	張岫嵐	
1943	第十一卷九～十期合刊	請願的經過	素一	
1943	第十一卷九～十期合刊	第三屆參政會中女參政員之建議	鶴	
1943	第十二卷一期	三十二年度婦運前途的希望	張岫嵐	
1943	第十二卷一期	關於女公務員同盟會	張岫嵐	
1943	第十二卷二～三期合刊	戰後中國婦女的教育問題	張雪羽	
1943	第十二卷四期	戰後的中國婦女	黃桂珊	
1943	第十二卷四期	動員婦女工作的基本看法	丁昌遺	
1943	第十二卷四期	談今日的「三從」「四德」	漆承一	
1943	第十二卷五～六期合刊	已婚婦女的職業問題	德容	論壇
1943	第十二卷五～六期合刊	三民主義青年團代表大會的女代表		補白
1943	第十二卷七～八期合刊	十五年來的陝西女子職業教育	童肖予	特寫
1943	第十二卷九～十期合刊	婦女社會地位之演變與展望	祖英	論壇
1943	第十二卷十一～十二期合刊	戰時家庭的問題與戰後家庭的建設	姚傅鈺	論壇
1943	第十二卷十一～十二期合刊	怎樣動員太太	沈媛璋	論壇

1943	第十二卷十一～十二期合刊	正在變遷中的蘇聯	書元譯	國際婦女
1944	第十三卷一期	革命史中的女報	周曙山	論壇
1944	第十三卷二期	本刊十五週年紀念獻詞	本社	論壇
1944	第十三卷二期	本刊十五年來的回溯	陳逸雲	論壇
1944	第十三卷二期	今後中國婦女教育之路	余鐵英	論壇
1944	第十三卷二期	婦女問題的生物性基礎	丁昌遺	論壇
1944	第十三卷三期	實施憲政聲中的知識女青年	黃桂珊	論壇
1944	第十三卷三期	世界民主潮流與中國婦女路向	木兀	論壇
1944	第十三卷三期	女青年處對女界有什麼好處？	譚靜	
1944	第十三卷六期	號召知識青年從軍書	蔣委員長	短評
1944	第十三卷六期	知識青年從軍之我見	虛冠群	論壇
1944	第十三卷六期	從婦女從軍想到中國婦女的地位	魏壁	論壇
1944	第十三卷六期	知識青年從軍座談會記錄	沈妮	專載
1944	第十三卷六期	知識青年從軍各項辦法輯要		特載
1944	第十三卷六期	我爲什麼要從軍	胡木蘭等	特寫
1944	第十三卷六期	做「護士」是戰時婦女報效國家最高貴的事業	余沄譯	文藝
1944	第十三卷六期	全國皆將士父母天下心		讀者來書